평가 문항 출제의 정석

국어·사회·과학·수학

서술형·논술형
평가 문항 어떻게 만들어지나?

머리말

　자신의 생각과 의견을 적극적으로 표현하고 타인과 소통하여 복잡한 문제를 해결할 수 있는 자기 주도적 능력, 새로운 지식을 구성하고 산출할 수 있는 능력은 미래 사회에 반드시 필요한 능력이다. 그런데 주어진 답을 고르는 선다형 위주의 평가에서는 이러한 능력을 평가하기가 어렵다. 학생이 스스로 답을 구성해야 하는 서술형·논술형은 미래 사회가 요구하는 고차적 능력을 평가할 수 있고 객관식 선다형 위주의 학교 평가를 보다 다양화한다는 점에서 최근 그 중요성이 더욱 커지고 있다.

　서술형·논술형 평가는 서술형과 논술형 문항을 활용하여 평가자가 학생의 구성한 응답을 통해 학생의 성취를 전문적으로 평가하는 방법이다. 서술형·논술형 평가의 핵심은 서술형과 논술형 문항이라 할 수 있다. 그러나 학생의 성취 정도를 타당하게 평가하여 그 결과를 학생 성장의 정보로 활용할 수 있어야 한다는 평가 본연의 역할과 의미를 되새길 때, 서술형·논술형 평가는 문항 이상의 확장된 개념으로 이해할 필요가 있다. 즉, 교과의 교육과정 성취 기준 도달을 위해 유의미한 학습 경험을 선정하고 이를 수업과 평가로 계획하며, 성취 정도를 제대로 평가할 수 있도록 문항과 채점 기준표를 만들어 피드백하는 일련의 과정을 서술형 논술형 평가라고 할 수 있는 것이다. 서술형·논술형 평가는 이제 선다형에 대별되는 문항 유형으로 인식되던 것에서 나아가 수업의 과정과 유기적으로 연계된 평가의 한 방식으로 이해된다면 그 교육적 효능이 더욱 커질 수 있을 것이다. 이러한 의미에서 이 책은, 기존의 문항 단위의 서술형·논술형 평가의 개념을 확대하여 과정 중심 평가의 맥락에서 서술형·논술형 평가를 설계하고 활용하는 방법을 다루었다.

최근 우리나라를 비롯하여 전 세계적으로 미래 사회를 대비하기 위한 중요한 능력으로 역량에 주목하고 있다. 복잡한 문제를 해결하거나 실제적인 과제를 수행할 수 있는 능력인 역량은 기존의 학교 교육에서 강조했던 지식의 암기나 단편적인 기능의 반복 연습만으로는 길러지기 어렵다. 역량을 함양하기 위해서는 배운 내용을 상황에 맞게 적절하게 응용하고 활용하는 비판적이고 창의적인 사고, 지식을 연계하고 융합하는 보다 고차원적인 능력이 필요하다. 이에 따라 학교 교육도 역량을 함양할 수 있는 방향으로 교육의 내용과 방법을 전면적으로 전환하려는 노력을 지속하고 있다. 서술형·논술형 평가는 기존의 평가 방법을 개선한다는 측면 외에도, 궁극적으로는 지식 암기와 단순 이해 중심의 과거 학습에서 벗어나 심층적인 이해와 탐구를 통해 학생이 배운 내용을 실생활의 문제 상황에서 활용할 수 있는 역량을 길러줄 수 있는 유용한 방법이 될 수 있다. 이 책은 비판적·창의적 사고, 문제 해결력과 같은 미래 역량을 평가할 수 있는 논술형 문항과 이를 타당하게 평가하기 위한 채점 기준표를 제시하여 역량 평가의 도구로써 서술형·논술형 평가의 가능성을 확대하고자 하였다. 특히 수업에서 연습되고 안내되지 않은 채 서술형·논술형을 접했을 때 학생이 느낄 어려움을 고려하여 서술형 문항을 활용한 안내 과정을 거쳐 논술형 문항을 해결할 수 있도록 세트형 서술형·논술형 문항으로 구성하였다.

이 책은 다음과 같이 크게 두 부분으로 구성되어 있다.

첫 번째 부분은 일종의 총론 성격으로서 교과 공통으로 알아야 할 서술형·논술형 평가의 개념을 기술하였다. 서술형과 논술형 평가의 개념을 소개하면서 서술형 문항과 논술형 문항을 구분하는 기준과 유형을 설명하고, 교육과정과 수업, 그리고 평가가 연계된 서술형·논술형 평가를 위한 절차별 지침을 제시하였다.

두 번째 부분에서는 국어, 사회, 과학, 수학 교과별 사례를 중심으로 서·논술형 평가를 살펴보았다. 평가 목표 설정하기, 서술형·논술형 문항 세트 설계하기, 평가 자료 선정하기, 문두 작성하기, 채점 기준 작성하기, 채점하기, 평가 결과 해석 및 피드백 등 일반적인 평가 절차를 바탕으로 타당도와 신뢰도 높은 서술형·논술형 평가를 시행하기 위한 방법을 설명하였다. 서술형·논술형 평가가 가지는 분명한 장점에도 불구하고 학교 현장에서 여전히 선다형 위주의 평가가 주를 이루고 있는 이유 가운데 하나가 서술형·논술형 채점이라 보고, 현장 선생님이 궁금해 하는 서술형·논술형 평가 채점 기준표를 문항과 함께 제시하였다. 또한 채점 기준표 부분에서는 채점 기준표를 구성하는 요소를 살펴보고, 채점 기준표를 제작하는 방법을 사례와 함께 안내하였다.

이 책은 서술형·논술형 평가에 대해 알고 싶은 예비 선생님과 현직 선생님들을 주요 독자로 한다. 그러나 앞으로 변화되는 학교 교육과 서·논술형 평가에 대한 이해를 넓히고자 하는 학생, 학부모와 일반인들도 참고 자료로 두루 활용할 수 있을 것이다. 현재 초·중·고 모든 학교급에서 서술형·논술형 평가가 이루어지고 있다. 그런데 초등학교와 중학교에 비해 입시 부담이 가중되는 고등학교에서는 매우 제한된 형태와 내용으로 서술형·논술형 평가가 다루어지고 있어 참고할 수 있는 서술형·논술형 평가 사례가 많지 않다. 이를 고려하여 이 책에서는 주로 교과별 사례로 고등학교 1학년에서 다루는 국어, 사회, 과학, 수학 내용을 다루었다.

끝으로 이 책이 나오기까지 많은 애써 주신 EBS 이상호 부장님과 박성근 매니저님, 그리고 편집자님께 고마움을 전한다. 그리고 책이 출간될 수 있도록 해 주신 ㈜ 글사랑과 EBS books에도 감사의 마음을 전한다.

2021. 12.
저자 일동

목차

Ⅲ. 사회과 서술형·논술형 평가

IV. 과학과 서술형·논술형 평가

V. 수학과 서술형·논술형 평가

I.
서술형·논술형
평가란 무엇인가?

I.
서술형·논술형 평가란
무엇인가?

1. 서술형·논술형 평가의 개념

서술형·논술형 평가는 서술형 문항과 논술형 문항을 통칭하는 용어로, 학생이 구성한 답안에 대해서 평가자가 학생의 성취 정도와 특성을 판단하여 학생의 성장에 필요한 정보를 제공하는 평가를 의미한다. 서술형·논술형 평가는 학생이 답을 직접 구성하는 방식이라는 점에서, 주어진 답에서 정답을 고르는 객관식 선다형 평가와 구별된다. 서술형·논술형 평가는 학생이 직접 답을 구성하기 때문에 분석력, 비판적 사고력, 문제 해결력 등 학생의 고등 사고 능력을 평가하는 데에 유용하다. 또한 서술형·논술형 평가에서는 기술된 응답의 내용을 통해 학생이 어떠한 과정을 거쳐 그러한 답에 도달했는지와 같은 학습과 성취에 대한 풍부한 정보를 얻을 수 있다.

평가는 재고자 하는 학생의 능력을 잴 수 있어야 한다. 객관식 선다형 방식은 주어진 선택지에서 답을 고르는 방식이기 때문에 잴 수 있는 능력과 범위가 매우 제한적일 수밖에 없다. 주어진 답을 고르는 선다형 평가에 비해, 서술형·논술형 평가는 측정할 수 있는 평가 영역과 범위가 보다 다양하고 넓다. 서술형·논술형 평가는 선다형 위주의 평가가 가지는 한계점을 극복하고 평가 영역을 확장하고 보다 다양한 방식으로 미래 사회가 요구하는 고차원적 사고력 및 학생의 심층적 이해를 평가할 수 있다. 서술형·논술형 평가를 통해 학생에 대해 보다 다양한 정보를 얻는 것은 학생의 강점과 약점을 파악하여 이를 교수·학습에 환류하는 데에도 유용하다.

1-1. 서술형·논술형 평가의 의의

첫째, 서술형 평가와 논술형 평가는 학생이 직접 답안을 작성한다는 특징이 있다. 이로 인해 학생들은 자신의 성취 수준을 비교적 정확하게 나타낼 수 있다. 선다형 평가에서는 학생이 추측에 의해 정답을 맞힐 가능성을 배제할 수 없다. 오지 선다형 평가의 경우 해당 학습 내용을 하나도 알지 못하는 학생이라도 우연히 정답을 맞힐 수 있는 확률이 20%가 된다. 학생이 직접 답안을 작성하는 방식은 학생의 성취 수준을 적확하게 표상할 수 있다는 점에서 평가의 타당도[1] 및 변별도[2]를 높이는 데에도 기여할 수 있다.

둘째, 서술형·논술형 평가는 각 교과와 관련되는 고등 사고 능력을 측정할 수 있다는 점에서 교과 고유의 목표에 도달하는 데에 효율적이다. 서술형 평가를 통해 학생들이 무엇을 얼마나 정확하게 알고 있는지를 평가할 수 있다면, 논술형 평가를 통해서는 학생들이 해당 학습 내용을 어떻게 인식하고 있는지, 그리고 이에 대해 자신의 생각을 어떻게 펼칠 수 있는지를 평가할 수 있다. 이는 교과에서 의도하는 지식과 기능을 타당하게 평가하는 방안으로 적절하다 할 수 있다.

셋째, 서술형·논술형 평가는 교실 수업과 학생의 학습 방법을 변화하는 데 기여할 수 있다. '꼬리가 몸통을 흔든다.'라는 말은 선다형 위주로 이루어졌던 기존의 평가가 교실 수업을 왜곡하고 학생의 학습을 기형적으로 만들었던 현상을 보여 주는 말이다. 학생들은 자신의 생각을 토대로 문제를 해결해 가는 것이 아니라 주어진 선지 안에서 정답을 찾는 연습에 몰두해 왔고, 이는 교사와 학생이 함께 지식을 구성해 가는 교실 수업의 모습과는 거리가 멀다는 비판을 받아 왔다. 서술형·논술형 평가는 이러한 비판에서 벗어날 수 있는 단초를 제공한다. 서술형·논술형 평가는 교사와 함께 무언가를 학습하고 이를 이해하고 자신의 지식으로 구성해 나가는 교실 수업과 닮아 있다.

---

1) 타당도는 평가하고자 하는 내용을 평가가 실제로 적합하게 평가하는지에 관한 정도를 뜻한다. 타당도가 높은 평가는 학생의 능력을 제대로 평가할 수 있다.
2) 변별도는 문항을 통해 학생의 능력 수준을 변별할 수 있는지를 나타내는 정도를 뜻한다. 변별도가 높은 평가는 해당 능력을 충분히 갖춘 학생과 그렇지 않은 학생을 구별할 수 있다.

1-2. 역량 중심 교육, 과정 중심 평가 맥락에서 서술형·논술형 평가

최근 우리나라를 비롯하여 전 세계적으로 미래 사회를 대비하기 위한 중요한 능력으로 역량에 주목하고 있다. 복잡한 문제를 해결하거나 실제적인 과제 수행 능력이라 할 수 있는 역량은 기존의 학교 교육에서 강조했던 지식의 암기나 단편적인 기능의 반복 연습만으로는 길러지기 어렵다. 역량을 함양하기 위해서는 배운 내용을 상황에 맞게 적절하게 응용하고 활용하는 비판적이고 창의적인 사고, 지식을 연계하고 융합하는 보다 고차원적인 능력이 필요하다. 이에 따라 학교 교육도 2015 교육과정을 시작으로, 2022 개정 교육과정에서 역량을 함양할 수 있는 방향으로 교육의 내용과 방법을 전면적으로 전환하려는 노력을 계속하고 있다. 이러한 측면에서 서술형·논술형 평가는 기존의 평가 방법을 개선하면서도 궁극적으로는 단편적인 지식 암기와 단순 이해 중심의 학습에서 벗어나 심층적인 이해와 탐구를 통해 학생이 배운 내용을 실생활의 문제 상황에서 활용할 수 있도록 하는 역량을 길러 줄 수 있는 교육의 중요한 방법으로서 최근 그 중요성이 강조되고 있는 것이다.

서술형·논술형 평가가 이전에 존재하지 않았던 새로운 평가 방법은 아니다. 그러나 교육을 변화할 수 있는 방법의 하나로 서술형·논술형 평가를 바라본다면 그 효과는 이전에 비해 배가될 수 있을 것이다. 과정 중심 평가와 같이 학교에서 이루어지고 있는 평가의 변화를 이해하고 이에 따라 서술형·논술형 평가를 설계할 때에 서술형·논술형 평가가 가지는 교육적 효과를 높일 수 있을 것이다. 과정 중심 평가는 교육과정 성취 기준에 근거하여 학생의 성취 도달 정도를 파악할 수 있도록 평가를 설계하고 이를 수업에서 활용함으로써 기존의 결과 중심의 서열화 평가 관행을 극복하고 학생의 성장을 지원할 수 있도록 평가 본연의 기능을 회복하도록 하는 평가를 의미한다. 이러한 흐름에 따라 서술형·논술형 평가도 중간, 기말고사에서 선다형 문항에 대별되는 또 다른 문항 유형의 하나로만 활용되었던 방식에서 벗어나, 수업의 과정과 유기적으로 연계될 때 역량을 가르치고 평가할 수 있는 서술형·논술형 평가의 교육적 효능이 더욱 발휘될 수 있을 것이다.

2. 서술형·논술형 문항 구분과 유형

2-1. 서술형 문항과 논술형 문항의 구분

서술형·논술형 평가에서는 서술형과 논술형 문항을 활용한다. 서술형 문항과 논술형 문항은 영어의 'essay'가 평가 상황에 따라 서술형·논술형 또는 서술형/논술형으로 번역된 것이다. 서술형과 논술형은 엄밀한 의미에서는 구분되지 않는다는 주장이 있는 반면, 서술형 문항과 논술형 문항의 올바른 쓰임을 위해 양자를 구분하여 활용하는 것이 적절하다는 의견도 있다. 이 절에서는 서술형 문항과 논술형 문항이 각각의 장점을 살리고 적절하게 쓰일 수 있기를 기대하며, 서술형 문항과 논술형 문항의 개념을 구분하여 제시하고자 한다.

서술형과 논술형 문항을 구분할 때에는 학생의 응답 방식의 차이에 주목한다. 다시 말해 학생이 어느 정도의 분량으로 응답을 구성하는가, 학생의 응답에 얼마만큼의 자율성을 허용하는가, 학생의 응답을 통해 평가하고자 하는 특성이 무엇인가 등이 그러하다.

첫째, 답안의 분량이라는 측면에서 볼 때에 서술형 문항은 문장 이상을 작성하여 단답형 문항보다 비교적 긴 응답을 요구하지만 논술형 문항에 비해서는 분량이 많지 않다. 이에 비해 논술형 문항은 문장 단위를 넘어서 대체로 한 편의 완성된 글로 답안을 작성할 것을 요구한다. 따라서 서술형 문항은 학생에게 문장 단위 수준에서의 답을, 논술형 문항은 문단 또는 글 수준의 답을 요구하는 문항 유형이라는 데에서 차이가 있다.

둘째, 응답의 자율성이라는 측면에서 볼 때에 서술형 문항은 비교적 학생의 응답을 제한하는 형태로 구성된다. 몇 자 이내로 작성할 것을 요구하는 응답 분량의 제한, 특정한 내용을 포함하여 작성할 것을 요구하는 내용 요소의 제한 등이 그러하다. 서술형 문항은 단답형 문항은 아니지만 학생이 응답하는 내용과 형식을 제한하는 경우가 대부분이다. 응답 제한형은 학생이 작성해야 할 내용과 형식에 대해서 제한을 두는 문항 유형이다. 학생이 작성해야 하는 내용 범위가 어디까지인지 어떤 내용 요소에 초점을 두어 작성을 해야 하는지 등을 제한하는 응답 내용 제한형과 학생이 작성해야 하는 분량, 양식(그림, 도표 등)을 제한하는 응답 형식 제한형으로 다시 구분될 수 있다. 이러한 특성으로 인해 서술형 평가는 하나의 정답을 설정하는 것도 가능하며, 하나의 정답을 중심으로 유사 답안을 설정하는 것도 가능하다. 이에 비해 논술형 문항은 이러한 제한이 적기 때문에 학생 응답의 자율성이 상대적으로 높은 편이라고 할 수 있다.

셋째, 평가하고자 하는 특성이라는 측면에서 볼 때에 서술형 문항은 비교적 짧은 답안을 구성하도록 하여 학생이 학습한 지식, 개념, 원리 등을 설명할 수 있는지 확인하는 데 초점이 맞추어져 있다. 반면 논술형 문항은 상대적으로 긴 답안을 구성하게 하여 학생이 학습한 내용을 자신의 관점과 입장에 따라 언어를 활용해 논리적으로 표현할 수 있는지를 평가하고자 한다. 또한 서술형 문항에 비해 논술형은 한 편의 글을 작성하는 경우가 대부분이기 때문에 지식, 기능을 과제 요구 상황에 맞게 적절하게 활용하는지 등의 융·복합적 능력을 요구한다는 점에서 차이가 있다.

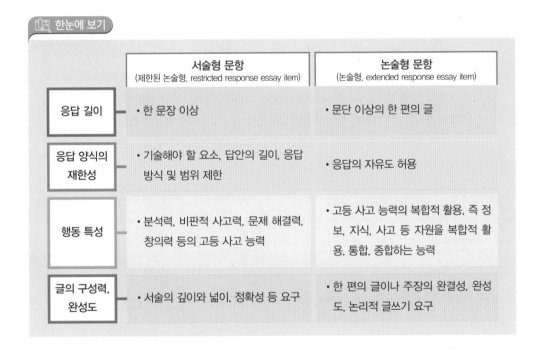

📖 한눈에 보기

	서술형 문항 (제한된 논술형, restricted response essay item)	논술형 문항 (논술형, extended response essay item)
응답 길이	• 한 문장 이상	• 문단 이상의 한 편의 글
응답 양식의 재한성	• 기술해야 할 요소, 답안의 길이, 응답 방식 및 범위 제한	• 응답의 자유도 허용
행동 특성	• 분석력, 비판적 사고력, 문제 해결력, 창의력 등의 고등 사고 능력	• 고등 사고 능력의 복합적 활용, 즉 정보, 지식, 사고 등 자원을 복합적 활용, 통합, 종합하는 능력
글의 구성력, 완성도	• 서술의 깊이와 넓이, 정확성 등 요구	• 한 편의 글이나 주장의 완결성, 완성도, 논리적 글쓰기 요구

'세상의 모든 어른들께' 연설을 듣고 물음에 답하시오.

1. 연설 중 다음 제시된 부분에 주목하여 화자가 청중에게 무엇을 설득하고자 하는지를 한 문장으로 쓰시오. (2점)

> 저는 미래의 모든 세대들을 위하여 여기에 섰습니다. 저는 세계 전역의 굶주리는 아이들을 대신하여 여기에 섰습니다. 저는 이 행성 위에서 죽어 가고 있는 수많은 동물들을 위하여 여기에 섰습니다. 저희는 이제 말하지 않고는 그냥 있을 수 없게 되었거든요. (중략)
> 저는 어린아이일 뿐이고, 따라서 해결책을 가지고 있지 않습니다. 저는 여러분께서 과연 해결책을 가지고 있으신지 묻고 싶습니다. 여러분은 오존층에 난 구멍을 수리하는 방법, 연어가 되돌아올 수 있게 죽은 강을 살리는 방법, 사라져 버린 동물을 되살려 놓는 방법을 알지 못합니다. 그리고 여러분은 이미 사막이 된 곳을 푸른 숲으로 되살려 놓을 능력도 없습니다. 고칠 방법을 모른다면, 제발 그만 망가뜨리시기 바랍니다. (중략) 우리는 사고 버리고, 또 사고 또 버립니다. 그러면서도 가난한 사람들과 나누려 하지 않습니다. 우리는 필요한 것 이상으로 가지고 있을 때에도 조금이라도 잃고 싶어 하지 않고 나누어 갖기를 두려워합니다. (중략) 저는 어린아이일 뿐입니다. 그렇지만 전쟁을 위해 쓰이는 모든 돈이 환경 문제와 빈곤 문제를 해결하고 이와 관련된 조약을 마련하는 데 쓰인다면 이 지구가 얼마나 근사한 곳으로 바뀔지는 알고 있습니다.
>
> — 출처: 창비 국어 3-2 교과서, P. 124-128

답란

2. 화자와 청중의 차이점을 토대로 화자가 '저는 어린아이일 뿐입니다.'를 반복하여 말한 의도를 설명하시오. (3점)

〈답안 작성 조건〉
– 화자와 청중의 연령대를 고려하여 그 차이를 답안에 명시할 것.

– 출처: 박혜영, 김진자, 이혜인, 김미정, 김증민, 이슬기(2020). 서술형·논술형 평가 도구 자료집. 한국교육과정평가원 연구 자료 ORM 2020-106-1.

위의 두 문항은 모두 서술형 문항으로, 연설을 듣고 연설의 내용을 분석할 수 있는지, 화자의 표현 의도를 파악할 수 있는지를 묻는 데에 초점을 두고 있다.

첫 번째 문항이 연설의 내용을 분석하여 주제를 파악하는 데에 초점이 있다면, 두 번째 문항은 화자의 표현 의도를 파악할 수 있는지 묻는 데 초점을 두고 있다. 환경 운동가 그레타 툰베리의 연설을 자료로 제시하였다는 점에서 자료 제시형 문항에 해당하며, '제시된 부분에 주목하여 화자가 청중에게 무엇을 설득하고자 하는지', '화자가 '저는 어린 아이일 뿐입니다.'를 반복해서 말한 의도'를 답할 것을 명시적인 조건으로 제시하여 학생이 작성해야 할 응답을 제한하였다는 점에서 응답 제한형 문항에 해당한다.

2-2. 서술형·논술형 문항 유형

학교에서 이루어지는 평가는 일반적으로 시간이나 응답 분량에 제한이 있는 경우가 대부분이기 때문에 서술형이나 논술형 문항은 응답 길이, 내용, 방식에서 제한을 둘 수밖에 없다. 다만, 응답 길이가 대체로 문장이나 한 문단 수준에서 끝나는 서술형이 논술형에 비해 상대적으로 제약이 많은 편이다.

● 문항 유형

서술형과 논술형 문항은 응답의 형식과 내용, 문항에서 자료 제시의 유무 등에 따라 문항의 유형을 구분할 수 있다. 서술형과 논술형에서 문항의 유형은 일종의 문항 제작의 틀로 활용할 수 있다. 또한 평가하고자 하는 바를 제대로 구현하는 타당한 문항을 출제하는 데도 문항의 유형을 아는 것은 매우 유용하다.

서술형은 일반적으로 분량과 내용, 평가하고자 하는 영역에 논술형에 비해 상대적으로 제한을 두는 문항으로, 제한적 논술형의 성격을 지닌다. 반면, 논술형도 평가 환경이나 상황에 따라 일부 제한이 있으나 서술형에 비해 응답 길이나 내용의 자유도가 높은 편이다. 반면에 응답 자유형은 내용과 형식에 있어 제한을 두지 않는다. 대체로 서술형 문항에서는 응답 제한형이, 논술형 문항에서는 응답 자유형이 주로 사용된다. 자료 제시의 유무에 따라 문항 유형을 구분할 수도 있다. 예를 들어 자료 미제시형은 별도의 자료나 정보 제공 없이 질문에 응답하도록 하는 문항 형태이다. '~에 대해 논술하시오.'와 같은 형태의 문항이 자료가 제시되지 않은 서술형·논술형의 전형적인 사례이다. 이에 비해 자료 제시형은 학생이 읽을 자료를 제시하고 이를 바탕으로 응답하도록 하는 문항 형태이다. 이때 자료는 전통적으로 문자 언어 텍스트로 구성되기도 하며, 그림이나 도표 양식의 자료가 제시되기도 한다. 단수 자료가 제시되는 경우도 있지만 다양한 양식의 복수 자료가 제시될 수도 있다.

구분	유형	특징	문항 유형
응답 분량	분량 자유형	기술해야 할 요소나 양에 제한을 두지 않음.	논술형
	분량 제한형	기술해야 할 요소, 답안 길이 등 제한	서술형, 논술형
응답 길이	문장 수준	문장 수준의 응답 요구	서술형
	문단 수준	문단 수준의 응답 요구	서술형, 논술형
	한 문단 이상 글 수준	문단 이상, 글 수준의 응답 요구	논술형

내용	내용 자유형		응답 내용 범위에 제한을 두지 않음.	논술형
	내용 제한형		응답 내용 범위를 제한	서술형, 논술형
자료	자료 미제시형		추가적인 자료나 정보를 제공하지 않고 질문에 응답하도록 하는 형태	서술형, 논술형
	자료 제시형	단일 자료	단일 자료나 정보를 읽고 이를 바탕으로 응답하는 형태	서술형, 논술형
		다자료	복수 또는 다수의 자료나 정보를 읽고 이를 바탕으로 응답하는 형태	

자료 미제시형 서술형 문항 예시

Q 여러분이 생각하는 우리 사회의 문제점과 해결 방안을 써 봅시다.

내가 (　　　　　　　)이/가 된다면
(　　　　　　　　　　　　　　　　)을/를 하겠습니다.

우리 사회의 문제점	
해결 방안	

- 출처: 교육부, 2019, p. 122

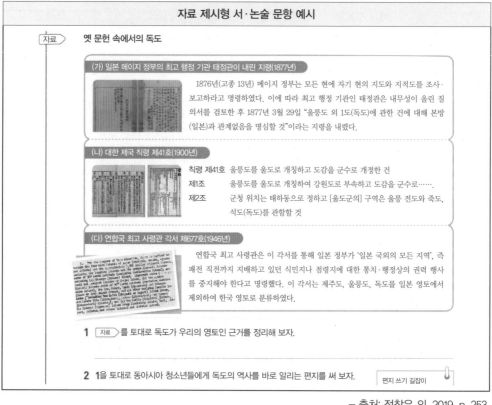

자료 제시형 서·논술 문항 예시

자료 > **옛 문헌 속에서의 독도**

(가) 일본 메이지 정부의 최고 행정 기관 태정관이 내린 지령(1877년)

1876년(고종 13년) 메이지 정부는 모든 현에 자기 현의 지도와 지적도를 조사·보고하라고 명령하였다. 이에 따라 최고 행정 기관인 태정관은 내무성이 올린 질의서를 검토한 후 1877년 3월 29일 "울릉도 외 1도(독도)에 관한 건에 대해 본방(일본)과 관계없음을 명심할 것"이라는 지령을 내렸다.

(나) 대한 제국 칙령 제41호(1900년)

칙령 제41호 울릉도를 울도로 개칭하고 도감을 군수로 개정한 건

제1조   울릉도를 울도로 개칭하여 강원도로 부속하고 도감을 군수로…….

제2조   군청 위치는 태하동으로 정하고 [울도군의] 구역은 울릉 전도와 죽도, 석도(독도)를 관할할 것

(다) 연합국 최고 사령관 각서 제677호(1946년)

연합국 최고 사령관은 이 각서를 통해 일본 정부가 '일본 국외의 모든 지역', 즉 패전 직전까지 지배하고 있던 식민지나 점령지에 대한 통치·행정상의 권력 행사를 중지해야 한다고 명령했다. 이 각서는 제주도, 울릉도, 독도를 일본 영토에서 제외하여 한국 영토로 분류하였다.

1 자료 를 토대로 독도가 우리의 영토인 근거를 정리해 보자.

2 1을 토대로 동아시아 청소년들에게 독도의 역사를 바로 알리는 편지를 써 보자.   편지 쓰기 길잡이 🖉

– 출처: 정창우 외. 2019. p. 253.

2-3. 문항의 구성 요소와 채점 기준표

• 서술형·논술형 문항의 구성

서술형 논술형 문항은 선택형 문항과 달리 선택지가 없기 때문에 평가하고자 하는 바를 질문하는 문두만으로 구성할 수 있다. 다만, 문항의 성격에 따라 추가적인 자료를 참고해야 하는 경우 글자료나 도식을 〈자료〉로 제시하기도 한다. 또한 평가 상황 및 채점 상황을 고려하여 〈조건〉을 두어 응답의 제한점이나 유의할 점을 강조하기도 한다.

'문두'는 문항의 질문에 해당하는 부분으로 서술형 문항과 논술형 문항 모두에서 필수적이다. 문두는 학생에게 자신이 응답해야 할 내용과 형식이 무엇인지를 안내하는 역할을 한다. 따라서 문두는 평가하고자 하는 바가 분명히 드러나도록 기술하고 중의적이고 모호하지 않도록 명료하게 표현한다.

'자료'는 학생이 응답을 구성하는 데에 참고해야 하는 글 자료 또는 도식(표, 그림 등)으로 〈보기〉와 같은 형태로 제시된다. 문두만으로 해결되는 문항을 자료 미제시형, 자료를 참조하여 응답을 구성하는 문항을 자료 제시형이라고 한다. 자료 제시형 문항의 경우 단일 자료가 자시되는 것과 복수 또는 다수의 자료를 통합하여 문항을 해결해야 하는 다자료 제시형 문항으로 구분할 수 있다.

'조건'은 답을 작성할 때의 제한점이나 강조점을 문두와 별도로 제시한 내용이다. 예를 들어, 평가 상황임을 고려하여 학생에게 응답할 글자 수를 제한하거나 응답의 형식을 제한하는 방식으로 사용될 수 있다.

문두	[서답형 8] '푸른 숲 공원의 시1민 이용 행태 개선 방안'을 쓰기 위해 〈개요〉를 작성하였다. 제시된 〈자료〉를 활용하여 〈학생 글〉의 세 번째 문단을 〈조건〉에 맞게 완성하시오.
자료	〈개요〉 1문단~4문단 〈자료〉㉮ 푸른 숲 공원 만족도 조사 결과 ㉯ △△시의 신문 기사 ㉰ □□시 주최, '푸른 숲 공원의 활성화를 위한 포럼'에서 나온 전문가 의견 〈학생 글〉 …(전략)… 그러나 개선해야 할 문제도 있는데, _____ _____ …(후략)…
조건	〈조건〉 1. 〈개요〉를 바탕으로 〈자료〉를 해석하여, 푸른 숲 공원의 시민 이용 행태 개선 방안을 '문제-해결'의 구조로 쓸 것. 단, 첫 번째 문장은 ㉮의 자료로부터 공원의 문제를 드러낼 것. 2. 2문장 이상, 150자 이상으로 쓰되, 내용을 자연스럽게 연결할 것

- 출처: 2018년 국가수준 학업성취도 평가 고등학교 예비시행 - 국어 검사지 중에서.

• 채점 기준표

　서술형·논술형 평가의 채점 방식은 총체적 채점 방식과 분석적 채점 방식으로 나누어 볼 수 있다. 채점 결과로 학생의 전반적 수준을 분류하는 것을 총체적 채점이라 하고 평정이나 등급을 부여(A, B, C, D, E 등)하는 형태로 성적이 제시된다. 분석적 방식은 채점 요소[3]를 분석하고 각 채점 요소를 채점하는 척도와 척도에 대한 학생의 기대 수행을 기술하는 채점 기준표가 활용된다. 분석적 채점 기준표는 채점 요소를 추출하고 각 요소에 대한 기대 수행을 작성하는 등이 쉽지 않지만, 특정한 채점 방식이 언제나 우세하다고 말할 수는 없기 때문에 교사는 자신의 평가 목적이나 상황 등을 고려하여 적절한 채점 방식을 선택하는 것이 필요하다.

　채점 기준표에는 채점 요소, 척도와 배점, 해당 척도와 배점에서 보이는 학생의 기대 수행 등이 포함된다. 아래는 총체적 채점 기준표와 분석적 채점 기준표의 예시이다.

참고 1 **총체적 채점 기준표 예시**

성취 수준	기대 수행 기술
5	
4	
3	
2	
1	
0	

　※ 5단계 성취수준의 경우 일반적으로 3(보통, 성취수준 도달)을 기준으로 2(미흡), 1(매우 미흡), 4(우수) 5(매우 우수)로 평가함.

　※ 0점: 백지 또는 채점 불가(내용의 관련성이 없거나 이해 불가 등)

---

3) 성취 기준을 분석한 단위는 평가 요소라 하고 개별 문항에 대한 분석 단위는 채점 요소라고 한다.

분석적 채점 기준표 예시

채점 요소	성취 수준	기대 수행 기술
	3	
	2	
	1	
	0	
	3	
	2	
	1	
	0	
	3	
	2	
	1	
	0	

※ 0점: 백지 또는 채점 불가(내용의 관련성이 없거나 이해 불가 등)

※ 분석적 채점의 경우, 채점 요소가 복수이므로 3수준으로 평가하는 경우가 많음. 이때 3(우수), 2(보통, 성취수준 도달), 1(미흡)으로 평가.

3. 서술형·논술형 평가의 절차

3-1. 평가 계획 수립하기

서술형·논술형 평가 도구를 개발하기 위해 계획을 수립하기 위해서는 우선 평가의 목적을 확인 해야 한다. 진단, 형성, 총괄 평가 중 어떤 평가를 할 것인지 또는 규준 지향 평가와 준거 지향 평가 중 어떤 목적으로 평가할 것인지를 결정해야 한다. 학습 이전에 학습자의 수준을 진단하고 이후의 교육을 설계하기 위해서라면 진단 평가를, 학습자의 학습 과정을 점검하기 위해서라면 형성 평가 를, 학습자의 성취를 종합적으로 판단하기 위해서라면 총괄 평가를 설계해야 한다. 또한 평가를 통 해 학습자가 학습 목표에 도달하였는지를 확인하기 위해서는 준거 지향 평가를, 특정 학습자와 다 른 학습자의 상대적인 수준을 판단하기 위해서는 규준 지향 평가를 설계해야 한다.

서술형·논술형 평가 도구를 개발하기 위해 계획을 수립할 때에 중요하게 살펴보아야 할 것은 교 육과정 성취 기준이다. 성취 기준은 무엇을 묻고자 하는지와 관련된다. 서술형·논술형 문항을 만 들고 시행하는 까닭은 그것이 선다형 문항에 비해 학습자의 학습을 보다 충실하게 설명할 수 있다 고 생각하기 때문이다. 이러한 점에서 학습 목표와 직결되는 교육과정 성취 기준을 분석하는 과정 은 평가 계획을 수립하는 단계에서 우선적으로 이루어져야 한다. 성취 기준을 분석할 때에는 성취 기준에 포함되어 있는 학습 내용을 확인하는 것이 필요하다. 각 교과 교육과정에 제시된 성취 기준 은 대체로 포괄적으로 진술되고 있기 때문에 동일한 성취 기준이라 할지라도 서로 다른 학습 내용 을 대상으로 평가 문항을 제작할 수 있음을 고려해야 한다.

3-2. 평가 도구 개발하기

서술형·논술형 평가 도구를 개발한다는 것은 평가 과제와 그에 따른 채점 기준표를 개발한다는 것을 의미한다. 서술형·논술형 평가 도구를 개발할 때에는 다음의 사항을 고려해야 한다.

첫째, 선다형과 다른 서술형·논술형 평가의 특성에 주목해야 한다. 학생들이 주어진 답지에서 하나의 답을 선택하는 선다형과 달리, 서술형·논술형 평가는 학생이 직접 답을 작성한다. 그리고 교사는 이러한 다양한 학생의 답에 어떤 점수를 부여할 것인지 판단해야 한다. 그렇기 때문에 학생이 반응하는 폭이 다양해질수록 교사가 채점을 하는 과정에서 어려움은 커질 수밖에 없다. 따라서 교사는 평가 과제를 설계할 때에 채점 기준표를 함께 개발하고 이에 따라 예시 답안을 작성해 봄으로써 서술형·논술형 문항이 타당하게 구성되어 있는지, 문항이 학생에게 제시될 때에 학생은 어떻게 응답할 것인지 등을 예측해 보는 것이 필요하다.

둘째, 서술형·논술형 문항을 개발할 때에는 학생이 응답하는 범위와 수준을 통제하기 위한 방법에 대해 고려해야 한다. 학생들은 문항이 의도하는 바에 대해 해석하고 문항에서 요구하는 답안을 작성하고자 한다. 그런데 문항이 모호하게 진술되는 경우 학생은 무엇을 응답해야 하는지, 어떤 방식으로 응답해야 하는지에 대해 혼란을 겪게 되며, 이는 곧 채점의 어려움으로 연결된다. 따라서 문항에서 요구하는 답안의 내용과 형식을 구조화하여 제시하는 것이 필요하다. 서술형의 경우, 답안의 내용 범위와 진술 방식, 진술해야 하는 내용 요소, 답안의 길이 등에 대해 분명하게 제시해야 한다. 논술형의 경우도 마찬가지이다. 논술형 문항은 학생이 응답하는 범위가 서술형 문항에 비해 넓은 만큼 문항을 학생이 수행해야 할 과제를 분명하게 제시하는 것이 더욱 요청된다. 또한 이 과정에서 학생이 문항에서 요구하는 바를 정확히 이해할 수 있도록 문항의 표현이 정확한지에 대해서도 주의를 기울여야 한다.

셋째, 서술형·논술형 평가 도구를 개발할 때에 무엇보다 주의를 기울여야 할 것은 채점 기준표이다. 채점 기준은 학생의 수행 수준을 구별하고 평가 요소에 따라 학생의 답안을 구분하고 판단하기 위한 지침이라 할 수 있다. 어떤 대상을 평가하고자 할 때에 그 핵심에는 가치에 근거한 판단이 자리한다. 그리고 판단은 특정한 준거를 통하여 이루어진다. 평가의 결과인 판단은 개인의 학습에 중요한 의사 결정을 하는 근거로 작용할 수 있기 때문에 그러한 판단을 하는 의사 결정 기준이나 이를 설정하는 절차는 매우 신중하게 이루어져야 한다. 기준이 타당하지 않은 경우 혹은 기준을 설정하는 절차가 타당하지 않은 경우, 그리고 기준에 의한 의사 결정에 오류가 발생하는 경우에는 그에 근거한 판단은 잘못 이루어질 가능성이 높으며 평가 결과 및 정보도 무의미해지기 때문이다. 특히 서술형·논술형 평가는 평가자의 전문적 판단을 통해 학생에게 점수를 부여하기 때문에, 서술형·논술형 평가에서 사용하는 채점 기준은 학생의 수행 수준을 판단하는 데 매우 중요한 기능을 하게 된다. 따라서 타당하고 신뢰를 주는 평가를 위해 채점 기준표를 명료하게 작성해야 한다.

3-3. 평가 시행에 따른 결과 활용하기

서술형·논술형 평가는 수업과 연계되어 진단 평가나 형성 평가의 형태로 이루어질 수도 있고, 학습이 끝난 후에 총괄 평가의 형태로 이루어질 수도 있다. 어떠한 형태로 이루어지든 간에 서술형·논술형 평가의 결과는 학생의 현재 수준을 알려 주고 앞으로의 성장을 이끌 수 있는 의미 있는 방식으로 사용되어야 한다.

첫째, 서술형·논술형 평가 결과는 학생의 현재 학습에 대한 정보를 수집하는 데 활용해야 한다.
각각의 문항은 평가하고자 하는 내용과 특성이 상이하기 때문에 학생은 여러 문항을 해결하는 과정을 통해 자신의 성취 양상을 보여 주게 된다. 정답과 오답으로 나누어지는 선다형 문항과 달리 서술형·논술형 문항의 점수는 상대적으로 세분화되어 구성되기 때문에 학생 성취의 정도를 다양하게 확인할 수 있다. 또한 채점 기준을 통해 구체적인 평가 요소를 확인할 수 있기 때문에 학생 성취의 양상도 다양하게 확인할 수 있다. 서술형·논술형 평가 결과는 개별 학생에 대한 판단을 하는 데에도 사용될 수 있지만 전체 학생의 특성을 파악하는 데에도 사용될 수 있다. 예컨대 특정한 서술형·논술형 문항에 대해 또는 특정 채점 요소에 대해 학급 학생들이 전반적으로 낮은 성취를 보였다면 학급 학생들의 전반적으로 취약한 학습 내용에 대한 정보를 수집하는 것이 가능하다.

둘째, 서술형·논술형 평가 결과는 학생의 성장을 이끌 수 있는 피드백으로 작용해야 한다.
평가의 목적이 무엇이든 평가는 학생의 성장을 이끌 수 있어야 한다. 서술형·논술형 평가 결과는 하나의 문항 안에서도 학생의 성취에 대한 여러 가지 정보를 담고 있는 경우가 대부분이다. 서술형·논술형 평가 결과에는 학생이 해당 평가 요소에서 알고 있는 부분은 무엇인지, 해당 평가 요소에 답하기 위해 표현하는 과정에서 겪는 어려움은 무엇인지에 대한 정보가 포함되어 있다. 평가 결과를 통해 학생이 스스로 자신의 학습 과정과 결과에 대해 살펴보고 자신의 강약점을 성장의 발판으로 삼을 수 있도록 돕기 위해서는, 평가 결과를 토대로 개별 학생의 강점과 약점에 근거한 피드백을 제공해야 할 것이다.

셋째, 서술형·논술형 평가 결과는 교사의 전문성을 신장할 수 있는 자기 점검의 기회로 삼는 데 활용해야 한다.
서술형·논술형 문항을 제작하기 위해서는 교사는 문두와 자료, 조건, 채점 기준을 작성해야 한다. 그리고 여러 학생의 답안을 읽어가며 적절한 점수를 부여해야 한다. 학생이 평가 문항을 푼 이

후에 문제를 이해하기 어렵다고 호소하거나 답을 어떻게 써야 할지 모르겠다고 반응하는 경우, 교사는 자신이 제작한 문항이 학생의 역량을 적절하게 평가하도록 구성되어 있는지를 점검할 필요가 있다. 또한 채점을 하는 과정에서 학생의 반응이 특정한 점수에 몰려 있거나 아예 나타나지 않는 경우 자신이 설정한 채점 기준이 적절한지에 대해서도 점검할 필요가 있다. 한 번의 시도로 완벽한 문항을 만들 수 없다. 따라서 서술형·논술형 평가 문항을 제작하고 시행하여 평가 결과를 활용하는 일련의 과정에 대해 교사는 끊임없이 반성적으로 성찰하며 자신의 전문성을 신장하는 토대로 삼을 필요가 있다.

Ⅱ.
국어과
서술형·논술형 평가

1. 국어과 서술형·논술형 문항의 특징

유용한 평가는 평가 정보를 바탕으로 학생에 대해 얼마나 양질의 추론을 할 수 있는가와 관련된다(Afflerbach, 2007). 가령 국어 시험에서 80점과 90점을 받은 학생이 있다고 생각해 보자. 유용한 평가라면, 두 학생의 평가 결과를 바탕으로 해당 시험의 평가 목표에 비추어 학생들의 국어 능력의 차이를 추론하고 설명해 줄 수 있어야 한다. 예를 들어, 읽기 영역 문항에서 글쓴이의 주장이 무엇인지를 추론하는 능력은 있으나, 그 주장을 뒷받침하는 근거를 찾는 것은 미흡하다든지, 문학 영역에서 화자가 놓인 시적 상황과 정서는 이해하고 있으나 그 정서를 그려 내는 이미지(심상)에 대한 이해가 미흡하다라는 구체적인 추론이 필요하다. 그런데 이러한 양질의 추론은 선다형 평가보다는 서술형이나 논술형 평가의 경우에 더 용이하다.

선다형 평가는 채점상의 객관성을 보장해 주며, 광범위한 영역의 교수·학습 목표의 성취도를 짧은 시간 내에 파악하는 데 용이하다는 장점이 있다. 그러나 선다형 평가는 학습자의 실질적이면서도 총체적인 언어 수행 능력을 평가하는 데 일정한 한계를 지니며, 교수·학습을 개선하고 학생을 지도·조언하기 위한 구체적 정보를 얻기가 어렵다. 반면에 서술형 문항은 이미 정해진 하나의 답을 선택하도록 하는 것과 달리 알고 있는 정보나 지식 등을 활용하거나 평가자가 설정한 문제 장면에 대해 논리적으로 분석, 설명, 해석하거나 창의적으로 문제를 해결할 수 있는 능력을 측정하는 평가 유형이다(김소현, 2013;480).

즉, 서술형·논술형 평가 문항은 학생들의 고차원적이고 복합적 사고 능력을 측정하는 데 유용한 평가 도구라고 할 수 있다. 그런데 서술형·논술형 문항이 평가 도구로서 기능을 잘 하기 위해서는 고차적이고 복합적인 인지 기술을 유도하는 문항을 만들어야 할 뿐만 아니라 학생들이 실제로 고차적이고 복합적 인지 기술을 적용하고 있는지를 교사가 판단할 수 있도록 문항을 구조화해야 한다(대전광역시교육청 외, 2019;6).

김소현(2013)은 53개 인문계 고등학교의 국어과 서술형 평가 문항을 검토하였는데, 서술형 평가 문항이 문법과 문학 영역에 편중되어 있고, 단편적인 문법과 문학 지식을 묻는 경우가 많다는 점을 지적하였다. 또한 서술형 평가 문항에 반영된 사고 기능을 분석한 결과 분석, 평가, 종합과 같은 고차원적이고 복합적 인지 능력을 평가하는 문항의 비율이 낮다고 분석하였다. 서술형 문항이 단순한 회상이나 이해 정도의 언어 기능을 묻는 문항으로 구조화될 경우 선다형 문항과 변별이 되지 않을 뿐만 아니라, 그 문항으로 얻어진 결과를 토대로 학생에 대해 타당한 추론을 얻어 내기도 어렵다.

한편, 최근의 언어 평가의 경향을 보면, 결과 지향적 평가를 극복하고 학습자의 성장 발달을 지원하는 학습 지향적 평가(Assessment for Learning) 체제로의 변화를 모색하고 있다(이순영 외, 2015;419). 학습 지향적 평가의 관점에서 국어과의 서술형·논술형 평가는 평가 결과를 분석하여 학생들의 수행에 나타난 강점과 약점을 진단하고, 국어과의 성취 수준의 특성을 고려하여 교육적 피드백을 제공함으로써 학생들의 언어 발달에 유의미한 교육적 처치를 제공해 주는 것이어야 한다. 따라서 서술형·논술형 평가는 평가 자체로 끝나는 것이 아니라, 평가 결과에 대한 양질의 피드백이 가능하도록 성취 수준과 밀접하게 연결되는 문항으로 설계되어야 한다.

이 교재에는 국어과의 서술형·논술형 평가 문항의 유형을 살핀 후에, 서술형·논술형 문항을 제작하는 실제적인 과정을 제시하고자 한다.

2. 국어과 서술형·논술형의 유형

2-1. 국어과 영역별 기능에 따른 서술형·논술형 유형

국어과의 지필 평가 상황에서 서술형·논술형 평가를 실시하고자 할 때에는 주로 읽기, 쓰기, 문법, 문학 영역의 성취 기준을 중심으로 문항을 구성할 수 있다. 각 영역에서는 학생들이 성취 기준을 통해 습득하기를 기대하는 기능들이 제시되어 있는데, 이를 바탕으로 서술형과 논술형 문항을 구성할 수 있다. 가령, 문법 영역에서 제시된 언어 자료를 바탕으로 문제를 발견하거나, 서로 다른 두 개의 자료에 나타난 문법 현상의 차이를 비교·분석하는 것은 서술형 문항으로, 이를 종합적으로 설명하여 새로운 상황에 적용하거나 이를 토대로 자신의 언어생활을 성찰하는 문항은 논술형 문항으로 각각 구성할 수 있다. 또한 읽기 영역에서 제시한 기능들 중에서 '내용 확인하기'나 '추론하기'는 서술형 문항으로, '비판하기'나 '통합·적용하기'는 논술형 문항으로 활용하기에 더 적합하다. 그러나 이러한 분류들은 예시이고 실제 출제 과정에서 변경하여 사용 가능하다.

표1 국어과 영역별 활용 가능한 서술형·논술형 유형

영역	기능	서술형 활용 가능	논술형 활용 가능	관련 역량
읽기	• 맥락 이해하기 • 내용 확인하기 • 추론하기 • 비판하기 • 성찰·공감하기 • 통합·적용하기	• 내용 확인하기 • 추론하기 • 분석·평가하기	• 비판하기 • 성찰·공감하기 • 통합·적용하기	• 자료·정보 활용 역량 • 비판적·창의적 역량
쓰기	• 맥락 이해하기 • 글 구성하기 • 자료·매체 확인하기 • 표현하기 • 고쳐쓰기	• 맥락 이해하기 • 자료·매체 확인하기	• 글 구성하기 • 표현하기 • 고쳐쓰기	• 자료·정보 활용 역량 • 자기 성찰·계발 역량

문법	• 문제 발견하기 • 비교·분석하기 • 분류·범주화하기 • 종합·설명하기 • 적용·검증하기 • 언어생활 성찰하기	• 문제 발견하기 • 비교·분석하기 • 분류·범주화하기	• 종합·설명하기 • 적용·검증하기 • 언어생활 성찰하기	• 자료·정보 활용 역량 • 자기 성찰·계발 역량
문학	• 이해·해석하기 • 감상·비평하기 • 성찰·향유하기 • 모방·창작하기 • 공유·소통하기	• 이해·해석하기	• 감상·비평하기 • 성찰·향유하기 • 모방·창작하기	• 비판적·창의적 역량 • 문화 향유 역량 • 자기 성찰·계발 역량

2-2. 국어과 영역별 기능 분류에 따른 서술형·논술형 문항의 예시

가 읽기, 쓰기 영역 문항의 예

국어과의 읽기 영역과 관련된 서술형·논술형 문항은 주어진 지문을 통해 내용을 확인하거나 필자의 의도 등을 추론하는 것은 서술형 문항으로, 이를 바탕으로 자료들 간의 관계를 분석하거나 통합하여 자신의 견해를 제시하는 것은 논술형으로 구성할 수 있다. 아래 〈예시 1〉에서 ①은 제시된 글 (가)와 (나)의 내용을 확인하는 단계인 서술형 문항으로, ②는 이를 바탕으로 자신의 의견을 서술하는 논술형으로 구성된 문항의 예이다.

> 예시 1
>
> ① (가)~(나)의 필자가 인공 지능에 대해서 주장하는 바를 각각 쓰고, 이들 주장 간의 공통점과 차이점을 서술하시오.
> ② ①을 바탕으로 두 필자의 의견 중에 동의하는 의견을 고르고 그 이유에 대해서 논술하시오.

또한 읽기 영역은 쓰기 영역과 통합하여 서술형·논술형 문항을 구성할 수도 있다. 아래 〈예시 2〉의 ①은 (가)의 문제 상황과 (나)의 자료를 통합하여 경영진이 직원들에게 제시할 인센티브 방안을 분석하는 것으로, 읽기 영역에서 내용 확인과 통합·적용하기와 같은 기능을 묻는 문항이다. 여기에서 더 나아가, ②와 같이 주어진 맥락에 맞게 자신의 제안서를 작성하는 것은 쓰기 영역에서 맥락 이해하기와 표현하기와 같은 기능과 관련된다.

예시 2

① (가)의 '문제 상황'에서 경영진이 (나)의 자료를 참고하여 직원들에게 제시할 새로운 인센티브 방안이 무엇인지를 분석하여 쓰시오.

② 자신이라면, 어떤 인텐시브 방안을 제안할 것인지를 〈조건〉에서 제시된 맥락에 맞게 논술하시오.

– 출처: '읽기, 쓰기 영역 문항의 예'– 한국교육과정평가원. 2020. p.102.

나 문법 영역 문항의 예

국어과의 문법 영역 서술형·논술형 문항은 언어 현상과 관련하여 제시된 글에서 문제를 발견하고, 시대별 언어 자료를 비교·분석하거나, 문법 현상들을 설명하고, 더 나아가 자신의 언어생활을 성찰하는 등의 언어 기능을 평가하는 내용으로 구성할 수 있다.

아래의 〈예시 1〉은 '문제 발견하기' 기능과 관련한 서술형 문항의 예이다. 여기에서는 주어진 자료를 토대로 남북한 언어의 차이가 생길 수 있는 문제점을 발견하고, 이를 토대로 구체적인 낱말의 차이에 적용하여 분석하도록 하는 문항을 구성할 수 있다. 또한 〈예시 2〉는 '비교·분석하기' 기능과 관련된 서술형 문항의 예이다. 주어진 언어 자료를 통해 알 수 있는 남한과 북한의 맞춤법 차이를 비교하여 서술하도록 하는 문항이다. 〈예시 3〉은 〈예시 1〉과 〈예시 2〉를 바탕으로, 남북한 언어의 동질성 회복을 위한 사전 출판과 관련하여 자신의 주장을 작성하는 논술형 문항의 예이다. 이는 문법에서 '종합·설명하기' 기능과 관련된다.

예시 1

① (가)~(라)를 참고하여 남북한 언어의 차이 때문에 생길 수 있는 문제점을 2가지 서술하시오.

② (나)의 밑줄 친 낱말들처럼 남북한의 낱말이 달라지기도 했는데, 이렇게 남북한의 언어가 달라진 이유를 (다)를 참고하여 2가지 서술하시오.

예시 2

• (가), (나)의 '해님, 20여개, 론쟁'을 통해 알 수 있는 남북한 맞춤법의 차이를 (다)를 바탕으로 각각 비교하여 서술하시오.

예시 3

• (가), (나)를 참고하여 '남북한 언어의 동질성 회복을 위해 『겨레말큰사전』을 빨리 출판하여 남한과 북한에서 사용될 수 있게 해야 한다.'는 글을 쓰려고 한다. 타당한 근거를 들어 〈조건〉에 맞게 '주장하는 글'을 작성하시오.

– 출처: '문법 영역 문항의 예' –한국교육과정평가원. 2020. p.7-23.

🞅 문학 영역 문항의 예

국어과 문학 영역의 서술형·논술형 문항의 유형은 작품에 대한 이해와 감상에서 출발하여 그 작품과 관련하여 자신의 삶을 성찰하거나, 그 작품을 자신의 삶에 투영하여 모방하거나 재창작하는 문항으로의 구성이 가능하다. 〈예시 1〉에서 ①과 ②는 시에서 중요한 구성 요소인 시적 화자의 상황이나 정서를 이해하고 있는지를 묻는 서술형 문항이며, ③은 여기서 더 나아가 다른 두 시에서 시적 화자가 느끼는 정서나 태도의 공통점과 차이점을 이해하고 있는지를 묻는 문항이다. 〈예시 2〉는 소설의 구성 요소에서 인물과 관련된 갈등의 유형을 해석하고 있는지를 묻는 문항이다. 〈예시 3〉은 문학 영역의 기능 중에서 '성찰·향유하기'와 '모방·창작하기' 기능과 관련된 문항이다. ①은 제시된 시의 형식을 모방하는 것이다. ②와 ③은 소설 속 주인공의 모습을 통해 자신의 삶을 성찰한 후, 그 깨달음의 내용을 서술하도록 하는 것으로 논술형 문항으로 제시할 수 있다.

예시 1

① 시의 각 연에서 시적 화자가 무엇을 하고 있는지 서술하시오.
② 시적 화자가 자신의 어린 시절을 떠올리며 어떤 감정을 느끼는지를 시의 구체적인 표현을 인용하여 서술하시오.
③ (가)의 1연과 (나)의 시적 화자의 공통점과 차이점을 각각 2가지씩 작성하시오. 단, 시의 내용이나 시에 사용된 구체적인 표현을 예로 들어 자세히 설명할 것.

• (가), (나)에 드러난 갈등을 파악하고, 두 갈등이 어떻게 다른지 갈등의 유형과 연관 지어 서술하시오.

① 자신이 「엄마 걱정」의 '엄마'가 되었다고 상상하여 물음에 답하시오. '엄마'를 시적 화자로 설정하여 「엄마 걱정」의 형식을 모방해 제시된 부분의 나머지를 채워 시를 완성하시오.

② (다)의 주인공처럼 후회하거나 실수했던 나의 경험을 떠올려보고, 그 경험이 나에게 어떤 영향(깨달음)을 주었는지 쓰시오.

③ 내가 만약 수만이에게 협박을 당하는 문기와 같은 상황이라면 이를 해결하기 위해 어떤 행동을 할지 주제를 고려하여 구체적으로 서술하시오.

– 출처: '문학 영역 문항의 예'–한국교육과정평가원. 2020. p.29–35, p. 74–75.

3. 국어과 서술형·논술형 평가 과정의 이해

3-1. 평가 목표 설정하기

국어과의 서술형·논술형 평가는 수업과 별개로 실시되는 것이 아니라 수업 과정을 통해서 단계적으로 실시되어야 한다. 따라서 수업 계획을 세울 때에는 평가 계획이 선행되어야 하고, 평가를 통해서 학생들에게 바라는 결과, 즉 평가 목표가 설정되어야 한다. 평가 목표를 설정한다는 것은 평가를 통해서 학생들에게 기대되는 수행의 결과를 설정한다는 것이다. 평가 목표를 설정하는 것이 중요한 이유는 평가 목표는 일종의 나침반과 같아서 수업의 방향을 설정하고, 수행 과제를 구성하는 기준이 되기 때문이다.

평가 목표를 설정하는 방법은 다음과 같다. 평가 목표를 설정하기 위해서는 교육과정의 성취 기준을 분석해야 하는데, 모든 성취 기준이 서술형·논술형으로 평가하기에 적절한 것은 아니다. 따라서 국어과 교육과정 영역별 성취 기준을 분석하여 서술형·논술형 평가에 적합한 교육과정 성취 기준과 이에 따른 학습 내용 및 평가 요소를 추출하는 것이 필요하다. 국어과 수업은 다양한 언어 기능이 복합적으로 활용되기 때문에, 국어과 영역 내의 성취 기준을 재구성하여 평가 요소를 추출할 수도 있다. 가령, 읽기와 쓰기 영역, 듣기·말하기와 쓰기 영역, 문학과 쓰기 영역 등의 성취 기준을 재구성하여 평가 요소를 도출할 수 있다.

그런데 국어과 교육과정에서 제시된 영역별 성취 기준을 재구성할 때에는 수업의 맥락이나 학습자들의 수준 및 학습 상황 등을 고려할 필요가 있다. 성취 기준의 틀 안에서 교사가 자신의 교수-학습 상황에 적용할 성취 기준에 대한 재해석과 재구성이 필요하다.

아래 〈표 2〉에 제시된 2개의 성취 기준은 각각 읽기 영역과 쓰기 영역에서 추출한 것인데, 이 둘은 '설명 방법'이라는 공통점으로 묶일 수 있다. 읽기와 관련해서는 글에 사용된 다양한 설명 방법을 파악하며 읽어야 하고, 쓰기와 관련해서는 쓰고자 하는 대상의 특성에 맞는 설명 방법을 사용하여 글을 쓰는 것이다. 가르치는 학생들의 상황, 배경지식의 유무 등에 따라서 성취 기준의 재구성 내용은 달라질 수 있다.

표 2 국어과 성취 기준의 재구성 예시

교육과정 성취 기준	재구성 성취 기준
[9국02-04] 글에 사용된 다양한 설명 방법을 파악하며 읽는다. [9국03-02] 대상의 특성에 맞는 설명 방법을 사용하여 글을 쓴다.	글에 사용된 다양한 설명 방법을 파악하며 읽은 후에 자신이 쓰고자 하는 대상의 특성에 맞는 설명 방법을 찾아 글을 쓴다.

성취 기준을 재구성한 후에는, 재구성한 성취 기준에 맞는 평가 기준을 상, 중, 하로 작성해야 한다. 평가 기준 작성을 통해, 평가하고자 하는 요소들을 추출하고, 채점 기준을 설정하는 데에도 기준을 마련할 수 있다. 아래 제시된 평가 기준은 위의 재구성 성취 기준을 바탕으로 작성된 것인데, '글에 사용된 다양한 설명 방법'과 '그 효과'를 파악하고, '설명 대상에 적합한 설명 방법을 선택하여 글을 쓰기', 이 세 가지를 모두 충족할 경우 평가 기준을 '상'으로 설정하였다. 또한 설명 방법의 효과를 파악하지 못한 경우는 '중'으로, 설명 방법을 부분적으로 파악하고 설명 대상에 적합한 설명 방법을 선택하여 글을 쓴 경우는 '하'로 각각 설정하였다. 평가 기준의 설정은 뒤에 채점 기준표를 작성하는 것과도 밀접한 관련이 있기 때문에 성취 기준을 통해 평가하려고 하는 바를 면밀하게 살펴서 구성하는 것이 필요하다.

표 3 성취 기준에 따른 성취 수준 예시

성취 수준	상	글에 사용된 다양한 설명 방법과 그 효과를 파악하고, 설명 대상에 적합한 설명 방법을 선택하여 글을 쓸 수 있다.
	중	글에 사용된 다양한 설명 방법을 파악하고, 설명 대상에 적합한 설명 방법을 사용하여 글을 쓸 수 있다.
	하	글에 사용된 다양한 설명 방법을 부분적으로 파악하고, 설명 대상에 적합한 설명 방법을 사용하여 글을 쓸 수 있다.

성취 기준과 성취 수준을 설정한 후에는, 이를 통해 평가하려는 요소들을 구체적으로 추출해 내야 한다. 과정 중심 평가를 상정했을 때, 평가 요소는 수업과 연계되어 구성되어야 한다. 아래 제시된 평가 요소를 보면, '글에 쓰인 설명 방법을 파악하기' 위해 우선 '글의 중심 내용을 정리하기'를 수행한다. 중심 내용을 정리하는 과정을 통해 글에 쓰인 설명 방법을 파악할 수 있기 때문이다. 이후, 파악된 설명 방법이 글에서 어떤 효과를 발휘했는지를 파악하는 것이다. 그 다음 단계에서는 자

신이 쓰고자 하는 글에서 설명 대상에 적합한 설명 방법을 찾아 실제로 글을 써 보는 것이다.

평가 요소	글의 중심 내용 정리하기, 글에 쓰인 설명 방법 파악하기, 설명 방법의 효과 파악하기 설명 대상에 적합한 설명 방법에 따라 글쓰기

3-2. 서술형·논술형 문항 세트 설계하기

수업과 평가는 별개의 과정이 아니라, 수업의 각 단계와 과정 속에서 평가가 이루어져야 한다. 이러한 과정 중심 평가가 잘 이루어지기 위해서는 단원별로 차시에 따른 학습 목표가 설정되어야 하고, 이 목표를 구현하기 위한 교수·학습 활동이 설계되어야 한다. 교수·학습 활동을 설계할 때에는 그 차시의 교수·학습 활동의 결과물로서 서술형 문항이나 논술형 문항을 구성할 수 있도록 계획해야 한다. 즉, 교수·학습 활동과 평가가 긴밀하게 이어지도록 설계해야 평가의 타당도도 높일 수 있다. 또한 각 단계에서의 평가 문항을 서술형과 논술형의 어느 유형으로 설계할 것인지에 대한 고려도 필요하다. 보통 국어과의 경우, 한 단원을 5~7차시로 구성하고, 활동의 주제를 크게 세 부분으로 나눈다고 가정한다면, 앞의 두 단계에서는 서술형을, 마지막 단계에서는 논술형 과제로 배치하는 것이 좋다. 논술형은 앞 단계의 활동과 평가 내용을 누적하여 학생들이 자신의 생각을 창의적으로 확장하고 있는지를 확인하는데 용이한 유형이기 때문이다.

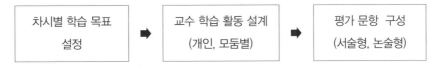

또한 서술형·논술형 문항을 제시할 때는 〈조건〉을 통해서 평가의 방향을 구체적으로 안내하는 것이 좋다. 학생들에게는 서술해야 하는 내용의 방향을 초점화하여 평가의 타당도를 높일 수 있고, 교사들에게는 채점을 용이하게 진행할 수 있다는 장점이 있다. 〈조건〉에서는 서술형·논술형 문항에 포함되어야 하는 내용과 관련된 요소와 형식적인 측면에서 지켜야 하는 내용을 포함할 수 있다. 가령, 핵심 내용을 한 문장으로 제시해야 한다든지, 각 문단의 핵심어를 포함해야 한다든지 같은 형식 조건을 제시할 수 있다.

3-3. 평가 자료 선정하기

국어과 서술형·논술형 평가를 위해 평가 자료를 선정하는 일은 매우 중요하다. 앞서 평가 목표 설정하기에서 학생들에게 서술형·논술형 평가를 통해서 기대되는 수행의 기준이 도출되었다면, 평가 자료는 학생들이 그러한 성취 기준에 도달하였는지를 타당하게 평가할 수 있는 것으로 선택해야 한다. 필자의 관점과 의도를 파악하는 서술형 문항을 설계한다고 해 보자. 그런데 교과서에서 학습한 내용을 그대로 평가 자료로 활용하였다면, 이는 필자의 관점과 의도를 파악할 수 있는지를 타당하게 평가하는 것이 아니라, 학습한 내용을 제대로 암기하였는지를 평가하는 과정이 될 수도 있어 평가의 타당도를 훼손할 수 있다.

가령, 평가 상황에서 교과서에서 학생들이 학습했던 언어 자료를 그대로 제시할 경우에는 평가하고자 하는 요소를 타당하게 평가하기보다는 이미 학습한 내용을 재인하는 수준에서 평가가 이루어질 가능성이 높다. 오히려 수업에서 접했던 자료와 형식이나 표현 방식이 유사하거나 내용에 있어서 관련성이 높은 자료를 선택하는 것이 학생들이 습득한 지식이 전이되어 활용되고 있는지를 평가하기에 더 유용하다. 물론 지필 평가 상황에서 교과서에서 학습했던 언어 자료를 모두 배제하는 것은 현실적으로 어려운 부분이 있으므로, 상황에 따라서 학생들에게 익숙한 자료와 새로운 자료를 혼합하여 사용하는 방안을 고려해 볼 필요가 있다. 수행 평가를 통해 서술형·논술형 평가를 진행할 경우에는 새로운 자료를 제시하는 것이 타당하다.

따라서 서술형·논술형에 활용하는 평가 자료는 교과서에서 학습한 자료를 그대로 활용하기보다는 다른 자료를 활용하여 학습의 전이가 제대로 이루어지고 있는지를 보는 것이 타당하다. 이를 위해서는 평가 요소 구현이 가능한 언어 자료를 탐색해야 한다. 가령, 필자의 관점과 의도를 파악하는 서술형 문항을 구성하기 위해서는 하나의 텍스트 안에, 객관적인 사실을 기술한 내용과 필자의 의견이 기술된 부분이 있으면서, 필자의 관점과 의도가 명료하게 나타난 글을 찾아야 한다. 또한, 필자나 글 속에 나타난 학자의 관점과 의도를 파악하는 서술형 문항을 구성하기 위해서는 하나의 텍스트 안에, 객관적인 사실을 기술한 내용과 의견이 기술된 부분이 있으면서, 필자나 학자의 관점과 의도가 명료하게 나타난 글을 찾아야 한다.

표 4 평가 자료 활용 예시

(가)	(나)
매클루언은 매체를 크게 핫 미디어와 쿨 미디어로 구분하였다. 핫 미디어란 고밀도의 정보를 전달하는 매체로, 여기서 고밀도란 정보로 가득 찬 상태를 말한다. 쿨 미디어란 핫 미디어와 반대로 주어진 정보의 양이 적은 매체를 말한다. 두 미디어는 수신자가 정보에 관여하는 방식과 태도에 의해서도 구분된다. 핫미디어는 충분히 많은 정보를 제공하므로 핫 미디어의 수신자는 이미 주어진 정보를 수동적으로 받아들이게 된다. 반면에 쿨 미디어는 주어지는 정보가 부족하기 때문에 쿨 미디어의 수신자는 고도의 인지 능력과 집중력을 발휘해 부족한 정보를 채워 나간다. 한편 매클루언은 의사소통 구조를 '외파적 구조'와 '내파적 구조'로 구분했다. 외파는 폭발의 진원지가 있고, 그 폭발이 점차 동심원처럼 주변으로 확산되는 양상이다. 이를 의사소통 구조에 적용하면 어떤 정보의 진원지가 있고, 그것이 일방적으로 주변으로 전달되는 형태에 조응하는 구조라고 할 수 있다. 반면에 내파는 특정한 폭발의 진원지가 없고 어느 곳이나 폭발의 진원지가 될 수 있다. 이를 의사소통 구조에 적용하면, 수신자가 다른 정보 생산자에게 직접 영향을 주거나 스스로 정보를 생산하는 등 정보의 생산에 직접 개입하며 정보의 중심이 될 수 있다는 것이다. 매클루언의 관점으로 보면 핫 미디어는 외파적 구조에 적합하고 쿨 미디어는 내파적 구조에 적합하다고 할 수 있다. 그런데 이와 같은 매클루언의 매체 이분법은 분류 기준이 자의적이고, 또 여러 성격을 동시에 지닌 매체가 등장함에 따라 특정 매체를 핫 미디어 혹은 쿨 미디어로 단정 짓기 어려운 경우가 많다는 점에서 한계가 있다. 하지만 그의 이분법은 매체에 관한 인식론적 지평을 넓혔다는 점에서 의의가 있다.	드라마 연극은 재현을 위한 드라마 텍스트가 정점에 위치해 있고 배우, 무대, 음향, 조명 등의 다른 요소들이 그 아래에 위치해 있는 위계적 구조를 띤다. 드라마 연극에서는 문학과 연극, 가상과 현실, 배우와 관객, 작품과 공연, 연극과 비연극 등의 경계가 선명하게 강화되어 그 위계질서가 유지되어 왔다. 그러나 포스트 드라마 연극에서는 그 중심이 작품에서 사건으로, 드라마에서 공연으로 이동함에 따라 그 경계가 희석된다. 가령 드라마 연극에서 관객은 수동적인 소비자로 객석에서 침묵을 유지하며 배우의 연기에 감정이입을 시도하는 것으로 그 역할이 충분했고, 배우는 드라마 작가의 의도를 정확히 파악한 다음 객석에 관객이 없는 것처럼 가정하고 자신이 연기해야 할 배역에 몰입하는 것만으로 그 역할이 충분했다. 이는 관객과 배우 사이에 넘어서는 안되는 경계선이 선명하게 그어져 있음을 의미한다. 그러나 포스트 트라마 연극에서는 이러한 경계선이 사라진다. 포스트 드라마 연극에서는 사전 예고 없이 관객이 배우가 되고는 한다. 이는 포스트 드라마 연극의 공연이 우발성을 포함하고 있음을 보여 준다.

위의 〈표 4〉에서 (가) 글은 미디어에 대한 매클루언의 관점이 나타나 있고, 이에 대한 글쓴이의 평가가 덧붙여져 있다. 따라서 서술형·논술형 문항에서 글 속에 나타난 특정 학자의 관점을 파악하거나, 그 관점에 대한 글쓴이의 평가 내용을 묻는 문항을 설계할 때 적절한 평가 자료라고 할 수 있다. 반면 (나) 글은 드라마 연극과 포스트 드라마 연극의 차이를 설명하고 있는 글이다. 설명 방법을 찾아내도록 하는 평가 문항의 자료로는 적절하나, 글 속에 나타난 필자나 글에 소개된 학자의 견해를 찾아서 쓰도록 하는 서술형 문항의 자료로는 부적절하다.

또한 글의 어휘나 문장 구조가 학생들의 수준에 맞는 것이어야 한다. 지나치게 어렵거나 학생들의 배경 지식의 범위를 벗어난 글은 서술형·논술형에서 사용하는 것을 지양해야 한다. 국어과 서술형·논술형 평가에서 활용하는 언어 자료들은 신문 기사나 칼럼, 광고 문구뿐만 아니라 관련된 도서 자료나 학술 논문 등에서 발췌하여 사용할 수 있으며, 만화나 그림 등의 시각 자료도 평가 내용을 고려하여 적절하게 재구성할 수 있다. 이 경우 출처를 명확하게 밝혀야 하며, 비교육적이거나 지나치게 논쟁적인 자료를 제시하는 것은 지양해야 한다. 중요한 것은 제시된 평가 자료들이 평가의 맥락과 목표에 부합하는 자료인지를 반드시 검토해 보아야 한다.

3-4. 문두 및 조건 작성하기

국어과 서술형·논술형의 문두는 평가 요소가 명료하게 드러나면서도, 피평가자인 학생들의 입장에서 묻고자 하는 내용이 분명히 인식되도록 작성되어야 한다. 또한 서술형·논술형의 문두에는 학생들이 문항에 답을 하기 위한 인지적 과정에 대한 안내도 포함되어야 한다.

재구성 성취 기준	글에 사용된 다양한 설명 방법을 파악하며 읽은 후에 자신이 쓰고자 하는 대상의 특성에 맞는 설명 방법을 찾아 글을 쓴다.
평가 요소	중심 내용 정리하기, 글에 쓰인 설명 방법 파악하기, 설명 방법의 효과 파악하기, 쓰기 맥락을 고려하여 적절한 설명 방법을 선정하기, 설명 대상에 맞는 설명 방법을 활용하여 글쓰기

위의 표는 재구성 성취 기준과 이에 따른 평가 요소인데, 이를 바탕으로 아래와 같이 문두를 작성할 수 있다. 또한 〈조건〉 제시를 통해서 학생들이 문항에 답을 하기 위한 단계적 과정도 함께 제시해 주는 것이 좋다. 아래 '문두 1'의 경우 '윗글의 중심 내용을 서술하시오.'라고 하는 것보다 〈조건〉인 '각 문단의 핵심 내용을 각각 한 문장으로 요약하여 제시할 것, 각 문단의 핵심어를 포함할 것'을 함께 제시할 경우 학생들의 이해가 더 쉬워지고 타당한 평가 결과를 얻을 가능성이 높다. 이러한 〈조건〉 제시는 채점을 용이하게 한다는 장점도 있다.

문두	1. 윗글의 중심 내용을 〈조건〉에 맞게 서술하시오.
	2. 글쓴이가 주제를 드러내기 위해서 활용한 설명 방법이 무엇인지 쓰시오.
	3. 글쓴이가 활용한 설명 방법의 효과가 무엇인지를 〈조건〉에 맞게 서술하시오.
	4. 각자 설명 대상에 맞는 설명 방법을 활용하여 글을 써보자.

아래에 제시된 문항은 신고전주의와 낭만주의의 차이를 설명하는 글로, 설명 방법이 명료하게 나타나 있다. 따라서 이를 바탕으로 중심 내용과 설명 방법을 묻는 서술형 문항을 설계할 수 있다.

■ **다음 글을 읽고 각 단계에 적절한 내용을 서술하시오.**

18세기 말 일어난 프랑스 대혁명의 분위기는 미술사에도 변화를 가져왔다. 시민 정신이 싹트면서 왕족과 귀족 중심의 화려하고 사치스러웠던 바로크 미술에 대한 반감이 나타났다. 뜻을 같이 하는 예술가 그룹을 중심으로 새롭게 다양한 미술 양식이 나타나서 서로 경쟁하고 변화하는 시대가 시작되었다. 이러한 분위기에서 신고전주의와 낭만주의가 탄생했다. 이 두 양식은 비슷한 역사적 시기에 나타났음에도 불구하고 추구하는 목표와 표현 방식이 상이했다.

신고전주의는 프랑스 대혁명 이후 계속된 혁명과 세기말의 혼란을 예술을 통해 정화하려고 했다. 그리기 위해서 절제와 균형을 바탕으로 했던 고대 그리스 미술의 형식과 이념을 복원하여 감정에 치우치기보다는 이성적 사고를 바탕으로 대상을 그려 내었다. 이성적 사고를 바탕으로 한다는 것은 대상을 사실적으로 정확하게 전달함을 말하며, 그러기 위해서 선과 형태를 강조하는 그림을 그렸다. 화려한 장식보다는 단순명료하게 대상을 전달함으로써 감상자의 감성에 호소하기보다는 이성에 호소하고자 했으며, 감성을 자극하지 않는 안정된 구도를 추구했다.

이성을 추구했던 신고전주의와는 달리 낭만주의는 프랑스 대혁명 이후 나타난 새로운 세계관과 생활 감정을 바탕으로 한 감성적 표현을 추구했다. 낭만주의자는 개인의 예술적 자유를 강조했고, 일체의 객관적인 예술 법칙을 부정하는 개성적 표현을 내세웠으며, 격동하는 현실에 주목하고 변화를 갈망하는 시대적 흐름을 담아내려고 했다. 정확한 사실보다 어떻게 느끼느냐가 더 중요하다고 생각했으며, 이를 위해서 색이나 명암 대비를 강조하려 했다. 명암이 나타나지 않은 그림은 없지만, 이들은 의도적으로 명암을 준 곳에 감상자가 집중하도록 함으로써 감정을 더 잘 전달하려 했다.

[서술형 평가 1] 윗글의 중심 내용을 〈조건〉에 맞게 서술하시오.

──────〈 조건 〉──────

1. 각 문단의 핵심 내용을 각각 한 문장으로 요약하여 제시할 것

2. 각 문단의 핵심어를 포함할 것

또한, 서술형·논술형의 문두에서 사용된 용어의 개념을 제시하여 학생들이 평가 상황에서 문항이 요구하는 명확한 평가 요소를 이해할 수 있도록 도와야 한다. 예를 들어, '글쓴이의 관점과 의도'를 서술하라고 할 때, 관점과 의도의 의미에 대해서 명료한 정의나 사례를 아래에 제시된 내용처럼 제시해 줄 필요가 있다. 아래 표에 제시된 서술형 문항은 '아래 글을 읽고, 제시된 매체 자료에 나타난 글쓴이의 관점과 의도를 파악해 보자.'인데, 학생들이 '글쓴이의 관점이나 의도'가 의미하는 바가 무엇인지를 이해하지 못한다면 이 문항이 요구하는 것을 제대로 파악하지 못할 수 있다. 따라서 문두 안에 사용된 용어에 대한 설명이 필요한 경우는 문두 아래에 그 용어의 정의나 개념을 명료하게 제시할 필요가 있다.

■ 아래 글을 읽고, 제시된 매체 자료에 나타난 글쓴이의 관점과 의도를 파악해 보자.

글쓴이의 관점이란, 대상에 대해서 가지고 있는 글쓴이의 견해나 의견을 말하며, 글쓴이의 의도는 이러한 글을 쓰는 이유나 목적을 의미한다. 따라서 매체 자료를 읽을 때에는 자료에 나타난 글쓴이의 관점과 의도를 파악하며 읽는 것이 중요하다.

글쓴이의 관점	
글쓴이의 의도	

한편 국어과의 서술형·논술형 평가 문항의 문두는 문항이 제한 반응 문항인지, 확장 반응 문항인지에 따라 다르게 작성되어야 한다. 서술형 문항은 주로 제한 반응 문항으로 설계될 수 있다. 제한 반응 문항은 흔히 학생들이 자신의 지식이나 기술을 이용하여 새로운 문제를 해결하도록 하거나, 자료를 제시하고 이를 분석하도록 하는 유형이다. 자료와 함께 제시되는 문항들은 주로 학생들

로 하여금 해석 자료를 읽고, 듣고, 분석하고, 해석하고, 이것에 근거하여 답을 하도록 한다. 제한 반응 문항은 평가하고자 하는 수행이 무엇인지 명확히 드러나도록 문항을 개발하기 때문에 학생들이 문항이 의도한 것을 정확히 해석할 수 있다(대전광역시교육청 외, 2019;11-12).

제한 반응 문항인 서술형 문항의 문두에는 학생들에게 무엇을 평가 기준으로 할 것인지에 대한 안내가 포함되어야 한다. 가령, '다음 매체 자료에 나타난 필자의 관점과 의도를 각각 서술하시오.'라고 했을 때, 평가 기준은 필자의 관점과 필자의 의도 모두를 평가한다는 의미를 담고 있는 것이다. 제한 반응 문항을 설계할 때에는 문두 외에 〈조건〉 등 지시문을 통해 서술형 답안에 포함되어야 할 구체적인 내용이나, 글자 수, 제한 조건 등을 제시해 주는 것이 좋다. 이를 통해 답안의 기준이 명료해지면, 채점자의 신뢰도도 높아지고, 채점 결과도 타당성을 갖게 된다.

다음으로, 논술형 문항은 주로 확장 반응 문항이라고 할 수 있다. Bloom의 신교육 목표 분류학의 인지 과정을 기준으로 했을 때, 제한 반응 문항인 서술형 문항은 주로, 기억, 이해, 적용의 인지 과정을 평가하기에 용이하고, 확장 반응 문항인 논술형 문항은 주로, 분석, 평가나 창안의 인지 과정을 평가하기에 더 타당하다고 할 수 있다. 그러나 문항의 구성이나, 제시된 자료의 특성에 따라서 이 기준은 달라질 수 있다.

논술형 문항은 학생들에게 자신의 생각을 자유롭게 표현하고 조직하도록 하는 문항이며, 학생들의 창의적인 사고 과정을 측정하기에 용이하다. 그러나 서술형 문항에 비하여 학생들이 답안을 작성하는 시간이 오래 걸리며, 제시되는 자료의 양도 많다. 따라서 국어과에서 논술형 문항은 지필 평가보다는 수행 평가의 일부로 실시되는 것이 좋다. 또한 논술형 문항이 확장 반응형 문항이라고 할지라도, 평가 기준이 명확하지 않으면 채점 과정에서 평가자 간 신뢰도가 담보되지 않을 수 있기 때문에, 논술형 문항도 문두와 조건을 포함한 지시문에 평가 기준에 대한 명료한 안내를 포함시킬 필요가 있다.

표 5 제한 반응과 확장 반응 문두의 예

문두 유형	예시
제한 반응 유형	• 위의 (가)에서 소음 공해의 문제점이라고 제시된 내용을 3가지 이상 찾아서 서술하시오.
확장 반응 유형	• 윗글에서 글쓴이가 감각 공해를 해결하기 위해 제시한 방안이 타당한지 평가하고 그 이유를 작성하시오.

3-5. 채점 기준 작성하기 및 채점하기

　학생들이 작성한 서술형·논술형 평가 문항을 신뢰를 주면서 타당하게 평가하기 위해서는 채점 기준을 상세하고 명료하게 설정할 필요가 있다. 채점 기준이 명료하게 설정되지 않으면 서술형·논술형 평가 문항을 채점하는 평가자 간의 신뢰도가 담보되지 않을 수 있으며, 추후 평가 결과에 대한 피드백들이 일관되지 않을 경우 평가 결과를 학생들이 수용하지 않는 문제가 발생할 수도 있다.

　또한 서술형·논술형 평가 문항을 설계하고, 채점 기준을 상세하게 설정하고 예시 답안을 작성해 보는 과정을 통해서 서술형·논술형 문항의 문두나 지시문을 수정하고 문항의 오류를 수정하는 등 문항을 점검하는 기회가 될 수도 있기 때문에, 채점 기준은 상세하게 설정하는 것이 좋다.

　채점 기준을 설정할 때에는 평가 요소별로 점수를 배정하고, 각 평가 요소에서 학생들에게 기대하는 수행 수준을 예시 답안으로 작성해야 한다. 평가 요소별로 점수를 배정할 때에는 학생들에게 기대하는 수행 수준의 난이도나 답안지에 포함되어야 할 내용 요소들의 개수 등을 종합적으로 고려해야 한다. 또한 포함되어야 할 내용의 일부만 포함되거나, 미작성된 답안지의 처리 방법과 배점에 대해서도 채점 기준표에 상세하게 기록해야 한다.

	평가 요소	배점	기대 수행
서술형 1	설명 대상과 글의 중심 내용 파악하기 (3점)	3점	• 설명 대상과 중심 내용 2문장을 모두 적절하게 서술한 경우 예시 답안 – 설명 대상 : 이어폰 – 중심 내용 : 헤드폰 형태의 이어폰은 뛰어난 음질로 음악을 즐길 수 있으나 장시간 사용하면 귓바퀴를 눌러 통증을 유발할 수 있다. 인 이어 형태의 이어폰은 가벼워서 귀에 걸리는 무게의 부하는 적은 편이나 귓구멍 부분에 압박이 가해져 만성 통증 등을 유발할 수 있다.
		2점	• 설명 대상과 중심 내용 중 한 가지만 서술한 경우 • 설명 대상을 쓰고 중심 내용을 한 문장만 제시한 경우 예시 답안 – 이어폰, 헤드폰 형태의 이어폰은 뛰어난 음질로 음악을 즐길 수 있으나 장시간 사용하면 귓바퀴를 눌러 통증을 유발할 수 있다.
		0점	• 미작성 및 잘못된 내용 작성 예시 답안 – 헤드폰 형태의 이어폰은 귓구멍 부분에 통증을 가할 수 있다.

위 표는 제시된 글에 나타난 설명 대상과 글의 중심 내용을 파악하는 서술형 문항에 대한 채점 기준 예시이다. 채점 기준을 설정할 때에는 평가 요소별로 점수를 배정하고, 각 평가 요소에서 학생들에게 기대하는 수행 수준을 예시 답안으로 작성해야 한다. 평가 요소별로 점수를 배정할 때에는 학생들에게 기대하는 수행 수준의 난이도나 답안지에 포함되어야 할 내용 요소들의 개수 등을 종합적으로 고려해야 한다. 위에 제시된 채점 기준을 보면, 설명 대상을 찾고, 글의 중심 내용을 파악하는 것이 평가 요소이므로, 이 두 가지 모두를 적절하게 서술한 경우 3점을 받도록 하였다. 또한 설명 대상과 중심 내용 중 한 가지만 서술하거나, 설명 대상을 쓰고 중심내용을 부분적으로 작성한 경우는 2점을, 미작성하거나 잘못된 내용을 작성한 경우는 0점 처리하였다. 이 외에도 학생 답안에서 작성 가능한 다양한 경우의 수를 고려하여 예시 답안 예시로 제시할 수 있다. 끝으로, 맞춤법 등의 오류가 있을 경우 감점을 할 것인지에 대한 기준은 평가자 간의 협의를 통해 정할 수 있으며, 이때에는 서술형 문항의 〈조건〉 등에 이에 대한 안내가 필요하다.

서술형·논술평 평가가 종료된 후에는 앞서 설정한 채점 기준에 따라 채점하기를 시행하게 된다. 학생들의 서술형·논술형 평가를 채점하기 전에는 평가자 간의 충분한 사전 협의가 이루어져야 평가자 간의 신뢰도를 확보할 수 있다. 학생 10명 정도의 서술형·논술형 문항을 평가자 2~3인이 모두 평가한 후에 항목별로 평가 점수를 비교하고, 점수 차가 발생하는 문항에 대해서는 평가 기준을 재검토하면서 채점의 명확한 기준을 찾아가는 과정이 필수적으로 요구된다. 사전 채점 과정에서 앞서 설정한 평가 기준이 수정되거나 보완될 수도 있다. 가령, 채점 기준표에서 학생들에게 기대하는 수행의 내용은 아니었으나, 그 답안이 문항에서 도출된 타당한 답안이라면 채점 과정에서 기대 수행의 내용으로 추가하고 정답으로 처리될 수도 있다. 이때에는 평가자 1인이 자의적으로 해석해서는 안 되고, 평가자 간의 합의 과정이 반드시 요구된다.

또한 맞춤법 등의 어문 규범에 관한 채점 기준은 가르치고 있는 학생들의 글쓰기 수준에 따라서 조절할 수 있다. 또한 미제출한 학생에 대한 채점은 학교 성적 관리 규정에 따라 처리할 수 있다.

유의점
- 평가 종료 후, 정답으로 인정 가능한 답안은 평가자 간 협의를 통해 평가 기준에 추가하기
- 포함되어야 할 내용의 일부만 포함되거나, 미 작성된 답안지의 처리 방법과 배점에 대해서도 채점 기준표에 상세하게 기록하기

3-6. 평가 결과 해석 및 피드백하기

서술형·논술형 문항에 대한 채점하기가 종료된 후에는 평가 결과를 해석하고, 이에 대해 피평가자인 학생들에게 문항별로 정성적인 평가 피드백을 해 주는 것이 필요하다. 피평가자인 학생 입장에서는 정량적인 점수만이 아니라, 자신이 작성한 서술형·논술형 문항에 대한 정성적 피드백 자료를 통해 답안을 성찰하고 앎을 내면화하는 과정이 될 수 있다.

과정 중심 평가를 지향하는 서술형·논술형 평가에서는 평가 결과에 대한 피드백이 매우 중요하다. 가령, 서술형·논술형 평가 결과를 점수로만 제시한 경우 학생은 자신이 어떤 평가 요소에서 감점을 받은 것인지, 어떤 부분을 충족하여 점수를 받게 된 것인지에 대해 알 수 없다. 그러나 서술형·논술형 평가 결과에 대해서 교사가 구체적인 정성적 피드백을 제공할 경우, 학생들은 자신의 평가 결과에 대한 이해도가 높아질 뿐만 아니라, 어떤 부분의 성취도를 보완해야 할지에 대해서도 스스로 성찰할 수 있게 되는 것이다.

학생의 서술형·논술형 평가 결과에 대한 교사의 피드백 내용은 국어과의 세부 능력 특기 사항의 기록물로도 활용할 수 있다. 따라서 교사는 일률적이고 형식적인 피드백을 지양하고, 학생들의 평가 결과물에 기초하여 구체적인 피드백을 제공할 필요가 있다.

4. 국어과 서술형·논술형 문항 제작의 실제

4-1. 평가 목표 설정하기

국어과 서술형·논술형 문항을 제작하는 첫 단계는 영역별 성취 기준을 분석하고, 이를 토대로 교육과정을 재구성하는 것이다. 재구성된 성취 기준을 바탕으로 평가 요소와 학습 요소를 추출하고 이를 바탕으로 서술형과 논술형 문항을 설계해 나가야 한다.

표 6 국어과 읽기와 쓰기 영역의 내용 체계표

영역	핵심개념	일반화된 지식	학년(군)별 내용 요소 고등학교1학년	기능
읽기	읽기의 본질	읽기는 읽기 과정에서의 문제를 해결하며 의미를 구성하고 사회적으로 소통하는 행위이다.	사회적 상호 작용	• 맥락 이해하기 • 몰입하기 • 내용 확인하기 • 추론하기 • 비판하기 • 성찰·공감하기 • 통합·적용하기 • 독서 경험 공유하기 • 점검·조정하기
	• 목적에 따른 글의 유형 　– 정보 전달 　– 설득 　– 친교·정서 표현 • 읽기와 매체	의사소통의 목적, 매체 등에 따라 다양한 글 유형이 있으며, 유형에 따라 읽기의 방법이 다르다.	• 인문·예술·사회·문화·과학·기술 분야의 다양한 화제 • 한 편의 글과 매체	
	• 읽기의 구성 요소 　– 독자·글·맥락 • 읽기의 과정 • 읽기의 방법 　– 사실적 이해 　– 추론적 이해 　– 비판적 이해 　– 창의적 이해 　– 읽기 과정의 점검	독자는 배경지식을 활용하며 읽기 목적과 상황, 글 유형에 따라 적절한 읽기 방법을 활용하여 능동적으로 글을 읽는다.	• 관점과 표현 방법의 평가 • 비판적·문제 해결적 읽기 • 읽기 과정의 점검과 조정	

	• 읽기의 태도 – 읽기 흥미 – 읽기의 생활화	읽기의 가치를 인식하고, 자발적 읽기를 생활화할 때 읽기를 효과적으로 수행할 수 있다.	자발적 읽기	
쓰기	• 쓰기의 본질	쓰기는 쓰기 과정에서의 문제를 해결하며 의미를 구성하고 사회적으로 소통하는 행위이다.	사회적 상호 작용	• 맥락 이해하기 • 독자 분석하기 • 아이디어 생산하기 • 글 구성하기 • 자료·매체 활용하기 • 표현하기 • 고쳐쓰기 • 독자와 교류하기 • 점검·조정하기
	• 목적에 따른 글의 유형 – 정보 전달 – 설득 – 친교·정서 표현 • 쓰기와 매체	의사소통의 목적, 매체 등에 따라 다양한 글 유형이 있으며, 유형에 따라 쓰기의 초점과 방법이 다르다.	• 설득하는 글 • 정서를 표현하는 글	
	• 쓰기의 구성 요소 – 필자·글·맥락 • 쓰기의 과정 • 쓰기의 전략 – 과정별 전략 – 상위 인지 전략	필자는 다양한 쓰기 맥락에서 쓰기 과정에 따라 적절한 쓰기 전략을 활용하여 글을 쓴다.	• 쓰기 맥락 • 고쳐쓰기(쓰기 과정의 점검)	
	• 쓰기의 태도 – 쓰기 흥미 – 쓰기 윤리 – 쓰기의 생활화	쓰기의 가치를 인식하고 쓰기 윤리를 지키며 즐겨 쓸 때 쓰기를 효과적으로 수행할 수 있다.	책임감 있게 쓰기	

위 〈표 6〉은 국어과에서 읽기와 쓰기 영역의 내용 체계표이다. 각 영역은 핵심 개념과 일반화된 지식, 내용 요소와 기능으로 구성되어 있다. 여기에 나타난 내용 요소와 기능들을 중심으로 서술형·논술형 문항을 제작할 수 있지만 모든 요소들을 활용하기에는 여러 제약이 따른다. 아래 표는 위의 내용 체계표에서 도출된 성취 기준이다.

표7 읽기 영역 성취 기준

> [10국02-01] 읽기는 읽기를 통해 서로 영향을 주고받으며 소통하는 사회적 상호 작용임을 이해하고 글을 읽는다.
> [10국02-02] 매체에 드러난 필자의 관점이나 표현 방법의 적절성을 평가하며 읽는다.
> [10국02-03] 삶의 문제에 대한 해결 방안이나 필자의 생각에 대한 대안을 찾으며 읽는다.
> [10국02-04] 읽기 목적을 고려하여 자신의 읽기 방법을 점검하고 조정하며 읽는다.
> [10국02-05] 자신의 진로나 관심사와 관련된 글을 자발적으로 찾아 읽는 태도를 지닌다.

표8 쓰기 영역 성취 기준

> [10국03-01] 쓰기는 의미를 구성하여 소통하는 사회적 상호 작용임을 이해하고 글을 쓴다.
> [10국03-02] 주제, 독자에 대한 분석을 바탕으로 타당한 근거를 들어 설득하는 글을 쓴다.
> [10국03-03] 자신의 경험과 성찰을 담아 정서를 표현하는 글을 쓴다.
> [10국03-04] 쓰기 맥락을 고려하여 쓰기 과정을 점검·조정하며 글을 고쳐 쓴다.
> [10국03-05] 글이 독자와 사회에 끼치는 영향을 고려하여 책임감 있게 글을 쓰는 태도를 지닌다.

읽기 영역과 쓰기 영역의 성취 기준을 아래와 같이 재구성할 수 있다. 읽기와 쓰기 영역 성취 기준의 재구성이 자연스러운 것은 우리의 언어생활에서 읽기와 쓰기가 연동되어 나타나고, 읽기를 통해 학습한 전략을 쓰기에 활용하는 것이 교육적으로도 매우 유용하기 때문이다.

성취 기준 (읽기, 쓰기)	[10국02-02] 매체에 드러난 필자의 관점이나 표현 방법의 적절성을 평가하며 읽는다. [10국03-04] 쓰기 맥락을 고려하여 쓰기 과정을 점검·조정하며 글을 고쳐 쓴다.	재구성된 성취 기준	매체에 드러난 필자의 관점과 표현 방법의 적절성을 평가하며 읽은 후, 쓰기 맥락에 맞게 자신의 쓰기 과정을 점검, 조정하며 글을 고쳐 쓴다.

성취 기준을 통해 단계별 학습 목표를 선정하면 다음과 같다.

> 첫째, 매체에 드러난 필자의 관점과 의도를 파악할 수 있다.
> 둘째, 매체에서 필자가 사용한 표현 방법의 적절성을 효과적으로 평가할 수 있다.
> 셋째, 쓰기 맥락을 고려하면서 글을 쓸 수 있다.
> 넷째, 자신의 쓰기 과정을 점검·조정하며 글을 고쳐 쓸 수 있다.

읽기 영역에서는 글을 읽어 나가는 과정에서 필자의 관점을 분석하고, 필자가 자신의 관점을 드러내기 위해 사용한 표현 방법이 적절한지를 평가하게 하는 수업안을 그릴 수 있다. 이어, 쓰기 영역 성취 기준과 관련해서는 앞서 수업에서 읽었던 글을 새로운 쓰기 맥락을 고려하면서 고쳐 써 보도록 하는 것이다. 이 과정에서는 자신의 쓰기 과정을 점검하고 조정하는 과정도 포함된다.

이 교사가 이러한 방향으로 교육과정을 재구성한 의도는 학습자들이 매체 읽기 및 평가를 통해서 인지하게 내용들을 내면화하고 실생활에서 활용하기 위해서는 실제 자신의 글쓰기로 마무리하는 활동이 효과적이라고 판단했기 때문이다. 주제, 목적, 독자, 매체를 고려하여 글을 쓰고, 자신의 글쓰기 과정을 메타적으로 점검, 조정하면서 글을 고쳐 쓰는 과정을 통해서 학습자들은 읽기 행위와 쓰기 행위의 차이를 인지하게 되고, 읽기 자료에 대한 평가가 자신의 글쓰기에 어떻게 반영되어야 하는지도 실제적인 글쓰기 체험을 통해 내면화하게 된다. 교사는 교육과정 성취 기준을 기계적으로 재구성하는 것이 아니라, 자신이 수업 속에서 그려 나가고자 하는 활동의 내용을 그려 본 후에 효과적인 재구성 방안을 모색해야 한다.

평가 영역	평가 요소		성취 수준
읽기	매체에 나타난 필자의 관점과 의도 파악하기	상	매체에 드러난 필자의 관점과 의도를 파악하여 표현 방법의 적절성을 효과적으로 평가할 수 있고, 쓰기 맥락을 고려하면서 자신의 쓰기 과정을 점검·조정하며 글을 고쳐쓸 수 있다.
읽기	표현 방법의 적절성 평가하기	중	매체에 드러난 필자의 관점과 의도를 파악하여 표현 방법의 적절성을 평가하고, 쓰기 맥락을 고려하면서 글을 고쳐쓸 수 있다.
쓰기	쓰기 맥락에 맞게 고쳐쓰기	하	매체에 드러난 필자의 관점을 파악하고, 쓰기 맥락에 맞게 자신의 글을 고쳐 쓸 수 있다.

성취 기준을 재구성한 후에는 성취 수준 상, 중, 하에 맞는 목표를 기술해야 하며, 이는 서술형·논술형 평가를 위한 채점 계획을 수립할 때 반영되어야 한다. 성취 기준과 성취 수준을 결정한 다음에는 이 기준을 통해서 평가하고자 하는 내용 요소를 추출해야 한다.

위에서 설정한 성취 기준에서는 '매체에 나타난 필자의 관점과 의도 파악하기, 표현 방법의 적절성 평가하기, 쓰기 맥락에 맞게 고쳐쓰기'의 3가지 평가 요소를 추출할 수 있다. 그런데 이러한 평가 요소는 고정적인 것이 아니라 교사에 따라서 다른 평가 요소로 구성될 수도 있다. 어떤 평가 요소를 선택하느냐에 따라서 서술형·논술형 문항의 내용도 달라질 수 있기 때문에 평가 요소를 추출할 때에는 이를 고려할 필요가 있다.

학습 요소	• 관점이나 표현 방법의 적절성 평가하기(매체) • 쓰기 맥락(주제, 목적, 독자, 매체) • 과정 점검하며 쓰기 • 고쳐쓰기

위에서 설정한 평가 목표와 평가 요소, 학습 요소를 바탕으로, 이 단원은 '비판적으로 읽고 맥락에 맞게 쓰기'라는 주제로 구성되었으며, '신문 기사를 비판적으로 읽고, 쓰기 맥락을 고려하여 고쳐쓰기'라는 과제를 수행하는 과정에서 2개의 서술형 문항과 1개의 논술형 문항을 수행하도록 구안되었다.

4-2. 서술형·논술형 문항 세트 설계하기

평가 목표 설정을 통해서 학생들에게 기대되는 수행의 결과를 도출한 후에는 이 결과들이 단계적으로 도출될 수 있도록 수업 계획이 수립되어야 한다. 여기에서 사례로 제시된 이 단원은 아래 〈표 9〉에서 제시된 것처럼 총 5차시로 구성하였으며, 앞서 평가 목표 설정하기에서 도출된 세 가지의 평가 요소들이 수업과 평가에 반영되도록 수업 계획을 수립하였다.

표 9 차시별 교수 학습 활동 단계에 따른 서술형·논술형 문항 사례

학습 단계	학습 목표	교수 학습 활동	평가 문항
1~2차시	매체에 나타난 필자의 관점과 의도를 파악할 수 있다.	모둠 제시된 매체 자료를 읽고 핵심 내용을 중심으로 요약하여 발표하기 개인 글에 나타난 필자의 관점과 의도 파악하기 (= 평가 과제 1)	[서술형 문항 1] 개인 글에서 사실과 의견 구분하기, 필자의 관점과 의도 파악하기 ≫ 피드백
3차시	매체 자료의 적절성을 평가하고 제시된 자료를 활용하여 글을 고쳐 쓸 수 있다.	개인 매체 자료의 적절성 평가하고 제시된 자료를 활용하여 고쳐쓰기 (= 평가 과제 2)	[서술형 문항 2] 개인 매체 자료 적절성 평가하기, 자료를 활용하여 고쳐쓰기 ≫ 피드백
4~5차시	매체 자료를 쓰기 맥락을 고려하여 다른 장르로 고쳐 쓸 수 있다.	개인, 모둠 각자가 설정한 쓰기 맥락을 공유하고 피드백하기 개인 쓰기 맥락을 고려하여 매체 자료를 다른 장르로 고쳐쓰기 개인 자신의 쓰기 과정을 점검·조정하기 (= 평가 과제 3) 모둠 동료 평가	[논술형 문항 3] 개인 쓰기 맥락을 고려하여 건의문 쓰기 ≫ 피드백

1~2차시 수업은 앞서 교육과정 재구성에서 추출했던 평가 요소 중에서 첫 번째 평가 요소인 '매체에 나타난 필자의 관점과 의도 파악하기'를 구현하는 것이 목표이다. 이 평가 요소를 구현하기 위해서 〈표 9〉 사례에서 교사는 '매체에 나타난 필자의 관점과 의도를 파악할 수 있다.'로 학습 목표를 설정하였다. 학습 목표는 이어질 교수 학습 활동과 평가 문항과 연계되기 때문에, 학습 목표는 이를 고려하여 설정되어야 한다. '매체에 나타난 필자의 관점과 의도를 파악할 수 있다.'는 학습 목표를 구현하기 위해서 교사는 매체에 나타난 필자의 관점과 의도를 파악하도록 하는 교수 학습 활동을 구상해야 한다. 위 사례에서 교사는 필자의 관점과 의도를 파악하기 위해서 우선 제시된 매체 자료를 읽고 핵심 내용을 중심으로 요약하기 활동을 실시하고 있다. 필자의 관점을 파악하기 위해서는 자료에 대한 이해가 필수적이고, 이러한 이해를 효과적으로 하기 위한 절차적 방법 중 하나가 요약하기 활동이기 때문이다. 요약하기 활동을 통해서 학생들은 매체 자료에 나타난 필자의 관점을 명료하게 분석하는 데 도움을 받을 수 있다. 자료의 양이 많을 경우 매체 자료에 대한 요약하기 활동은 모둠별로 진행할 수 있다. 요약하기 활동을 통해 핵심 내용을 파악한 후에는 개인별 과제로 필자의 관점과 의도를 파악하는 활동을 하게 한다.

　수업 과정에서 이러한 개인별 과제는 서술형 문항으로 제시될 수 있다. 위 사례에서 교사는 글에 나타난 필자의 관점과 의도를 파악하는 활동을 평가하기 위해서 글에서 사실과 의견을 구분하고, 필자의 관점과 의도를 파악하는 문항을 제시하고 있다. 필자의 관점을 파악하기 위해서는 글에 제시되어 내용에서 사실을 전달하고 있는 부분과 이 사실을 통해 필자의 주장(의견)이 나타난 부분을 학생들이 구분할 수 있어야 한다. 이를 통해 필자가 이 글을 통해 드러내려고 하는 관점을 파악할 수 있게 된다. 또한 필자가 이 글을 쓴 목적, 즉 의도를 분명하게 이해하고 있는지를 평가해야 한다.

4-3. 평가 자료 선정하기

국어과 서술형·논술형 평가에서 활용하는 자료는 평가가 이루어지는 맥락이나 목표에 따라서도 다양하게 선정될 수 있다. 인쇄물 형식의 언어 자료들이 평가 자료로 제시될 수도 있으나, 평가 목표에 따라서 영상 매체도 활용할 수 있다. 가령, 매체 자료에 대한 비판적 이해를 평가하기 위해 영화나 드라마의 일부, 뉴스 등의 영상 자료들을 활용할 수 있다. 따라서 교사는 평가 계획을 수립할 때, 평가의 목표와 내용, 평가가 이루어지는 맥락을 고려하여 평가 자료를 선정해야 한다.

표 10 서술형·논술형 평가 자료(예시)

학습 단계	평가 문항	서술형·논술형 자료	모둠 활동
1~2차시	[서술형 문항 1] 1-1. 매체 자료에서 객관적 사실을 전달하는 부분과 자신의 견해를 드러낸 부분을 파악하기 1-2. 글에서 사실과 의견 구분하기, 필자의 관점과 의도 파악하기	• '감각 공해'에 관한 글 – 감각 공해의 유형과 유형별 특징을 설명하고, 감각 공해 해결을 위한 글쓴이의 견해가 드러난 글	제시된 매체 자료를 읽고 핵심 내용을 중심으로 요약하여 발표하기
3차시	[서술형 문항 2] 2-1. 매체 자료의 적절성 평가하기 2-2. 추가 자료를 활용하여 매체 자료 고쳐쓰기	• 전문가 인터뷰 자료 – 소음 공해와 빛 공해의 부정적 영향에 대한 견해를 담은 인터뷰 • 국정 감사 자료(도표) – 감각 공해로 인한 민원 발생 건수	[서술형 문항 2] 개인 매체 자료 적절성 평가하기, 자료를 활용하여 고쳐쓰기 ≫ 피드백
4~5차시	[논술형 3] 3. 쓰기 맥락에 맞게 건의문 작성하기	• 모둠 활동에서 작성한 쓰기 맥락, 내용 구성 자료, 추가 자료 등	쓰기 맥락(목적, 주제, 독자, 매체) 설정하기, 내용 구성(도입, 전개, 마무리)의 방향 작성하기, 추가로 수집할 자료 작성하기

1~2차시에서 서술형 문항을 위해 제시한 글은 감각 공해와 관련된 글이다. 이 글은 '감각 공해'의 의미를 설명하면서 감각 공해 중 빛 공해와 소음 공해가 유발하는 사회적 문제를 설명하고 있다. 또한 지방 자치 단체에서 감각 공해의 문제를 해결하기 위한 정책을 시행해야 하며, 시민들도 감각 공해의 위험성을 인지하고 일상생활에서 이를 차단하기 위한 노력을 해야 한다는 의견도 함께 제시되어 있는 글이다. 이 글은 객관적인 사실과 글쓴이의 의견이 비교적 명료하게 제시되어 있으므로, 대상에 대한 글쓴이의 관점과 의도를 묻는 서술형 문항의 자료로 적절하다고 할 수 있다.

미세 먼지, 방사능 오염 등으로 인해 건강을 걱정하는 시민들은 많을 것이다. 하지만 상대적으로 일상생활 속 인공조명이나 소음 등으로 인해 발생하는 문제에 대해서는 관심이 적은 편이다. 실제로 인공조명이나 소음 등으로 인해 피해를 입었을지라도 그것이 공해에 해당하는지, 자신의 건강에 어떤 영향을 끼치는지에 대해서는 모르는 시민이 많다.

사람이 감각 기관으로 인지할 수 있는, 생활 활동과 밀접한 공해를 '감각 공해'라고 부른다. 감각 공해는 사람의 오감과 관련된 빛, 소음, 진동, 악취 등의 공해를 모두 포함하는 말이지만, 이들 공해 중 빛 공해와 소음 공해가 가장 심각한 문제로 대두되고 있다.

빛 공해는 가로등, 형광등, 광고 조명이나 장식 조명 등과 같은 인공 조명의 부적절한 사용으로 인해 과도한 빛이 쾌적한 생활을 방해하거나 환경에 피해를 주는 것을 의미한다. 이러한 빛에 지속해서 노출되면 생체 주기가 교란을 받아 심혈관 질환이나 소화기 장애 등이 유발될 수 있다. 또한 인공조명은 호르몬에 영향을 끼쳐 정서적 문제를 일으키거나 신체 건강을 위협할 수도 있다.

소음 공해는 기계, 기구, 시설, 기타 물체의 사용으로 인해 발생하는 강한 소리가 피해를 주는 것을 말한다. 소음은 스트레스 호르몬인 '코르티솔' 분비를 유도하는데, 이 호르몬 분비가 많아지면 심장 박동, 혈압, 혈당 등을 높이는 교감 신경이 활성화되어 심혈관 질환 발병률이 높아진다. 세계 보건 기구에서는 소음이 심혈관 질현을 유발한다고 발표했으며, 유럽 환경청은 소음 노출로 인한 심장 문제로 매년 1만 명이 조기 사망한다고 밝혔다.

따라서 우리 시에서는 감각 공해 문제를 해결할 수 있는 다양한 방안을 모색해야 한다. 또한 소음 공해 문제로 민원이 많이 발생하는 지역에 대한 중점적인 관리 감독과 함께 빛 공해 실태 조사 및 점검을 실시하고, 이를 바탕으로 빛 공해 문제를 해결할 수 있는 정책을 시행할 필요가 있다.

아울러 시민들 역시 감각 공해의 위험성을 인지하고 일상생활에서 감각 공해를 차단하기 위해 노력해야 할 것이다. 우선 거주 환경이 빛 공해에 노출되어 있지는 않은지 확인해야 한다. 또한 가정에서 소음 공해를 유발하고 있지는 않은지 생활 습관을 점검해야 한다. 특히 잠자리에서는 빛과 소음을 동시에 유발하는 전자 기기의 사용을 줄이고, 안대와 귀마개, 암막 커튼 등을 사용하여 감각 공해로부터 스스로를 보호하는 습관을 갖추는 것이 필요하다.

한편, 다음의 자료는 '소음 공해'에 대한 전문가 인터뷰 자료와 감각 공해로 발생한 민원 건수를 나타내는 통계 자료이다. 이 자료들은 앞서 제시된 자료를 고쳐쓰기 위해 추가로 제시된 자료들이다. 매체 자료의 적절성을 분석한 후, 제시된 자료를 통해 고쳐쓰기 위한 방안을 도출하도록 하는 것이다. 이를 위해서는 앞서 제시된 글에서 부족하거나 보강해야 하는 부분을 파악하여, 이를 보완할 수 있는 자료를 제시해야 한다.

아래 자료에서 (가)는 전문가 인터뷰 자료이므로, 글쓴이가 주장하는 내용에 대한 신뢰성을 높여줄 수 있는 자료가 될 수 있다. (나)는 감각 공해로 인한 민원 건수에 대한 통계 자료이기 때문에 이 역시 필자의 주장을 뒷받침하고, 예상 독자의 공감을 불러일으키는 데에 도움이 되는 자료이다.

국어과의 서술형·논술형 평가 문항에서 활용할 수 있는 평가 자료는 다양하다. 신문 기사나 칼럼, 광고 문구뿐만 아니라 관련 도서나 학술 논문 등도 활용 가능하며, 만화나 그림 등의 시각 자료도 그 내용에 따라서 평가 자료로 활용될 수 있다.

(가) 전문가 인터뷰 자료

"소음 강도가 40데시벨(dB) 이상이면 수면을 방해하고, 50dB 이상이면 혈압을 높입니다. 이런 소음에 장기간 노출되면 신체적, 정서적으로 이상이 나타납니다. 연구 결과, 소음에 지속적으로 노출된 지역의 주민에게는 그렇지 않은 지역의 주민보다 불안과 우울증 관련 증상이 많이 나타났습니다. 또한 빛 공해는 암의 발병률을 높이고 숙면을 유도하는 멜라토닌 분비를 억제합니다. 실제로 빛 공해가 심한 지역의 주민은 빛 공해가 가장 적은 지역의 부민보다 암 발생률이 20% 이상 높았으며, 수면제나 신경 안정제 등을 처방받는 일수도 빛 공해가 가장 적은 지역 주민과 2배 가량 차이가 났습니다."

(나) 국정 감사 자료

※ 감각 공해로 인한 민원 발생 건수

구분	빛 공해	소음 공해
2015년	4,679	19,278
2016년	6,978	19,495
2017년	6,963	22,849
2018년	7,002	28,231

객관적인 사실과 글쓴이의 의견이 명료하게 나타나는 자료들은 보통 논설문이나 연설문에서 찾을 수 있다. 이런 유형의 글은 객관적 사실을 제시하고, 이에 대한 글쓴이의 의견을 덧붙이는 경우가 많기 때문이다. 위에서 제시된 평가 자료 외에 다른 자료의 예는 다음과 같다.

아래 글은 청소년들의 혐오 표현을 사용하면서 나타나는 문제점을 제시하고, 이를 해결하기 위해 어떤 노력을 기울여야 하는지에 대한 글쓴이의 의견이 담겨 있어, 위의 성취 기준을 평가하는 자료로서 적절하다고 할 수 있다.

> 최근 대중 매체와 온라인에서 혐오 표현이라는 용어가 널리 사용되고 있다. 혐오 표현은 개인이나 집단이 지닌 특성을 차별하거나 비하하는 내용을 공개적으로 드러냄으로써 편견이나 증오를 주장하는 표현을 가리킨다. 설문 조사 결과 우리나라 성인 중 64.2% 정도가 혐오 표현으로 피해를 당한 경험이 있다고 밝힌 것처럼, 혐오 표현은 우리 사회에 만연해 있다. 게다가 청소년의 경우 혐오 표현으로 인한 피해 경험이 68.3%이고, 혐오 표현을 사용한 경험도 23.9%로 나타났다.
>
> 청소년들이 혐오 표현에 노출되는 것은 많은 문제점을 낳고 있다. 먼저 혐오 표현은 청소년들의 인격과 가치관 형성에 부정적 영향을 끼치며 평등과 인권의 의미를 왜곡하게 만들어 민주 시민 교육을 방해한다. 실제로 청소년의 60.9%는 차별과 편견이 담겨 있는 혐오 표현의 내용이 자신의 생각과 부합한다고 밝혔다. 또한 정서적으로 민감한 청소년들이 지속적이고 반복적으로 혐오 표현을 접할 경우 부정적 자아 경험을 형성하고, 무력감이나 우울증, 외상 후 스트레스 장애 등을 겪을 수 있다.
>
> 그렇다면 이 문제를 어떻게 해결해야 할까? 청소년들의 혐오 표현 피해가 온라인에서 가장 많이 발생하고 있다는 점에서 학교는 혐오 표현 피해 학생들에 대한 상담 및 심리 치유 활동을 확대하고, 전체 학생들을 대상으로 미디어 리터러시 교육을 강화해야 한다. 미디어 리터러시는 미디어 정보를 비판적으로 이해하고 자신의 생각을 미디어로 책임 있게 표현하면서 사람들과 소통하는 능력을 의미한다. 온라인 커뮤니티, SNS 등을 통해 혐오 표현이 무분별하게 확산되고 있는 상황에서 청소년들이 미디어에서 책임감 있는 태도로 자신의 생각을 표현하고, 미디어 정보를 비판적으로 수용하는 능력은 매우 중요하다. 따라서 학교 교육과정에서 관련 내용을 포함하여 미디어 리터러시 교육을 내실 있게 운영해야 한다.

또한 국어과 서술형·논술형 평가에서 활용하는 자료는 평가가 이루어지는 맥락이나 목표에 따라서도 다양하게 선정될 수 있다. 인쇄물 형식의 언어 자료들이 평가 자료로 제시될 수도 있으나, 평가 목표에 따라서 영상 매체도 활용할 수 있다. 가령, 매체 자료에 대한 비판적 이해를 평가하기 위해 영화나 드라마의 일부, 뉴스 등의 영상 자료들을 활용할 수 있다. 따라서 교사는 평가 계획을 수립할 때, 평가의 목표와 내용, 평가가 이루어지는 맥락을 고려하여 평가 자료를 선정해야 한다.

4-4. 문두 작성하기

서술형·논술형 문항에서 문두는 피평가자인 학생들에게 이 문항을 통해 묻고자 하는 내용 요소를 명료하게 담고 있어야 한다. 정확하고 명료한 문두는 문항의 타당도와 신뢰도를 높일 뿐만 아니라, 교사의 채점 과정도 용이하게 해줄 수 있다.

사례 1	1~2차시: 매체에 나타난 필자의 관점과 의도를 파악하기

> 1. 아래 글을 읽고, 제시된 매체 자료에 나타난 글쓴이의 관점과 의도를 파악하여 각각 서술하
> 〈조건〉   〈평가 요소〉   〈기능〉
> 시오. (2점)
> 〈배점〉

1~2차시 단계에서 평가한 첫 번째 서술형 문항은 '매체에 나타난 필자의 관점과 의도를 파악하기'라는 평가 요소를 묻고자 하는 것이다. 이를 위한 서술형 평가의 문두는 '아래 글을 읽고, 제시된 매체 자료에 나타난 글쓴이의 관점과 의도를 각각 서술하시오.'로 작성할 수 있다. 이 문항이 요구하는 인지적 과정은 글을 읽고, 제시된 매체 자료에 나타난 글쓴이의 관점과 의도를 각각 찾아서 서술하는 것이다.

사례 2	3차시: 매체 자료의 적절성 평가하기

> 1. 제시된 매체 자료의 적절성을 평가하기 위해 아래의 점검 목록에 표시해 보고, '아니오'에 표
> 〈조건+평가 요소〉   〈기능〉
> 시한 경우 그 이유를 쓰시오. (3점)
> 〈배점〉

3차시 단계에서 평가한 서술형 문항은 '매체 자료의 적절성을 평가하기'라는 평가 요소를 묻고자 하는 것이다. 이를 위한 서술형 평가의 문두는 '제시된 매체 자료의 적절성을 평가하기 위해 아래의 점검 목록에 표시해 보고, "아니오'에 표시한 경우 그 이유를 쓰시오.'로 작성할 수 있다. 위에 제시된 것처럼, 서술형·논술형 문두는 '조건+평가 요소+기능+배점' 등으로 구성될 수 있다. 〈조건〉은 학생들이 서술형·논술형 문항에 대한 답을 작성하는 데 있어서 범위와 내용을 한정시켜 주는 역할을 한다. 아래 논술형 문항에서 〈조건〉은 건의문의 도입 부분과 전개 부분에 담겨야 할 내용을 제시해 주고 있다.

[논술형 평가3] 1의 활동을 바탕으로 각자 쓰기 맥락에 맞게 건의문을 1,000자 이내로 작성하시오.
(3점)

〈조건〉 1. 도입 부분에 건의문을 작성한 이유를 밝힐 것

2. 전개 부분에서는 해결 방안에 대한 견해를 제시할 것.

한편, 아래 예시는 모호한 문두로 인하여 묻고자 하는 바를 명확하게 전달하지 못하는 예와 이를 수정한 것이다.

잘못된 문두	1. 아래 글을 읽고, 매체 자료에서 사실을 전달한 부분과 견해를 드러낸 부분을 써 보자.
수정한 문두	1. 아래 글을 읽고, 매체 자료에서 '객관적인 사실을 전달하는 부분'과 '자신의 견해를 드러낸 부분'을 구별하여 각각 2문장 이상씩 써 보자.

위 표에서 '아래 글을 읽고, 매체 자료에서 '객관적인 사실을 전달하는 부분'과 '자신의 견해를 드러낸 부분'을 구별하여 각각 2문장 이상씩 써 보자.'라는 서술형 문항의 문두를 살펴보자. 이 문항의 문두를 '아래 글을 읽고, 매체 자료에서 사실을 전달한 부분과 견해를 드러낸 부분을 써 보자.'라고 작성했다면, 학생들은 객관적 사실을 전달한 부분과 견해를 드러낸 부분을 각각 찾아서 쓰는 것인지, 문장으로 그대로 쓰는 것인지, 요약해서 쓰는 것인지, 몇 개의 문장을 쓰는 것인지를 제대로 안내받을 수 없어서 평가 상황에서 혼란스러울 수도 있으며, 이 과정에서 타당한 평가가 이루어지지 않을 수도 있다. 따라서 서술형·논술형 평가의 문두는 최대한 명료하면서도 평가하고자 하는 내용을 구체적으로 포함하여 작성하여야 한다.

표 11 서술형·논술형 평가 문항의 문두

평가 요소	서술형·논술형 평가 문항의 문두
매체에 나타난 필자의 관점, 의도 파악하기	• 아래 글을 읽고, 매체 자료에서 '객관적인 사실을 전달하는 부분'과 '자신의 견해를 드러낸 부분'을 구별하여 각각 2문장 이상씩 써 보자. • 아래 글을 읽고, 제시된 매체 자료에 나타난 글쓴이의 관점과 의도를 파악해 보자.
매체 자료의 적절성 평가하기	• 매체 자료의 적절성을 평가하기 위해 아래의 점검 목록에 표시해 보고, '아니오'에 표시한 경우 그 이유를 쓰시오.
쓰기 맥락에 맞게 고쳐 쓰기	• 아래 제시된 자료를 활용하여 매체 자료를 고쳐쓰기 위한 방안을 제시하시오. • 1의 활동을 바탕으로 각자 쓰기 맥락에 맞게 건의문을 3,000자 이내로 작성하시오.

매체 자료에서 필자의 관점과 의도 찾기

모둠 활동

1. 친구들과 아래의 글을 읽고, 글의 내용을 〈조건〉에 맞게 요약하여 발표해 보자.

미세 먼지, 방사능 오염 등으로 인해 건강을 걱정하는 시민들은 많을 것이다. 하지만 상대적으로 일상생활 속 인공조명이나 소음 등으로 인해 발생하는 문제에 대해서는 관심이 적은 편이다. 실제로 인공조명이나 소음 등으로 인해 피해를 입었을지라도 그것이 공해에 해당하는지, 자신의 건강에 어떤 영향을 끼치는지에 대해서는 모르는 시민이 많다.

사람이 감각 기관으로 인지할 수 있는, 생활 활동과 밀접한 공해를 '감각 공해'라고 부른다. 감각 공해는 사람의 오감과 관련된 빛, 소음, 진동, 악취 등의 공해를 모두 포함하는 말이지만, 이들 공해 중 빛 공해와 소음 공해가 가장 심각한 문제로 대두되고 있다.

빛 공해는 가로등, 형광등, 광고 조명이나 장식 조명 등과 같은 인공조명의 부적절한 사용으로 인해 과도한 빛이 쾌적한 생활을 방해하거나 환경에 피해를 주는 것을 의미한다. 이러한 빛에 지속해서 노출되면 생체 주기가 교란을 받아 심혈관 질환이나 소화기 장애 등이 유발될 수 있다. 또한 인공조명은 호르몬에 영향을 끼쳐 정서적 문제를 일으키거나 신체 건강을 위협할 수도 있다.

소음 공해는 기계, 기구, 시설, 기타 물체의 사용으로 인해 발생하는 강한 소리가 피해를 주는 것을 말한다. 소음은 스트레스 호르몬인 '코르티솔' 분비를 유도하는데, 이 호르몬 분비가 많아지면 심장 박동, 혈압, 혈당 등을 높이는 교감 신경이 활성화되어 심혈관 질환 발병률이 높아진다. 세계 보건 기구에서는 소음이 심혈관 질현을 유발한다고 발표했으며, 유럽 환경청은 소음 노출로 인한 심장 문제로 매년 1만 명이 조기 사망한다고 밝혔다.

따라서 우리 시에서는 감각 공해 문제를 해결할 수 있는 다양한 방안을 모색해야 한다. 또한 소음 공해 문제로 민원이 많이 발생하는 지역에 대한 중점적인 관리 감독과 함께 빛 공해 실태 조사 및 점검을 실시하고, 이를 바탕으로 빛 공해 문제를 해결할 수 있는 정책을 시행할 필요가 있다.

아울러 시민들 역시 감각 공해의 위험성을 인지하고 일상생활에서 감각 공해를 차단하기 위해 노력해야 할 것이다. 우선 거주 환경이 빛 공해에 노출되어 있지는 않은지 확인해야 한다. 또한 가정에서 소음 공해를 유발하고 있지는 않은지 생활 습관을 점검해야 한다. 특히 잠자리에서는 빛과 소음을 동시에 유발하는 전자 기기의 사용을 줄이고, 안대와 귀마개, 암막 커튼 등을 사용하여 감각 공해로부터 스스로를 보호하는 습관을 갖추는 것이 필요하다.

〈 조건 〉

- 각 문단의 핵심 내용을 각각 한 문장으로 요약하여 제시할 것
- 각 문단의 핵심어를 포함할 것

모둠 활동이 끝난 후에는 개인 평가 과제로 '글에 나타난 필자의 관점과 의도'를 파악하는 서술형 문항을 아래와 같이 제시할 수 있다. 이 문항은 앞서 모둠 활동에서 요약한 내용을 토대로 글에서 필자가 취하고 있는 관점이나 이 글을 통해 전달하려는 내용, 즉 의도가 무엇인지를 파악하게 하는 것이다. 필자의 의도나 관점을 파악하기 위해서는 매체 자료에서 객관적 사실을 전달하는 부분과 필자의 견해를 드러내는 부분을 구분하는 일이 선행되어야 하기 때문에, 이 서술형 문항의 경우 2단계로 나누어 제시하였다. 1단계에서는 객관적 사실과 견해를 드러낸 부분을 구분하는 활동을, 2단계에서는 매체 자료에 나타난 글쓴이의 관점과 의도를 파악하는 활동을 각각 서술형 문항으로 제시하였다.

■ 아래 글을 읽고, 매체 자료에서 '객관적인 사실을 전달하는 부분'과 '자신의 견해를 드러낸 부분'을 구별하여 각각 2문장 이상씩 써 보자. (3점)

우리가 읽는 신문, 광고, 인터넷, 누리 소통망 서비스(SNS) 등 다양한 매체에는 글쓴이의 관점이 나타난다. 매체에 드러난 글쓴이의 관점을 평가하며 읽기 위해서는 우선 매체 자료에서 객관적인 사실을 전달하는 부분과 개인이 자신의 견해를 드러내는 표현을 구별해야 한다. 그리고 견해가 드러나는 부분에 주목하여 글쓴이의 관점이 편견에 사로잡히지 않고 공정한지를 평가해야 한다.

객관적인 사실을 전달하는 부분(해당 문장)	
자신의 견해를 드러낸 부분 (해당 문장)	

■ 아래 글을 읽고, 제시된 매체 자료에 나타난 글쓴이의 관점과 의도를 파악해 보자. (2점)

글쓴이의 관점이란, 대상에 대해서 가지고 있는 글쓴이의 견해나 의견을 말하며, 글쓴이의 의도는 이러한 글을 쓰는 이유나 목적을 의미한다. 따라서 매체 자료를 읽을 때에는 자료에 나타난 글쓴이의 관점과 의도를 파악하며 읽는 것이 중요하다.

글쓴이의 관점	
글쓴이의 의도	

1, 2차시에서는 필자의 관점과 의도를 파악할 수 있다는 학습 목표를 위해 매체 자료에 나타난 사실과 의견을 구분하고, 이를 통해서 글에서 필자가 제시하는 관점과 의도를 파악할 수 있는지를 평가하는 서술형 문항을 제시하였다. 이를 바탕으로 3차시에서는 '표현 방법의 적절성 평가하기'라는 평가 요소를 구현하기 위해 '매체 자료의 적절성을 평가하고 제시된 자료를 활용하여 글을 고쳐 쓸 수 있다.'라는 학습 목표를 설정하였다.

1, 2차시에서는 매체 자료의 내용적 측면에서 글의 관점과 의도를 파악했다면, 3차시에서는 여기에서 더 나아가 매체 자료가 적절한지를 분석하고 평가하는 수준으로 심화된 활동을 구성하고 있다. 3차시는 4~5차시에서 수행하게 될 쓰기 활동을 위한 준비 단계라고 할 수 있다. 학생들은 매체 자료의 적절성을 평가하는 활동을 통해서 자신의 쓰기 활동을 준비할 수 있으며, 어떻게 글을 구성하고 표현하는 것이 적절한 것인지를 학습할 수 있게 된다.

따라서 3차시에서는 매체 자료의 적절성을 평가하고, 이를 바탕으로 글을 고쳐 쓸 수 있다는 학습 목표를 제대로 수행하였는지를 평가하기 위한 서술형 문항을 제시하였다. 우선 첫 번째 서술형 문항은 주어진 매체 자료가 적절한지를 평가하는 문항을 제시하였다. 이를 위하여 매체 자료의 적절성을 평가하는 방법, 기준 등을 설명하고 실제 사례를 통해 구체적인 안내를 해 주어야 한다. 두 번째 서술형 문항은 추가적으로 제시된 자료를 활용하여 매체 자료를 고쳐쓰는 활동을 할 수 있는지를 평가하는 것이다.

3차시   매체 자료의 적절성 평가하고 고쳐쓰기

1, 2차시에서는 매체 자료의 내용적 측면에서 글의 관점과 의도를 파악했다면, 3차시에서는 여기에서 더 나아가 매체 자료가 적절한지를 분석하고 평가하는 수준으로 심화된 활동을 구성하고 있다. 3차시는 4~5차시에서 수행하게 될 쓰기 활동을 위한 준비 단계라고 할 수 있다. 학생들은 매체 자료의 적절성을 평가하는 활동을 통해서 자신의 쓰기 활동을 준비할 수 있으며, 어떻게 글을 구성하고 표현하는 것이 적절한 것인지를 학습할 수 있게 된다.

따라서 3차시에서는 매체 자료의 적절성을 평가하고, 이를 바탕으로 글을 고쳐 쓸 수 있다는 학습 목표를 제대로 수행하였는지를 평가하기 위한 서술형 문항을 제시하였다. 우선 첫 번째 서술형 문항은 주어진 매체 자료가 적절한지를 평가하는 문항을 제시하였다. 이를 위하여 매체 자료의 적절성을 평가하는 방법, 기준 등을 설명하고 실제 사례를 통해 구체적인 안내를 해주어야 한다. 두 번째 서술형 문항은 추가적으로 제시된 자료를 활용하여 매체 자료를 고쳐 쓰는 활동을 할 수 있는지를 평가하는 것이다.

■ 매체 자료의 적절성을 평가하기 위해 아래의 점검 목록에 표시해 보고, '아니오'에 표시한 경우
그 이유를 쓰시오. (3점)

〈표〉 매체 자료의 적절성을 평가하기 위한 점검 목록

연번	점검 목록	점검 결과	이유
1	글의 내용이 편견 없이 서술되었는가?	예/아니오	
2	사실과 의견을 구분하여 제시하고 있는가?	예/아니오	
3	글에 제시된 정보를 신뢰할 만한 근거 자료를 제사하고 있는가?	예/아니오	

■ 아래 제시된 자료를 활용하여 매체 자료를 고쳐쓰기 위한 방안을 제시하시오. (4점)

(가) 전문가 인터뷰 자료

"소음 강도가 40데시벨(dB) 이상이면 수면을 방해하고, 50dB 이상이면 혈압을 높입니다. 이런
소음에 장기간 노출되면 신체적, 정서적으로 이상이 나타납니다. 연구 결과, 소음에 지속적으
로 노출된 지역의 주민에게는 그렇지 않은 지역의 주민보다 불안과 우울증 관련 증상이 많이
나타났습니다. 또한 빛 공해는 암의 발병률을 높이고 숙면을 유도하는 멜라토닌 분비를 억제합
니다. 실제로 빛 공해가 심한 지역의 주민은 빛 공해가 가장 적은 지역의 부민보다 암 발생률이
20% 이상 높았으며, 수면제나 신경 안정제 등을 처방받는 일수도 빛 공해가 가장 적은 지역 주
민과 2배 가량 차이가 났습니다."

(나) 국정 감사 자료

※ 감각 공해로 인한 민원 발생 건수

구분	빛 공해	소음 공해
2015년	4,679	19,278
2016년	6,978	19,495
2017년	6,963	22,849
2018년	7,002	28,231

⑴ 매체 자료에서 '(가) 자료'를 활용하여 수정·보완할 문장과 활용 방안을 쓰시오.

- 수정·보완할 문장 :

- 자료 활용 방안 :

⑵ 매체 자료에서 '(나) 자료'를 활용하여 수정·보완할 문장과 활용 방안을 쓰시오.

- 수정·보완할 문장 :

- 자료 활용 방안 :

〈 조건 〉

- 수정·보완이 필요한 문장을 1~2문장 이내로 찾아 쓸 것.
- (가)와 (나)의 자료의 어떤 내용을 활용할 것인지 구체적으로 쓸 것.

| 4~5차시 | 쓰기 맥락을 고려하여 건의문 쓰기 |

1. 제시된 매체 자료의 내용을 재구성하여 건의문을 작성하고자 한다. 모둠 친구들과 쓰기 맥락을 설정하고, 건의문의 내용을 어떻게 구성할지 논의해 보자.

쓰기 맥락	• 목적 : • 주제 : • 독자 : • 매체 :
내용 구성의 방향	• 도입 : • 전개 : • 마무리 :
추가로 수집할 자료	• • • • •

마지막으로, 4~5차시에서는 '쓰기 맥락에 맞게 고쳐쓰기'라는 평가 요소를 구현하기 위해 '매체 자료를 쓰기 맥락을 고려하여 다른 장르로 고쳐 쓸 수 있다.'라는 학습 목표를 설정하였다. 쓰기에서 주제, 목적, 독자, 매체와 같은 쓰기 맥락을 고려하는 것은 중요하다. 앞 차시에서는 주어진 매체 자료에서 필자의 관점과 의도를 파악하고, 그 글의 표현 방법이 적절한지를 평가하였다면, 4~5차시에서는 앞 활동들을 토대로 쓰기 맥락을 설정하고, 이 맥락에 맞게 앞에서 읽었던 자료를 다른 장르(예 건의문 등)로 써 보는 활동을 제시하였다. 어떤 장르로 쓰도록 할 것인지는 자료의 내용과 형식 등을 고려하여 설정할 수 있다. 이 평가 예시에서 건의문 쓰기를 설정한 것은 매체 자료의 내용 중에 감각 공해 문제를 해결하기 위해서는 지자체의 노력이 필요하다는 내용을 담고 있기 때문에, 매체 자료에 나타난 내용을 바탕으로 건의문을 작성해 보도록 하는 것이 적절하다고 판단하였기 때문이다.

우선, 4차시 모둠 활동에서는 모둠 친구들과 건의문을 작성하기 위한 맥락을 설정하고, 건의문의 내용을 어떻게 구성할지 논의하게 하는 활동을 실시한다. 도입, 전개, 마무리 부분에 대략적으로 어떤 내용을 담을 것인지를 논의하고, 건의문을 작성하기 위해 추가로 수집해야 할 자료에 대해서도 논의한다. 5차시에서는 이 자료를 바탕으로 개인별로 건의문을 작성하는 것이 논술형 과제로 제시되기 때문에, 각 단계에 담길 세부적인 내용을 논의하기보다는 대략적인 틀을 계획하도록 해야 한다. 가령, 도입 부분에는 건의문을 작성하는 사람에 대한 소개, 건의문을 쓰기 된 동기를 작성하고, 전개 부분에서는 건의 내용 및 해결 방안을 제시하며, 마무리 부분에서는 해결 방안 실행에 대한 기대 등을 담는다와 같은 대략적인 계획을 세우도록 해야 한다.

5차시에서는 개인별 논술형 과제로 쓰기 맥락에 맞는 건의문을 작성하게 한다. 이 과정에서 자신의 쓰기 과정을 점검·조정할 수 있도록 체크리스트를 작성하도록 할 수 있다.

〈쓰기 과정 점검을 위한 체크리스트〉

1. 건의문을 작성한 목적이 잘 드러나는가?
2. 건의문의 예상 독자가 명료하게 드러나는가?
3. 건의문을 통해서 전달하려고 하는 내용이 명료한가?
4. 건의문이 작성되는 매체를 고려하였는가?
5. 건의문에 문제에 대한 해결 방안을 제안하였는가?

[논술형 평가 3] 앞의 활동들을 바탕으로 각자 쓰기 맥락에 맞게 건의문을 1,000자 이내로 작성하시오. (3점)

〈조건〉 1. 도입 부분에 건의문을 작성한 이유를 밝힐 것
　　　 2. 전개 부분에서는 해결 방안에 대한 견해를 제시할 것.

　　　 건의문 쓰기가 끝난 후에는 모둠원들과 상호 평가를 실시하여, 4차시에서 실시했던 건의문 작성 계획들이 잘 이행되었는지, 개인별로 추가로 수집한 자료들이 글에 잘 반영되었는지 등을 평가하도록 한다. 개인별 건의문 쓰기는 논술형 평가로 교사 평가가 실시되겠지만, 모둠원들과의 상호 평가의 내용을 일정 부분 반영하는 것도 고려해 볼 수 있다. 이를 위해서는 학생들이 객관적으로 상호 평가를 실시할 수 있도록 평가 기준을 명료하게 제시할 수 있어야 하며, 교사가 먼저 평가의 과정을 시범 보이는 것도 바람직하다.

1. [모둠 활동] 친구가 쓴 글을 읽고 상호 간에 평가해 보자.

   ※ 평가 기준

   (1) 글의 주제, 목적에 맞는 설명 방법을 선택하여 썼는가?

   (2) 예상 독자에 맞는 수준으로 글을 썼는가?

   (3) 글의 전개가 자연스러운가?

   (4) 맞춤법 등 어법에 맞게 작성하였는가?

   상호 평가

4-5. 채점 기준 작성하기

서술형·논술형 평가 기준은 우선, 평가 요소별로 점수를 배정하고, 각 평가 요소에 대해서 학생들에게 기대하는 수행 수준을 예시 답안으로 제시해야 한다. 학생들에게 요구되는 수행 수준에 맞는 예시 답안을 작성하는 과정에서 문두를 수정하거나, 문두에 포함되는 〈조건〉의 내용을 수정할 수도 있다. 따라서 채점 기준 설정하기 단계는 서술형·논술형 문항 설계의 전체적인 과정을 점검하는 기회가 될 수 있다. 또한 채점 기준을 명료하고 구체적으로 설정하게 되면 평가자 간의 채점 신뢰도를 높일 수 있다. 여러 명의 교사가 한 교과를 담당하는 경우라면, 평가 전에 교사 상호 간에 채점 기준에 대한 충분한 논의와 협의의 과정을 거쳐야 하며, 채점 기준의 타당성에 대한 검토가 필요하다.

1~2차시	매체 자료에서 필자의 관점과 의도 찾기

서술형 평가 1-1

■ 아래 글을 읽고, 매체 자료에서 '객관적인 사실을 전달하는 부분'과 '자신의 견해를 드러낸 부분'을 구별하여 각각 2문장 이상씩 써 보자. (3점)

- -

서술형 첫 번째 문항의 핵심은 주어진 매체 자료에서 사실과 의견을 구분하는 것으로 총 배점은 3점이다. 사실을 전달한 문장과 견해를 드러낸 문장을 각각 2문장 이상 서술한 경우는 3점을, 위 두 문장을 1문장씩만 서술한 경우는 2점을, 잘못된 내용을 작성하였거나 미작성인 경우는 0점으로 채점한다.

평가 요소	배점	기대 수행
매체 자료에서 사실과 의견 구분하기 (3점)	3점	• 객관적인 사실을 전달하고 있는 문장과 자신의 견해를 드러낸 문장을 각각 2문장 이상 서술한 경우 예시 답안 – 객관적 사실: 사람이 감각 기관으로 인지할 수 있는, 생활 활동과 밀접한 공해를 '감각 공해'라고 부른다. 빛 공해는 가로등, 형광등, 광고 조명이나 장식 조명 등과 같은 인공 조명의 부적절한 사용으로 인해 과도한 빛이 쾌적한 생활을 방해하거나 환경에 피해를 주는 것을 의미한다. – 자신의 견해: 우리 시에서는 감각 공해 문제를 해결할 수 있는 다양한 방안을 모색해야 한다. 시민들 역시 감각 공해의 위험성을 인지하고 일상생활에서 감각 공해를 차단하 기 위해 노력해야 할 것이다. 우선 거주 환경이 빛 공해에 노출되어 있지는 않은지 확 인해야 한다.
	2점	• 객관적인 사실을 전달하고 있는 문장과 자신의 견해를 드러낸 문장을 각각 1문장만 서 술한 경우 예시 답안 – 객관적 사실: 사람이 감각 기관으로 인지할 수 있는, 생활 활동과 밀접한 공해를 '감각 공해'라고 부른다. – 자신의 견해: 우리 시에서는 감각 공해 문제를 해결할 수 있는 다양한 방안을 모색해야 한다.
	0점	• 미작성 또는 잘못된 내용 작성 예시 답안

■ 아래 글을 읽고, 제시된 매체 자료에 나타난 글쓴이의 관점과 의도를 파악해 보자. (2점)

　이 문항의 핵심은 제시된 매체 자료에서 글쓴이의 관점과 의도를 파악하여 서술하는 것이다. 따라서 글쓴이의 관점과 의도 모두를 적절하게 서술한 경우는 2점을, 둘 중 하나만 서술하거나, 둘 중 하나가 부적절하게 서술된 경우는 2점을 주도록 하였다.

평가 요소	배점	기대 수행
매체 자료에 나타난 글쓴이의 관점과 의도 파악하기 (2점)	3점	• 글쓴이의 관점과 의도를 모두 적절하게 서술한 경우 예시 답안 – 글쓴이의 관점: 빛 공해와 소음 공해와 같은 감각 공해는 인간의 건강에 치명적인 위협이 될 수 있음. – 글쓴이의 의도: 시 차원에서는 감각 공해 문제를 해결하기 위한 정책을 시행해야 함을 촉구하고, 시민 개인 차원에서는 감각 공해의 위험성을 인식하고 일상생활에서 감각 공해 차단을 위한 노력을 해야 함을 알리기 위해서
	2점	• 글쓴이의 관점과 의도 중 하나만 서술하거나, 둘 중 하나가 부적절하게 서술된 경우 예시 답안 – 글쓴이의 관점: 빛 공해와 소음 공해와 같은 감각 공해는 인간의 건강에 부정적인 영향을 미침. – 글쓴이의 의도: 소음 공해로 조기 사망하는 사람들의 매년 증가하고 있음.
	0점	• 미작성 또는 잘못된 내용 작성 예시 답안

■ 매체 자료의 적절성을 평가하기 위해 아래의 점검 목록에 표시해 보고, '아니오'에 표시한 경우 그 이유를 쓰시오. (3점)

연번	점검 목록	점검 결과	이유
1	글의 내용이 편견 없이 서술되었는가?	예/아니오	
2	사실과 의견을 구분하여 제시하고 있는가?	예/아니오	
3	글에 제시된 정보를 신뢰할 만한 근거 자료를 제시하고 있는가?	예/아니오	

이 문항은 매체 자료의 적절성을 평가하기 위해서 문항과 함께 주어진 점검목록을 작성해 본 후에, '아니오'에 표시한 경우 그 이유를 쓰는 것이다. 주어진 3개의 점검 목록은 매체 자료의 적절성을 평가하는 기준이다. 이 문항에 배정된 3점을 받기 위해서는 점검 목록 중, 3번에 '아니오' 표시를 하고, 그 이유를 적절하게 서술해야 한다. 3번에 '아니오'를 표시하였으나 그 이유를 작성하지 못한 경우, 혹은 '아니오'에 표시하지 않고 그 이유를 적절하게 작성한 경우는 2점을 주도록 하였다. 혹은 3번에 '아니오' 표시하고 그 이유도 적절하게 서술하였으나, 3번이 아닌 다른 목록에도 '아니오' 표시를 하고, 그 이유를 적은 경우는 1점 처리하도록 하였다.

평가 요소	배점	기대 수행
매체 자료의 적절성 평가하기 (3점)	3점	• 점검 결과에서 '아니오'에 표시하고, 그 이유를 각각 서술한 경우 예시 답안 – 점검 목록 중 '3. 의견을 뒷받침하는 근거 자료를 제시하고 있는가?'의 점검 결과를 '아니오'로 표시 – 이유: 소음 공해로 인해 코르티솔 분비가 많아져 심장 박동, 혈압, 혈당 등을 높이는 교감 신경이 활성화되어 심혈관 질환 발병률을 높인다는 정보를 제시하였으나, 이 정보를 신뢰할 만한 근거 자료가 제시되어 있지 않기 때문에

2점	• 점검 결과에서 '아니오'에는 표시하였으나, 그 이유를 서술하지 못한 경우 • 점검 결과에는 표시하지 못하였으나, 그 칸에 이유를 서술한 경우 예시 답안 – 점검 목록 중 '3. 의견을 뒷받침하는 근거 자료를 제시하고 있는가?'의 점검 결과를 '아니오'로 표시만 한 경우 – 이유만 작성한 경우(위와 동일)
0점	• 미작성 또는 잘못된 내용을 작성한 경우 예시 답안 – 연번 1에 '아니오' 표시 – 이유: 감각 공해 중, 빛 공해와 소음 공해에 대해서만 설명하고 있다.

■ 아래 제시된 자료를 활용하여 매체 자료를 고쳐쓰기 위한 방안을 제시하시오. (4점)

----

(1) 매체 자료에서 '(가) 자료'를 활용하여 수정·보완할 문장과 활용 방안을 쓰시오.

> • 수정·보완할 문장 :
>
>
> • 자료 활용 방안 :

(2) 매체 자료에서 '(나) 자료'를 활용하여 수정·보완할 문장과 활용 방안을 쓰시오.

> • 수정·보완할 문장 :
>
>
> • 자료 활용 방안 :

〈 조건 〉
• 수정·보완이 필요한 문장을 1~2문장 이내로 찾아 쓸 것.
• (가)와 (나)의 자료의 어떤 내용을 활용할 것인지 구체적으로 쓸 것.

이 문항은 제시된 자료(전문가 인터뷰 자료, 국정 감사 자료)를 활용하여, 위에서 읽은 매체 자료를 고쳐쓰기 위한 방안을 제시하도록 하는 것이다. 따라서 채점 기준의 핵심은 (가) 자료와 (나) 자료를 활용하여 수정·보완할 문장을 모두 찾고, 그 활용 방안을 서술하는 것이다. 또한 〈조건〉에서 (가)와 (나) 자료의 어떤 내용을 활용할 것인지를 구체적으로 쓰라고 제시되어 있기 때문에, 답안에는 이 내용을 포함해야 한다.

평가 요소	배점	기대 수행
매체 자료를 수정·보완할 방안 찾기 (4점)	4점	• (가) 자료와 (나) 자료를 활용하여 수정·보완할 문장과 자료 활용 방안을 모두 서술한 경우 **예시 답안** – (가) 자료를 활용하여 수정·보완할 문장: 이러한 빛에 지속해서 노출되면 생체 주기가 교란을 받아 심혈관 질환이나 소화기 장애 등이 유발될 수 있다. 소음은 스트레스 호르몬인 '코르티솔' 분비를 유도하는데, 이 호르몬 분비가 많아지면 심장 박동, 혈압, 혈당 등을 높이는 교감 신경이 활성화되어 심혈관 질환 발병률이 높아진다. – (가) 자료의 활용 방안: 위 문장의 신뢰도를 높이기 위해 (가)의 전문가 인터뷰 자료를 인용한다. 인터뷰 내용 중, 소음 공해가 노출된 지역의 주민이 그렇지 않은 주민보다 불안과 우울증 관련 증상이 많이 나타났다는 정보를 추가하고, 빛 공해에 심한 지역의 주민은 그렇지 않은 지역의 주민보다 암 발생률이 높았다는 정보를 추가한다. – (나) 자료를 활용하여 수정·보완할 문장: 또한 소음 공해 문제로 민원이 많이 발생하는 지역에 대한 중점적인 관리 감독과 함께 빛 공해 실태 조사 및 점검을 실시하고, 이를 바탕으로 빛 공해 문제를 해결할 수 있는 정책을 시행할 필요가 있다. – (나) 자료의 활용 방안: 이 자료를 보면, 2015년부터 2018년까지 소음 공해로 인한 민원 발생 건수가 꾸준히 증가하고 있다. 감각 공해로 인한 민원 발생 건수를 분석한 국정 감사 자료를 제시하여 소음 공해로 인해 실제적으로 민원이 많이 발생하고 있다는 사실을 뒷받침한다.
	3점	• (가)와 (나) 자료의 수정·보완할 문장과 자료 활용 방안(총 4개) 중에서 하나를 서술하지 않은 경우 **예시 답안** – (가) 자료를 활용하여 수정·보완할 문장: 이러한 빛에 지속해서 노출되면 생체 주기가 교란을 받아 심혈관 질환이나 소화기 장애 등이 유발될 수 있다. 소음은 스트레스 호르몬인 '코르티솔' 분비를 유도하는데, 이 호르몬 분비가 많아지면 심장 박동, 혈압, 혈당

	등을 높이는 교감 신경이 활성화되어 심혈관 질환 발병률이 높아진다.
	– (가) 자료의 활용 방안: 위 문장의 신뢰도를 높이기 위해 (가)의 전문가 인터뷰 자료를 인용한다. 인터뷰 내용 중, 소음 공해가 노출된 지역의 주민이 그렇지 않은 주민보다 불안과 우울증 관련 증상이 많이 나타났다는 정보를 추가하고, 빛 공개에 심한 지역의 주민은 그렇지 않은 지역의 주민보다 암 발생률이 높았다는 정보를 추가한다.
	– (나) 자료를 활용하여 수정·보완할 문장: 또한 소음 공해 문제로 민원이 많이 발생하는 지역에 대한 중점적인 관리 감독과 함께 빛 공해 실태 조사 및 점검을 실시하고, 이를 바탕으로 빛 공해 문제를 해결할 수 있는 정책을 시행할 필요가 있다.
2점	• (가)와 (나) 자료의 수정·보완할 문장과 자료 활용 방안(총 4개) 중에서 두 개를 서술하지 않은 경우 예시 답안 – (가) 자료를 활용하여 수정·보완할 문장: 이러한 빛에 지속해서 노출되면 생체 주기가 교란을 받아 심혈관 질환이나 소화기 장애 등이 유발될 수 있다. 소음은 스트레스 호르몬인 '코르티솔' 분비를 유도하는데, 이 호르몬 분비가 많아지면 심장 박동, 혈압, 혈당 등을 높이는 교감 신경이 활성화되어 심혈관 질환 발병률이 높아진다. – (나) 자료를 활용하여 수정·보완할 문장: 또한 소음 공해 문제로 민원이 많이 발생하는 지역에 대한 중점적인 관리 감독과 함께 빛 공해 실태 조사 및 점검을 실시하고, 이를 바탕으로 빛 공해 문제를 해결할 수 있는 정책을 시행할 필요가 있다.
1점	• (가)와 (나) 자료의 수정·보완할 문장과 자료 활용 방안(총 4개) 중에서 세 개를 서술하지 않은 경우 예시 답안 – (가) 자료를 활용하여 수정·보완할 문장: 이러한 빛에 지속해서 노출되면 생체 주기가 교란을 받아 심혈관 질환이나 소화기 장애 등이 유발될 수 있다. 소음은 스트레스 호르몬인 '코르티솔' 분비를 유도하는데, 이 호르몬 분비가 많아지면 심장 박동, 혈압, 혈당 등을 높이는 교감 신경이 활성화되어 심혈관 질환 발병률이 높아진다.
0점	• 미작성 또는 잘못된 내용을 작성한 경우 예시 답안 – (가) 자료를 활용하여 수정·보완할 문장: 미세 먼지, 방사능 오염 등으로 인해 건강을 걱정하는 시민들은 많을 것이다.

쓰기 맥락을 고려하여 건의문 쓰기

이 문항은 모둠 활동을 통해 작성된 쓰기 맥락과 내용 구성표, 추가 자료를 바탕으로, 쓰기 맥락에 맞게 건의문을 작성하는 것이다. 또한, 〈조건〉에서 도입 부분과 전개 부분에 포함되어야 할 내용을 제시하였으므로, 이 내용을 포함하여 건의문을 1,000자 이내로 작성한 경우는 3점을 주도록 하였다. 이 문항에서 3점을 받기 위해서 답안에 포함되어야 할 내용은 다음과 같다.

쓰기 맥락(건의문을 쓴 목적, 건의문의 주제, 건의문을 읽을 독자, 건의문이 작성되는 매체), 도입부분에 건의문을 작성한 이유, 전개 부분에 해결 방안에 대한 글쓴이의 견해, 1,000자 이내로 작성

논술형 평가 1

■ 앞의 활동들을 바탕으로 각자 쓰기 맥락에 맞게 건의문을 1,000자 이내로 작성하시오. (3점)

〈조건〉 1. 도입 부분에 건의문을 작성한 이유를 밝힐 것

  2. 전개 부분에서는 해결 방안에 대한 견해를 제시할 것.

평가 요소	배점	기대 수행
쓰기 맥락을 고려하여 건의문 쓰기 (3점)	3점	• 쓰기 맥락(목적, 주제, 독자, 매체)를 모두 고려하여 건의문을 3,000자 이내로 작성한 경우 예시 답안 – 안녕하십니까. 저는 ○○고등학교 2학년에 재학 중인 □□□라고 합니다. 제가 △△시청 홈페이지를 통해 시장님께 건의문을 쓰는 이유는 최근 학교 주변의 공사로 인한 소음 공해로 학생들의 학습권이 침해받고 있다는 사실을 알리고, 이에 대한 해결을 촉구하기 위해서입니다. 　물론, 저희 학교에서도 소음 공해와 관련된 민원을 △△시청에 제기한 것으로 알고 있지만 학생들이 느끼는 고통이 얼마나 심한지를 알려드리기 위해서 글을 쓰게 되었습니다. 올해 7월부터 학교 인근 공터에서 진행되는 공사는 하루 종일 지속되어 창문을 닫아놓아도 소음이 들릴 정도여서 학생들의 소음에 대한 스트레스에 그대로 노출되어 있습니다. (중략) 　불가피한 공사라면, 학생들이 수업을 듣는 시간에는 심한 소음을 유발하는 공사는 자제하는 등의 조치를 해줄 것을 건의드립니다. 우리 학교 학생들의 소음의 스트레스에서 벗어나 행복하게 학교생활을 할 수 있도록 △△시청에서 적극적으로 해결 방안을 찾아줄 것을 부탁드립니다. 감사합니다.
	2점	• 쓰기 맥락을 고려하여 건의문을 작성하였으나, 글자 수 조건(1,000자 이내)을 충족하지 않은 경우 • 글자 수 조건에 맞게 건의문을 작성하였으나, 글의 목적이나 주제가 명확하게 드러나지 않은 경우 • 건의문을 작성한 이유나 해결 방안에 대한 견해가 제시되지 않은 경우 예시 답안 – 안녕하십니까. 저는 ○○고등학교 2학년에 재학 중인 □□□라고 합니다. 저희 학교 주변 공터에서는 요즘 공사가 한창 진행되고 있어서 공사 중에 생기는 소음이 매우 심합니다. 또한 공사장에서 날아오는 먼지로 인해서 더운 여름에도 창문을 열어 두지 못하는 날이 많습니다. 그래서 체육 시간에 운동장에서 수업을 못한 경우도 있습니다. 학생들은 행복하게 학교 생활을 해야 하는데, 현재 상황은 너무나 불행합니다.
	1점	• 작성된 건의문의 목적이나 주제가 명확하지 않고, 글자 수 조건도 충족하지 못한 경우 예시 답안 – 안녕하십니까. 저는 ○○고등학교 2학년에 재학 중인 □□□라고 합니다. 저희 학교 주변 공터에서는 요즘 공사가 한창 진행되어서 학교에까지 심하게 들립니다. 먼지도 많이 날아와서 체육 수업을 못 한 날도 있습니다.
	0점	• 미작성한 경우 예시 답안

4-6. 채점하기

예를 들어, 서술형 1-1 문항은 사전 채점 과정에서 아래 〈표 12〉과 같이 채점 기준이 수정되었다. 이는 사전 채점 과정에서 '객관적인 사실을 전달하고 있는 문장'이나 '자신의 견해를 드러낸 문장'만을 쓴 답안이 발견되었는데, 이 경우에는 0점 처리하는 것보다 1점의 부분 점수를 주는 것이 타당하다는 평가자 간 협의가 있다면 채점 기준이 수정될 수 있다.

표 12 사전 평가 과정에서 채점 기준이 수정된 사례

문항		평가 기준		수정된 평가 기준
서술형 1-1	3점	객관적인 사실을 전달하고 있는 문장과 자신의 견해를 드러낸 문장을 각각 2문장 이상 서술한 경우	3점	객관적인 사실을 전달하고 있는 문장과 자신의 견해를 드러낸 문장을 각각 2문장 이상 서술한 경우
	2점	객관적인 사실을 전달하고 있는 문장과 자신의 견해를 드러낸 문장을 각각 1문장만 서술한 경우	2점	객관적인 사실을 전달하고 있는 문장과 자신의 견해를 드러낸 문장을 각각 1문장만 서술한 경우
	0점	미작성 또는 잘못된 내용을 작성한 경우	1점	객관적 사실을 전달하고 있는 문장이나 자신의 견해를 드러낸 문장만을 쓴 경우
			0점	미작성 또는 잘못된 내용을 작성한 경우

또한 채점 과정에서 감점 요인에 대해서도 평가자 간 사전 협의가 필요하다. 예를 들어, 위 서술형 1-1의 경우에도, 문장을 서술하라는 지시문의 조건을 충족하지 못한 답안에 대해서 감점 처리를 어떻게 할지에 대해서는 사전 협의를 통해 기준을 마련할 필요가 있다. 채점 과정에서 채점 기준을 수정하는 과정을 최소화하기 위해서는 평가 문항의 문두와 지시문에서 답안에 대한 조건을 제시해 주는 것도 필요하다.

한편 한 편의 글을 쓰기 위한 과정 속에서 서술형 문항을 넣어 전체 평가 항목의 배점을 높이면, 학생들의 부담을 줄일 수 있으며, 학생들이 어느 단계에서 감점이 있었는지를 명확하게 인식할 수도 있다. 맞춤법 등의 어문 규범에 관한 채점 기준은 가르치고 있는 학생들의 글쓰기 수준에 따라서 조절할 수 있다. 또한 미제출한 학생에 대한 채점은 학교 성적 관리 규정에 따라 처리할 수 있다.

4-7. 평가 결과 해석 및 피드백하기

서술형·논술형 문항에 대한 채점하기가 종료된 후에는 평가 결과를 해석하고, 이에 대해 피평가자인 학생들에게 문항별로 정성적인 평가 피드백을 해 주는 것이 필요하다. 피평가자인 학생 입장에서는 정량적인 점수만이 아니라, 자신이 작성한 서술형·논술형 문항에 대한 정성적 피드백 자료를 통해 답안을 성찰하고 앎을 내면화하는 과정이 될 수 있다.

정성적인 평가 피드백을 할 때에는 서술형·논술형 평가 답안지에 포함되어야 할 내용을 중심으로, 학생이 답안에서 부족한 내용이 무엇인지를 구체적으로 서술해 주어야 한다. 가령, 위 사례에서 서술형 1-2번 문항은 매체 자료에 나타난 글쓴이의 관점과 의도를 파악하여 각각을 작성하는 것이기 때문에, 이 두 내용이 모두 적절하게 작성했는지, 그 중 일부만이 작성되었는지를 구체적으로 안내해 주어야 한다.

1~2차시	평가 결과 피드백 사례

서술형 1-1	상	• 객관적인 사실을 전달하고 있는 문장과 자신의 견해를 드러내고 있는 문장을 각각 2문장씩 잘 서술하였습니다.
	중	• 객관적인 사실을 전달하고 있는 문장과 자신의 견해를 드러내고 있는 문장을 2문장씩 서술해야 했으나, 1문장씩만 서술하였습니다.
	하	• 객관적인 사실을 전달하고 있는 문장과 견해를 드러내고 있는 문장을 혼동하여 적절하게 제시하지 못하였습니다.
서술형 1-2	상	• 글쓴이가 이 글에서 대상에 대해서 가지고 있는 생각인 글쓴이의 관점과 이 글을 쓴 목적인 의도를 모두 적절하게 찾아 잘 썼습니다.
	중	• 글쓴이가 이 글에서 대상에 대해서 가지고 있는 생각인 글쓴이의 관점은 찾아서 썼으나, 이 글을 쓴 목적인 의도는 제대로 쓰지 못했습니다.
	하	• 글쓴이의 관점과 의도를 다 쓰긴 하였으나, 관점과 의도에 대한 내용이 아닙니다. 관점은 글쓴이가 이 글에서 대상(감각 공해)에 대해 가지고 있는 생각이고, 의도는 글쓴이가 이 글을 쓴 목적에 해당합니다.

서술형 2-1	상	• 매체 자료를 읽고 점검 목록의 기준에 따라 점검한 결과, '아니오'에 해당하는 항목에 잘 표시하였으며, 그 이유에 대해서도 잘 설명하였습니다.
	중	• 매체 자료를 읽고 점검 목록의 기준에 따라 점검한 결과, '아니오'에 해당하는 항목에는 잘 표시하였으나, 그 이유에 대해서는 설명하지 못했습니다.
	하	• 매체 자료를 읽고 점검 목록의 기준에 따라 점검한 결과, '아니오'에 해당하는 항목을 적절하게 찾아 표시하지 못했습니다. '이 글의 내용이 편견 없이 서술되었는가?'라는 점검 목록에서 '아니오'에 표시하였는데, 이 글은 감각 공해에 대한 정보를 제공하고, 이로 인한 민원이 많이 발생하고 있으므로, 이에 대한 다양한 해결 방안을 모색해야 하며, 시민들도 감각 공해 차단을 위해 노력해야 한다는 의견을 제시하고 있으므로, 편견에 치우친 내용이 있다고 보기 어렵습니다.
서술형 2-2	상	• 제시된 매체 자료에서 (가)의 전문가 인터뷰 자료와 (나)의 국정 감사 자료를 활용하여 수정 보완할 문장을 잘 찾고, 이 자료의 활용 방안에 대해서도 구체적으로 잘 서술하였습니다.
	중	• 제시된 매체 자료에서 (가)의 전문가 인터뷰 자료와 (나)의 국정감사 자료를 활용하여 수정 보완할 문장은 모두 잘 찾았으나, 이를 활용할 방안에 대해서는 서술하지 못했습니다. 이 자료들을 통해 제시된 자료의 어떤 내용들을 수정하거나 보완할 수 있을지를 서술할 필요가 있습니다.
	하	• 제시된 매체 자료에서 (가)의 전문가 인터뷰 자료를 활용하여 수정, 보완할 문장은 찾았으나, 이에 대한 활용 방안이 제시되지 않았고, (나)의 국정 감사 자료를 활용하여 수정·보완할 문장은 찾았으나, 그 활용 방안의 내용이 적절하지 않습니다.

논술형 1	상	• 건의문을 쓴 목적, 건의하고자 하는 내용(주제), 건의 대상(독자), 매체(홈페이지)가 명확하게 드러났으며, 〈조건〉에서 제시한 도입 부분의 건의문을 쓴 이유와 전개 부분의 해결 방안에 대한 견해가 잘 드러나게 서술하였습니다.
	중	• 건의문을 쓴 목적, 건의하고자 하는 내용(주제)은 드러났으나, 건의 대상이 명확하지 않습니다. 또한 〈조건〉에서 제시한 도입 부분의 건의문을 쓴 이유는 제시하였으나, 전개 부분에서 작성해야 하는 해결 방안에 대한 견해가 나타나지 않았습니다.
	하	• 건의문을 쓴 목적, 건의하고자 하는 내용(주제), 건의 대상(독자), 매체(홈페이지)가 명확하지 않고, 〈조건〉에서 제시한 도입 부분의 건의문을 쓴 이유는 나타나지만, 전개 부분의 해결 방안에 대한 견해를 서술하지 못하였습니다.

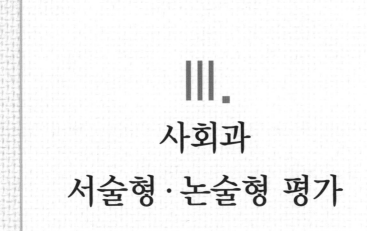

Ⅲ.
사회과
서술형·논술형 평가

1. 사회과 서술형·논술형 문항의 특징

1-1. 사회과에 대한 이해와 서술형·논술형 평가

사회과의 서술형·논술형 문항을 제작하는 것은 '사회과'와 '서술형·논술형'에 대한 두 개의 큰 주제에 대한 이해와 해석이 필요한 과정이다. 사회과를 어떻게 이해하고 있는지, 서술형·논술형에 대해 어떠한 개념으로 인식하는지에 따라 어떻게 설계하고 적용하는지의 결과물은 달라진다.

사회과의 성격과 목표에 대한 공식적인 교육과정 문서를 살펴보면 다음과 같다.

> 사회과는 학생들이 사회생활에 필요한 지식과 기능을 익혀 이를 토대로 사회 현상을 정확하게 인식하고, 민주 사회 구성원에게 요구되는 가치와 태도를 지님으로써 민주 시민으로서의 자질을 갖추도록 하는 교과이다(교육부, 2015: 3).

결국 사회과는 민주 시민의 자질을 갖추도록 하는 교과이며, 어떤 사람이 민주 시민인가에 대한 고민으로 귀결된다. 교육과정 문서에 나타난 민주 시민은 다음과 같다.

> 사회과에서 육성하고자 하는 민주 시민은 사회 현상을 이해하고 사회생활을 영위하는 데 필요한 지식의 습득을 바탕으로 인권 존중, 관용과 타협의 정신, 사회 정의의 실현, 공동체 의식, 참여와 책임 의식 등의 민주적 가치와 태도를 함양하고, 나아가 개인적, 사회적 문제를 합리적으로 해결하는 능력을 길러 개인의 발전은 물론, 사회, 국가, 인류의 발전에 기여할 수 있는 자질을 갖춘 사람이다(교육부, 2015: 3).

이러한 민주 시민을 양성하기 위해 사회과의 내용은 어떻게 구성되고 있는가?

사회과는 지리, 역사 및 제 사회 과학의 개념과 원리, 사회 제도와 문화, 사회 문제와 가치, 그리고 연구 방법과 절차 등에 관한 요소를 통합적으로 선정, 조직하여 사회 현상을 종합적으로 이해하고 탐구하도록 한다. 또 사회과는 우리 삶의 터전인 지역의 이해를 기초로, 우리 민족의 역사, 우리 국토와 환경, 한국 사회 제도의 현실과 변화, 지구촌의 특징과 변화 등에 대한 탐구를 통해 한국인으로서의 정체성과 세계 시민으로서의 자질을 갖추도록 구성되어 있다(교육부, 2015: 3).

이러한 전체적인 개관을 바탕으로 이 단원에서 작업하고 있는 고등학교 1학년 학습자에게 적용하는 서술형·논술형 문항을 제작하기 위해서는 고등학교 사회과 중 공통 과목에 해당하는 「통합사회」를 먼저 이해하고, 이러한 교과에 대한 이해를 바탕으로 서술형·논술형 문항에 대한 설계가 이루어질 필요가 있다.

　고등학교 1학년에 배우는 공통 과목인 「통합사회」는 인간, 사회, 국가, 지구 공동체 및 환경을 개별 학문의 경계를 넘어 통합적인 관점에서 이해하고, 이를 기반으로 기초 소양과 미래 사회의 대비에 필요한 역량을 함양하는 과목이다(교육부, 2015: 119).

　「통합사회」는 단순히 지식 중심의 교육에 머무르는 것이 아니라 다양한 활동을 통해 지식, 기능, 가치 및 태도, 행동을 통합적으로 학습하는 것을 지향한다. 따라서 「통합사회」는 중학교 사회(역사 포함)/도덕 교과(군) 및 고등학교 선택 과목과 긴밀한 연계를 갖도록 구성하며, 시간적, 공간적, 사회적, 윤리적 관점이 조화와 균형을 이루면서 '삶의 이해와 환경', '인간과 공동체', '사회 변화와 공존'의 영역 안에서 행복, 자연환경, 생활 공간, 인권, 시장, 정의, 문화, 세계화, 지속 가능한 삶과 같은 주요 핵심 개념을 다룬다(교육부, 2015: 119).

　또한 「통합사회」는 글로벌 지식 정보 사회와 개인의 일상에서 성공적으로 삶을 영위하기 위해 필요한 비판적 사고력 및 창의성, 문제 해결 능력과 의사 결정 능력, 자기 존중 및 대인 관계 능력, 공동체적 역량, 통합적 사고력 등과 같은 교과 역량을 육성하는 데 중점을 둔다.

　여기서 첫째, 비판적 사고력은 자료, 주장, 판단, 신념, 사상, 이론 등이 합당한 근거에 기반을 두고 그 적합성과 타당성을 평가하는 능력을 뜻한다.

　둘째, 창의성 즉 창의적 사고력은 새롭고 가치 있는 아이디어를 생성해 내는 능력을 의미한다.

　셋째, 문제 해결 능력과 의사 결정 능력은 다양한 문제를 인식하고 그 원인과 현상을 파악하여 합리적인 해결 방안들을 모색하고 가장 나은 의견을 선택하는 능력을 의미한다.

　넷째, 자기 존중 및 대인 관계 능력은 자기 자신을 존중하고 자신의 삶을 주체적으로 관리하며, 나와 다른 사람들과의 관계의 중요성에 대한 인식을 토대로 다른 사람을 존중 및 배려하고, 다양성을 인정하고 갈등을 조정하여 원만한 대인 관계를 유지하고 협력하는 능력을 의미한다.

　다섯째, 공동체적 역량은 지역, 국가, 세계 등 다양한 공동체의 구성원으로 필요한 지식과 관점을 인식하고, 가치와 태도를 내면화하여 실천하면서 공동체의 문제 해결 및 발전을 위해 자신의 역할과 책임을 다하는 능력을 의미한다.

　여섯째, 통합적 사고력은 시간적, 공간적, 사회적, 윤리적 관점에 대한 폭넓은 기초 지식을 바탕으로 자신, 사회, 세계의 다양한 현상을 통합적으로 탐구하는 능력을 의미한다(교육부, 2015: 119).

지금까지의 논의를 정리해 보면 다음과 같다.

사회과는 학생들이 민주 시민으로서의 자질을 함양할 수 있도록 사회 현상에 관한 **기초적 지식을 습득함**은 물론, **지리, 역사 및 제반 사회 과학의 기본 개념과 원리를 발견하고 탐구하는 능력을 익혀 우리 사회의 특징과 세계의 여러 모습을 종합적으로 이해**하게 한다. 또한 사회과는 다양한 정보를 활용하여 **현대 사회의 문제를 창의적, 합리적으로 해결하고 공동체 생활에 적극적으로 참여하는 능력**의 육성을 목표로 한다. 이를 통해 사회과는 개인의 발전은 물론, 사회, 국가, 인류의 발전에 기여할 수 있는 책임 있는 시민을 기른다.

결국 이를 위해서는 다양한 현대 사회의 모습을 실제적으로 이해하고, 사회의 문제를 해결하는 방안에 대해 고민하고 자신의 의견을 정리하고 표현할 수 있는 기회를 제공해야 한다.

사회과의 서술형·논술형은 다양한 사회 현상과 사회 문제를 이해하고 분석하고 있는지, 그리고 이러한 문제에 대한 해결 과정을 논리적으로 정리하여 글로 표현하는 평가 방법이다. 특히 고등학교급에서는 학생들이 초·중등학교에서의 학습을 바탕으로 각 영역에서 중요시하는 지식을 과학적 절차에 의하여 발견·적용하고, 합리적으로 개인적·사회적 문제를 해결하는 능력을 기르는 것이 더욱 중요한 과제가 된다. 이처럼 서술형·논술형 평가는 사회과라는 교과목의 본질을 잘 반영하는 평가 방법이라고 할 수 있다.

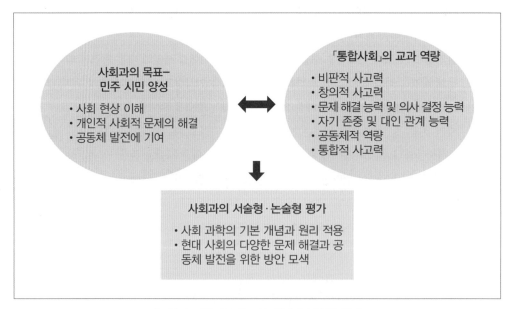

〈그림 1〉 사회과의 목표와 사회과 서술형 평가

I-2. 과정 중심 평가와 서술형·논술형 평가

2015 개정 교육과정이 도입되면서 새로운 평가의 방향으로 제시된 과정 중심 평가는 그 동안 서열과 경쟁을 심화시키는 결과 중심의 평가에 대한 반성으로 등장하였다. 과정 중심 평가는 학습 목표의 성취를 평가하는 결과 평가가 아닌, 발달적 평가관에 의거하여 학습 과정에서 학습자가 보인 여러 가지 변화와 성장에 대한 교육 평가이다. 과정 중심 평가는 교육과정 성취 기준에 기반한 평가 계획에 따라 교수·학습 과정에서 학생의 변화와 성장에 대한 자료를 다각적으로 수집하여 적절한 피드백을 제공하는 평가를 뜻한다(교육부, 한국교육과정평가원, 2017: 2-5). 즉 평가 도구는 학생의 성장에 도움이 되는 학습 과정으로서의 역할을 수행해야 한다. 서술형·논술형 평가는 지식의 이해부터 비판적 사고력, 창의적 사고력, 종합적 사고력, 문제 해결 능력, 의사 결정 능력 등을 평가함으로써 평가자 입장에서는 학생에 대한 세밀한 분석이 가능하며, 학생의 입장에서는 변화와 성장을 기회를 확보하게 된다.

과정 중심 평가의 의미를 세 가지로 해석할 수 있다. 첫째, 과정 중심 평가는 평가 패러다임의 확장, 즉 평가가 수업 속 활동으로 녹아들어, 수업과 평가가 동시에 이루어진다는 것을 의미한다. 수업 과정에서 평가를 동시에 실시하여 학생들의 인지적, 정의적, 핵심 역량 등 다양한 특성을 확인하고 기록할 수 있다. 또한 평가의 결과를 활용할 수 있는 범위도 확장된다. 과거에는 평가의 결과를 성적을 산출하는 등 제한적으로 활용하였지만, 평가의 결과를 학생의 성장과 발달을 위한 피드백으로 활용할 수 있다. 즉, 학습을 위한 평가로 확장될 수 있다.

둘째, 과정 중심 평가는 결과 중심 평가와 대비되는 개념으로 학생의 문제 해결 과정에 중점을 둔다. 정답 뿐 아니라 창의적 해결 방법, 모둠원 간의 의사소통 과정, 과제 집착력 등의 요소가 모두 평가 대상이 된다.

셋째, '교육과정-교수 학습-평가'의 연계로 설명할 수 있다. 과정 중심 평가는 수업 과정에서 평가가 함께 이루어진다. 교수 학습과 평가의 연계를 위해서는 먼저 교육과정과 교수 학습이 연계되어야 한다. 수업 과정 중에 평가하기 위해서는 차시 및 단원의 내용을 재구성할 필요가 있다(교육부, 한국교육과정평가원, 2017: 5).

따라서 수업 중에 학습자들의 문제 해결 과정을 통한 종합적 사고력을 평가하고 이에 대한 채점 기준에 대한 피드백이 진행되면서 학생의 성장을 돕는 서술형·논술형 평가는 과정 중심 평가의 3가지 핵심적 의미와 맥락을 같이 하며, 과정 중심 평가가 지향하는 목적을 달성하는 평가 도구라고 할 수 있다.

2. 사회과 서술형·논술형 유형

2-1. 응답 반응의 자유 허용 여부

서술형·논술형 문항은 응답자가 직접 답이라고 생각하는 지식이나 의견을 구성하여 작성하도록 하는 형태로 한 문장에서부터 여러 문장이나 여러 문단으로 자신의 답을 만들어 쓰는 문항을 뜻한다.

이러한 서술형·논술형 문항은 **응답 반응의 자유를 얼마나 허용하느냐에 따라** 응답 제한형과 응답 자유형으로 분류될 수 있다(한국교육과정평가원. 2019: 37-38).

(1) 응답 제한형

앞에서도 살펴보았듯이 서술형은 학생에게 어느 정도 응답이 제한된 한 문장 정도의 수준에서의 어느 정도 응답이 제한된 형태의 평가 문항이다. 따라서 서술형 평가는 하나의 정답을 설정하는 것도 가능하며, 하나의 정답을 중심으로 유사 정답을 설정하는 것도 가능하다.

이 문항 유형은 단답형보다는 학생 반응과 작성의 자유가 확장되지만, 응답 자유형과 같은 논술형보다는 답안의 작성이 제한된다. 주로 학습자들이 문항에서 요구하는 정보를 정리하고 적절한 방법으로 조직하여 합당한 결론에 도달하도록 한다. 이 유형은 답안 작성에 조직력과 표현력이 요구되며, 평가자에게 답안이 어느 정도 수렴되므로 모범 답안이나 유사 답안을 통해 보다 채점 기준이 명확하여 평가의 신뢰성을 담보할 수 있다.

(2) 응답 자유형

이에 비해 논술형 문항은 문장 단위를 넘어서 대체로 한 편의 완성된 글로 답안을 작성하며, 학생 응답이 자율성이 상대적으로 높은 응답 자유형이라고 할 수 있다.

이와 같이 응답 자유형 평가는 문제 해결 과정을 다양하게 요구하는 평가 장면이나 다양한 답을 찾게 하는 평가 장면에서 개방성을 갖고 있다. 따라서 이러한 개방성 때문에 논술형 문항, 응답 자유형 문항은 정해진 틀에 맞추어진 정답만을 아니기 때문에 문항을 보다 자신만의 표현과 논리를 표현하는 창의성을 확인할 수 있으며, 학습자들의 고차원적 사고 능력을 확인하고 성장시킬 수 있다.

이 유형의 문항은 중요한 교육 목표의 성취 정도를 보다 직접적으로 파악하는 데 도움이 되고, 학생의 개인적 특성을 나타내게 하는 데 유용하게 활용될 수 있다. 다만 학생들의 통합적인 사고, 확장적인 사고와 논리가 평가가 가능하지만, 채점 기준의 신뢰성을 확보하기 위해서 보다 면밀한 검토와 세부 기준이 필요하다.

따라서 서술형·논술형 평가 문항을 설계할 때, 서술형 평가와 논술형 평가를 적절히 배분하는 것이 필요하다. 주로 서술형 형태의 문항을 단원의 초반에 배치하여, 중요한 평가 요소에 대한 기본적인 이해와 적용을 목표로 하며, 그 뒤에는 보다 종합적인 사고력과 교과 역량을 확인해 보고자 논술형 문항을 단원의 후반에 제공할 수 있다.

2-2. 자료 제공 방식의 형태

서술형·논술형 문항은 또 **자료 제공 방식에 따라** 분류될 수 있는데, 단독 과제형과 자료 제시형으로 구분될 수 있다. 단독 과제형과 자료 제시형은 답안 작성에 필요한 자료, 또는 과제를 학습자에게 제공하느냐 하지 않느냐에 따라서 분류된 것이다.

(1) 단독 과제형

단독 과제형은 자료나 정보를 제시하지 않고 제목이나 명제, 주제만을 제시하여 응답하도록 하는 문항 형태이다. 흔히 논문형이라고 할 때, 가장 널리 쓰이는 문항 유형이다.

(2) 자료 제시형

문항 속에 학생들이 읽을 자료를 제시해 주고, 그것을 바탕으로 해서 응답하도록 하는 문항 형태이다. 자료 제시형은 응답의 내용을 제한한다는 단점이 있지만, 제시된 자료를 이해하고 해석하는 과정이 필요하기 때문에 학습자들의 기본적인 사고력과 문제 해결력을 평가하는 데 유리할 수 있다.

표 1 사회과 서술형·논술형 유형에 따른 예시

[단독 과제형 및 응답 자유형]

■ 청소년이 기성세대 문화를 이해할 수 있는 방안을 문화 상대주의적 입장에서 서술해 보자.

→ 자료나 지문이 없이 이렇게 평가 문항 단독으로 제시될 경우 단독 과제형 논술형 문항에 해당한다. 따라서 사회과 서술형·논술형 유형에 따르면 단독 과제형이면서 동시에 응답 자유형이다. 만일 단독 과제형이지만, 응답 제한형으로 조금 변형해서 제시할 경우 〈조건〉을 활용하여 다음과 같이 변형되어서 제시될 수 있다.

[단독 과제형 및 응답 제한형]

■ 청소년이 기성세대 문화를 이해할 수 있는 방안을 문화 상대주의적 입장에서 서술해 보자.

―――――――〈 조건 〉―――――――

3가지 주제어를 제시하고, 이를 중심으로 300자 이내로 서술하시오.

[자료 제시형 및 응답 제한형]

(가)~(다)의 3가지 자료를 제시한 후 다음과 같은 평가 문항을 제시하면 자료 제시형 및 응답 제한형의 문항으로 변형된다.

■ 청소년이 기성세대 문화를 이해할 수 있는 방안을 (가)~(다)를 참고하여 문화 상대주의적 입장에서 서술해 보자.

―――――――〈 조건 〉―――――――

(가)~(다)의 자료에서 각각 1가지씩 총 3가지 주제어를 제시하고, 이를 중심으로 300자 이내로 서술하시오.

이러한 사회과 서술형·논술형 유형은 대체로 응답 제한형과 자료 제시형으로 수렴된다. 그 이유는 서술형·논술형 평가는 수업 과정 중에 이루어지는 과정 중심 평가를 지향하고 있어서, 수업 시간 내에 평가를 실행하는 시간적 제한 때문이며, 이러한 시간적 제한은 결국 평가의 의도를 파악해서 답안을 작성하는 내용적 제한으로 이어지게 된다. 그러나 다양한 과제를 통해 학습자들의 발산적, 창의적 사고를 위한 응답 자유형을 병행할 필요가 있다. 또한 자료 제공 방식의 형태에 있어서 사회과는 다양한 논쟁이나 문제, 통계 자료 등 다양한 자료를 해석하는 것이 중요한 교과이기 때문에 자료 제시형이 많이 활용되고, 따라서 서술형·논술형 문항 제작은 제시할 자료와 함께 제작되는 경우가 대부분이다.

3. 사회과 서술형·논술형 평가 과정의 이해

3-1. 평가 목표 설정하기

(1) 교육과정 분석 및 활용

　실제적인 서술형·논술형 문항 작성에 있어서는 첫 번째 단계가 교육과정 분석이라고 할 수 있다. 특히 과정 중심 평가를 지향하는 서술형·논술형 평가는 수업 중 과정의 한 장면이며, 여러 수업 중의 한 단계와 일치하며, 결국은 가르치는 교과의 교육과정 분석부터 시작된다.

　교육과정은 평가할 문항의 성취 기준에 대한 평가 요소를 분석할 수 있는 바탕이 된다. 즉, 성취 기준에 대한 바른 이해와 분석을 통해 교육과정과 수업, 평가가 상호 연계될 수 있도록 성취 기준을 활용하고 적용하는 것이다. 즉 수업의 측면에서 교사가 성취 기준에서 요구하는 목표를 수업에서 구현해 내기 위해 최적의 수업 내용을 선정하고 조직하듯이, 평가의 측면에서 교사는 성취 기준에서 요구하는 평가 요소를 분석해낼 수 있어야 하며, 나아가 주어진 성취 기준을 활용하고, 성취 기준을 보다 주체적으로 재구성하고, 이를 바탕으로 평가 요소를 추출하는 단계까지 가능하다. 이러한 과정을 통해 교사는 평가 도구로서의 평가 문항을 설계하고 완성하게 된다.

　따라서 「통합사회」의 서술형·논술형 평가 문항 제작을 사례로 적용해 보면, 「통합사회」의 교육과정을 분석해야 한다. 먼저 「통합사회」의 교육과정의 내용 체계를 파악하고, 전체적인 학습 요소, 기능 및 교과 역량을 파악해 볼 수 있다. 이러한 학습 요소와 기능, 교과 역량은 서술형·논술형 문항 제작의 큰 내용과 형식이 된다.

(2) 성취 기준 파악 및 평가 요소 추출

　전체적인 교육과정에 대한 분석이 이루어지면, 구체적으로 서술형·논술형 문항을 제작할 단원을 설정하고, 성취 기준을 분석한다. 과정 중심 평가로서 1년간 모든 단원에서 서술형·논술형 평가를 지속적으로 수행할 수도 있지만, 일반적으로는 1학기에 1~4회 정도 서술형·논술형 평가를 실시하게 되므로, 구체적인 단원과 평가 요소를 추출하는 과정이 필요하다.

　교과 속 단원을 선택하는 기준은 내용 타당도, 난이도, 흥미도 등을 고려할 수 있다. 첫째, 얼마나 그 평가 요소가 중요한지, 그 평가 요소를 통해서 교과 역량을 충분히 함양할 수 있는지 교과적 타당성의 측면에서 선정할 수 있다. 둘째, 난이도에 있어서 지나치게 쉽거나 어려울 경우 특별한 평가의 목적이 아니라면 지양할 수 있다. 그러나 서술형·논술형을 처음 실시할 경우 난이도가 어려운 것보다는 난이도가 어느 정도 쉬울 경우 학습자들의 자신감과 호응도를 향상시킬 수 있으므로, 중요한 개념을 선정하여 난이도는 하위 문항을 통해서 적절히 조절할 수 있다. 셋째, 흥미도의 경우인데, 사회과는 일상생활의 다양한 정치 사회·문화적 이슈들이 살아 있는 평가 요소의 소재가 되고 학습자들의 풍부한 사회적 직접적·간접적 경험을 도모하게 되므로, 평가 문항을 제작할 당시 중요한 정책적 과제나 사회 문제 등을 시의 적절하게 활용하는 것을 추천하고자 한다. 예를 들면, 코로나 19가 심각한 상황에서 시급히 해결해야 하는 사회적 난제들을 고민하고, 성찰하며, 나의 삶 속에서 실천할 수 있는 방안을 모색해 보는 것은 매우 의미 있는 평가 요소가 된다.

3-2. 서술형·논술형 문항 세트 설계하기

성취 기준 분석을 통한 평가 영역과 평가 요소가 도출되면, 각 평가 영역별로 평가 문항이 포함된 문항 세트를 설계할 수 있다. 일단 서술형·논술형 문항이 포함된 단원을 총 몇 차시로 구성할 것인지 계획하고, 전체적인 큰 문항의 개수와 한 평가 요소 당 몇 개의 하위 문항을 제작할 것인지 설계하게 된다.

특히 서술형·논술형 문항의 형태에 따라 학습자들이 작성하고 완성하는 답안의 목적과 형태가 조금씩 달라지게 되므로, 평가자의 평가 목적에 따라 서술형과 논술형의 비율을 선택할 수 있다. 일반적으로 응답 자유형이 보편적인 논술형보다는 응답 제한형의 서술형으로, 단독 과제형보다는 자료 제시형으로 제작하게 된다.

평가자가 선택한 평가 요소인 큰 주제에 대해서 전체적으로 몇 차시에 걸쳐서 서술형·논술형을 진행할 것인지, 문항 구성은 어떻게 할 것인지를 설계하도록 한다. 서술형·논술형 평가를 계획할 때 전체적인 문항의 범위와 수준을 고려할 필요가 있다.

서술형과 논술형 평가의 효과를 위해서 가장 바람직하다고 생각하는 방안은 집중적으로 설계하는 것보다 학습자들이 답안을 구성하고 피드백까지의 단계를 지속적으로 반복할 때 학습자들의 역량이 함양될 수 있다는 것을 주의할 필요가 있다. 따라서 평가 요소를 선정하고, 평가 문항을 설계할 때 단원별 한 세트를 설계하는 것을 추천하고자 한다.

3-3. 평가 자료 선정하기

평가 자료를 선정하는 가장 손쉬운 방법으로 교과서의 탐구 활동이나 읽기 자료, 창의 융합 활동 등 교과서의 다양한 자료를 활용하는 것이다. 모든 단원을 교사 스스로 서술형·논술형 평가 문항을 제작할 필요는 없다.

다만, 교사가 자신의 평가 의도와 평가 목적이 반영한 문항을 제작할 필요성을 느끼는 경우가 많으므로, 스스로 서술형·논술형 평가 자료를 선정하는 경우가 보편적이다. 이때 평가 자료의 선정 기준을 고민해 보면 다음과 같다.

첫째, 교육과정의 성취 기준과 교사가 의도하는 평가 요소를 잘 반영할 수 있는 자료를 선정해야 한다. 이때의 평가 요소는 교육과정에 기반한 성취 기준과 교사 스스로 재검토한 성취 기준이 중요한 평가 자료를 선정하는 기준이 된다.

둘째, 사회 교과의 교과 역량을 잘 함양할 수 있는 자료를 활용할 필요가 있다. 예를 들면, 사회과에서는 다양한 사회적 현상에 대한 통계 자료를 이해하고 활용하는 것이 매우 중요하다. 이러한 통계 자료를 스스로 찾아보도록 모둠 활동을 병행할 수 있으며, 통계 자료를 통해 무조건적으로 분위기에 휩쓸리거나 자신이 가지고 있었던 고정 관념이나 편견을 보다 객관적인 자료에 의해서 성찰하고, 논리적 의견을 정립할 수 있게 된다. 즉 다양한 통계 자료 활용은 문제 해결 능력과 의사 결정 능력 함양에 기초적인 발판이 될 수 있다. 또한 교과서가 집필되고 출판되어서 학생들이 접할 때까지 소요되는 시간의 간극을 고려해 보면, 평가 자료를 선정하는 그 시기에 실제 사회에서 일어나는 사건, 이슈, 정책 등을 활용하는 것은 그 당시의 시대적 고민을 경험하고, 이를 통해 비판적 사고력뿐 아니라 공동체적 역량과 통합적 사고력을 함양할 수 있다.

셋째, 다양한 유형의 자료를 선정하는 것이 다양한 사고력을 자극할 수 있다. 유튜브와 넷플릭스 등 다양한 드라마, 영화, 뉴스 등 시청각 자료도 가능하며, 신문 기사, 단행본, EBS의 다양한 지문, 동화책 등 지문 형태의 자료 역시 평가 자료가 될 수 있다. 마치 산에서 약초캐는 사람처럼 늘 자료를 수집할 수 있다고 생각하면, 대화 속 일화, 에피소드, 신문 기사, 드라마, 유튜브 컨텐츠 등 다양한 내용과 형태의 자료는 평가 문항의 자료와 소재로 활용될 수 있다.

가령 '다문화 사회'에 대한 서술형·논술형 문항을 설계할 경우 평가 자료를 선정하기까지의 사례를 살펴보자. 다문화 사회의 성취 기준 분석을 통해서 다문화 사회에 대한 균형 잡힌 시각을 갖는 것을 평가 목표로 설정하고, 이를 위해 다문화 사회의 문화 다양성과 같은 긍정적인 측면과 집단 간 갈등을 보여 줄 수 있는 부정적인 측면의 사례에 대한 평가 문항을 선정할 수 있다. 평가 문항 선정을 위해서 필자의 경우 중요 키워드 검색을 통해 다양한 자료를 양적으로 많이 검색한다. 특히 인터넷 검색을 통해 자료를 검색하고 선정할 경우 어떤 키워드로 검색하느냐에 따라서 유사하면서도 다른 자료가 검색될 수 있다. 따라서 충분한 양적 검색은 질적으로 좋은 평가 자료, 평가 목표를 잘 반영하는 타당성이 높은 자료를 선정하는 밑바탕이 된다.

다문화 사회에 관한 교과서 속 자료를 살펴보면, 출판사를 불문하고 주로 '안산시'나 '이태원'과 같은 다문화 사회를 경험할 수 있는 도시, 동화주의 정책이나 샐러드 볼 정책의 각 나라의 사례들이 나타나있다. 이처럼 교과서 자료는 큰 논란이나 논쟁이 되는 것보다는 보다 전형적이고 대표적인 사례를 사용하는 특징이 있다. 앞에서도 설명했듯이 교과서가 집필되고, 실제 수업을 할 때까지의 시간적 간극을 고려해 보면 교과서 자료는 시의성과 현실성에서 부족한 한계점이 있다. 따라서 실제 수업에서 적용할 때 서술형·논술형의 평가 자료를 선정하면, 대표적인 사례보다는 보다 참신한 사례, 그리고 보다 역동적이고 현실적인 사례를 선정하고 활용할 수 있는 장점이 있다.

특히 평가 자료 선정에 있어서 서술형·논술형 세트 설계와 관련하여 앞부분에서 다양한 통계 자료를 통해서 보다 객관적인 태도를 지닐 수 있도록 다문화 사회의 통계 자료를 보여 줄 수 있는 '통계청'이나 '법무부'의 현황이나 통계 자료를 먼저 제시하는 것의 장점이 있다. 그리고 이어서 다문화 사회의 보다 역동적인 모습을 보여 줄 수 있는 현실 속의 사례, 특히 교과서를 통해서는 보여 주기 힘든 시의성이 높은 자료를 선정하여 제시해 줄 수 있다. 이에 따라 다문화 사회의 긍정적인 측면에서 '문화 다양성'이라는 키워드를 통해 최근 히어로 영화에서 우리나라의 배우 등 최초로 동양인 히어로들이 등장하면서 영화에서도 다문화적인 시각이 반영되고 있음을 밝히는 신문 기사를 선정할 수 있다. 또한 부정적인 측면에서 집단 갈등, 우리나라에 가장 많이 살고 있는 외국인인 '조선족과의 갈등'을 키워드로 분석하여 영화 '청년 경찰'과 둘러싼 법원의 판결에 대한 사례를 선정할 수 있다.

3-4. 문두 작성하기

우리에게 더 구체적이고 실제적인 문항 제작은 문항의 기본 구조를 통해서 파악할 수 있다. 문항에는 '무엇'에 해당하는 내용 요소, 즉 학생에게는 학습 요소와 평가자에게는 평가 요소가 있고, 문항의 서술어에 해당하는 '어떻게'에 해당하는 기능 요소로 나눌 수 있다. 기능 요소는 학습자가 문제를 해결한 결과를 어떤 형태로 작성해야 하는지를 안내하는 평가자 입장에서는 '지시어'이면서 동시에 학습자에게는 내용 요소를 활용해서 도달해야 기능이다. 이 두 가지, '무엇'에 해당하는 내용 요소와 '어떻게'에 해당하는 기능 요소가 결합하여, 교과에서 추구하고자 하는 교과 역량이 함양될 수 있다.

특히 서술형·논술형을 보다 정교화하기 위해서 여기에 '조건'이 덧붙여진다. 여기서의 '조건'은 응답이 지나치게 열리지 않도록 제한하는 역할과 나아가 학습자가 답안, 즉 내용 요소를 보다 구체화하고 명료화하는 역할을 수행한다. 결국 문항은 대부분 자료 제시형이기 때문에 문항은 자료, 학습 요소, 조건, 기능 요소로 구성될 수 있다. 이렇게 자료 제시형을 사용하는 이유는 자료를 충분히 이해하고 해석하는 과정을 전제로 하기 때문에, 학습자들의 고차 사고력을 평가하는 데 적합하기 때문이다.

사례	1차시 - 다문화 사회의 이해

1. <u>〈자료 2〉에서</u> <u>국기에 대한 맹세가 수정된 사회적 맥락을</u> <u>〈자료 1〉을 바탕으로</u> <u>추론해 보자.</u>
  조건   평가 요소   조건   기능
 	
  <u>(2점)</u>
  배점	

이 사례를 통해서 살펴보면 사회과의 자료 제시형 문항은 조건을 제시함으로써 단순한 기억이나 암기에 의해 해결하지 않으면서도 동시에 응답이 어느 정도 수렴되게 하며, 자료 해석 능력, 비판적 사고력 등을 평가할 수 있는 역할을 수행한다. 국기에 대한 맹세가 수정된 부분을 〈자료 2〉에서 확인하고, 그 수정된 사회적 맥락을 〈자료 1〉의 다문화 사회의 다양한 인종적, 민족적 구성원들을 통해서 추론하는 것의 평가 요소가 담겨 있다. 적절하고 정확한 문두 제시는 평가에 임하는 학습자에게 정확하게 평가 의도를 확인함으로써 문항을 통해 평가 요소를 해결하고, 교과 역량을 함양하는 지침이 되므로 매우 중요하다.

3-5. 채점 기준 작성 및 채점하기

서술형·논술형 평가 문항은 문제 개발만큼 채점 기준 개발이 중요하고, 난관이 많다. 객관식 평가 문항의 경우는 채점에 있어서 특별한 고민의 과정이 필요 없지만, 서술형·논술형 문항은 학생들의 다양한 답안을 채점해야 하기 때문이다. 예상하지 못한 답안이 나올 수 있으며, 점수 배점이 애매한 경우도 있을 수 있다. 이러한 여러 가지 경우를 포괄할 수 있는 채점 기준안의 제작이 필요하다. 예전에는 평가 장면 전체 및 결과물에 대한 총체적 채점도 보편적이었지만, 최근에는 평가 항목을 구체화하고 각각의 항목에 배점을 제시하여 세분화하는 분석적 채점을 위한 채점 기준안 작성이 이루어진다.

평가 문항과 이에 따른 채점 기준안을 모호하게 작성한 사례와 보다 분명하게 작성한 사례를 비교해 봄으로써 채점 기준안 작성의 팁을 구체화해 보도록 하자.

표2 **채점 기준안의 사례**

평가 문항	다문화 사회의 혐오 표현에 대처하기 위한 구체적인 방안을 개인적 측면과 사회적 측면으로 나누어 써 보자.	
채점 기준안	분명하게 작성한 경우	모호하게 작성한 경우
상	다문화 사회의 혐오 표현의 대처 방안을 개인적 측면과 사회적 측면으로 나누어서 구체적이고 논리적으로 작성하였다.	다문화 사회의 혐오 표현의 대처 방안을 논리적으로 작성하였다.
중[1]	다문화 사회의 혐오 표현의 대처 방안을 개인적 측면과 사회적 측면으로 나누어서 작성하였으나 2가지 측면 중 한 부분은 미흡하게 작성하였다.	다문화 사회의 혐오 표현의 대처 방안을 미흡하게 작성하였다.
하	다문화 사회의 혐오 표현의 대처 방안을 개인적 측면과 사회적 측면으로 나누어서 제시하지 못하였거나 잘못된 답안을 포함하고 있다.	다문화 사회의 혐오 표현의 대처 방안을 작성하지 못하였다.

평가 문항을 분석해 보면, 평가 요소가 다문화 사회의 혐오 표현에 대처하기 위한 방안을 개인적인 측면과 사회적인 측면으로 나누어서 각각 구체적으로 작성하는 것이다. 따라서 그러한 평가 요

---

1) 사실상 이 문항의 경우 '중'에 해당하는 내용이 두 가지 측면 중 한 측면은 명확하게, 다른 한 측면은 모호하게 작성한 경우와 2가지 측면 모두 조금씩 부족한 답안을 작성한 경우로 나뉠 수 있다. 후반부 실제 사례 제시에서는 2가지를 구분해서 차별화하였다.

소를 나누어서 채점하는 방안이 반영되어야 한다. 분명하게 작성한 경우의 사례처럼, '개인적인 측면과 사회적인 측면'이 표현되고, '각각'이라는 단어를 통해 2가지 모두 구체적이고 논리적으로 작성하는 것이 포함되어야 한다. 또한 평가 기준 '중'의 경우가 중요한데, 개인적 측면과 사회적 측면을 구분해서 설명하였으나 2가지 측면 중 한 가지를 미흡하게 작성한 경우를 구체적으로 설명해 줌으로써 채점의 혼란을 줄일 수 있다. 이에 반해 '미흡하게' 작성한 경우로 모호하게 채점 기준안이 만들어지면 채점자 간의 해석에 따라 매우 다양하게 채점할 수 있으므로 유의해야 한다. '하'의 경우 개인적인 측면과 사회적인 측면을 구분해서 작성하지 못한 경우와 오개념이 포함된 경우를 구분해서 제시하고 있다. 이를 통해 채점 기준안이 너무 추상적이면, 채점을 하는 평가자나 채점 기준안을 통해 자신의 답안을 채점하고자 하는 학습자 모두에게 혼란을 줄 수 있지만, 또 너무 구체적일 경우는 여러 가지 사례를 포함하지 못하므로, 채점 기준안 작성은 이 둘 사이의 적정한 수준을 찾아가는 과정이라 할 수 있어서 채점 기준안 작성은 매우 어려운 과제임에 틀림없다. 따라서 평가자가 혼자인 경우는 평가자의 실수를 검토해 줄 동료 평가자가 없기 때문에 신중해야 하고, 평가자가 2인 이상일 경우는 평가자 간의 일관성이 유지되어야 학생들에게 혼란을 주지 않으므로 또한 신중해야 한다. 결국 서술형·논술형의 보다 성공적인 적용은 채점 기준 마련과 공정하고 신뢰성 있는 채점과 피드백에 있다.

따라서 채점 기준 작성은 첫째, 평가 항목의 중요성과 난이도를 고려하여 부여할 점수에 대한 세부 기준을 작성하고, 둘째, 채점 기준에 따른 예시 답안 즉 모범 답안을 작성하는 방안을 추천한다. 모범 답안 작성은 평가 문항의 문두나 지시문을 수정하고, 채점 기준안을 더욱 명료화할 수 있는 기회를 제공한다. 셋째, 평가자가 2인 이상일 경우 학생들의 서술형·논술형 평가를 채점하기 전에는 평가자 간의 채점 기준에 대한 충분한 사전 협의의 과정이 필요하다. 이러한 논의의 과정이 이루어져야 평가자 간의 일관성 있는 채점을 확보할 수 있다.

서술형·논술평 평가가 종료된 후에는 앞서 설정한 채점 기준에 따라 채점을 수행한다. 평가 자료 선정하기에서 사례로 제시한 〈표 2〉의 다문화 사회의 혐오 표현에 대처하기 위한 개인적 차원과 사회적 차원의 방안에 대해 서술하는 평가 문항의 사례를 적용해서 살펴보도록 하자.

학생 답안 사례
다문화 사회의 혐오 표현을 해결하기 위해서는 개인적으로는 자신의 언어생활을 살펴보며, 스스로 이러한 혐오 표현을 사용하지 않으려는 노력이 필요하고, 친구들이나 주변 사람들과 온라인 공간에서나 오프라인 공간에서 이러한 혐오 표현이 만연해지지 않는 분위기 조성에 힘써야 한다. 사회적으로는 혐오 표현을 규제하는 법을 마련해야 한다.

이러한 답안에서 평가자 A는 2가지 차원을 모두 논리적으로 작성했다고 판단하여 '상'으로, 평가자 B는 개인적 차원의 방안은 충족하지만, 사회적 차원의 방안은 미흡하다고 판단하여 '중'으로 채점할 수 있다는 것이다. 이러한 경우를 해결하기 위해서는 다음과 같은 세부 절차가 필요하다.

학교의 상황에 따라 1명의 교사가 담당할 경우와 2명이 담당할 경우를 가정하고 나누어 설명하도록 하겠다. 혼자 채점할 경우, 먼저 공식적인 채점을 하기 전에 사전 채점 과정을 통해 학생들이 쓴 답안을 훑어보면서 채점 기준으로 채점하기 곤란하거나 모호한 답안들을 걸러 낸다. 이러한 답안을 일관성 있게 채점하기 위하여 채점 기준안을 보완한다. 그 다음 실제로 채점에 들어가면, 채점 기준안이 적용되는 경우는 먼저 채점하고, 채점 기준안 경계에 있거나 채점 기준안이 적용되지 않는 경우의 사례를 따로 분류한 후, 이러한 경우의 답안을 모아서 채점한다. 마지막으로 번거롭지만 혼자 채점할 경우 재검을 통해 교차 점검의 역할을 대신해야 한다.

2명이 담당할 경우는 먼저 사전 협의를 거쳐 채점 기준안을 공동 작성 및 공동 검토하지만, 1명이 채점할 때보다는 당연히 채점 기준안이 일관성 있게 적용되기 어렵다. 채점 기준안을 보다 엄격하게 적용하는 평가자와 융통성 있게 적용하는 평가자의 수준과 정도는 일치하기 어렵다. 따라서 첫째, 두 평가자가 학생들의 답안지를 전체적으로 훑어보면서 문항 출제 시 예상하지 못했던 답안이 있는지 확인하고 모호한 경우를 추출하는 과정이다. 둘째, 이러한 모호한 사례들을 뽑은 답안이나 메모해 놓은 사례들에 대한 공동 검토 과정을 통해 채점 기준안을 재작성하고, 적용하는 팁을 협의하도록 한다. 셋째, 교차 채점의 과정을 거쳐 차이가 나는 항목과 답안을 최종 점검한다.

3-6. 평가 결과 해석 및 피드백하기

서술형·논술형 문항에 대한 채점이 종료된 후에는 평가 결과를 해석하고, 이에 대해 피평가자인 학생들에게 문항별로 정성적인 피드백을 해 주는 것이 필요하다.

과정 중심 평가를 지향하는 서술형·논술형 평가에서 피드백은 사실상 매우 중요한 과정이다. 예전에 수치나 등급으로 나오는 결과가 중요했다면, 서술형·논술형 평가는 교사의 피드백 과정이 평면적인 점수 그 이상의 의미를 갖는다. 다양한 사회 문제에 대한 자신의 생각과 의견을 정리하여 글로 표현한 과정에 대한 성찰과 재검토의 기회를 통해 비판적 사고력과 의사 결정 능력과 같은 교과 역량을 함양할 수 있다. 다만 정량화된 점수로 채점하는 것이 아니라 문항과 학생들의 답안에 대한 구체적인 피드백을 수행하는 것은 매우 정성을 들여야 하는 작업이다. 학생들의 서술형·논술형 답안에 대한 지속적인 검토를 통해 무엇에 대해 어떻게 피드백을 해줄 것인지에 대한 고민과 교사 자신의 피드백 역량 강화가 필요하다. 이러한 교사의 노력을 통하여 학생과 교사의 의미있는 상호 작용의 과정이 가능해진다.

과정 중심 평가에서 새롭게 주목되고 있는 피드백 유형을 살펴보면 〈표 3〉과 같다.

표 3 과정 중심 평가에서 많이 활용되는 피드백 유형

목표 참조 피드백	• 학습 목표 성취의 선행 정도에 관한 정보 제공 • 적절한 수준의 난이도를 갖는 성취 목표는 학생의 동기와 참여를 높임.
스캐폴딩 피드백	• 교수법의 일종으로 교사가 과제를 세분화하여 학생과 상호 작용하면서 학생이 학습 과제들을 순차적으로 학습하여 학습 목표에 도달할 수 있도록 지원하는 접근법임. • 현재 수준의 학생의 능력과 노력을 넘어서서 다음 단계의 학습을 계속 이루어지도록 하는 데 초점이 있음. • 교사는 정확한 답을 주지 않고 학생의 수행을 향상시키기 위한 아이디어와 방향을 줌으로써 학생의 관심을 이끎.
자기 참조 피드백	• 학생의 이전 수행에서 얼마나 향상되었는지에 대한 정보를 제공함으로써 긍정적 자아 효능감을 가지게 함. • 학생이 성공적으로 과업을 수행할 수 있는 능력이 있다고 믿는 긍정적 자아 효능감을 가지게 함.
준거 참조 피드백	• 학습을 향상시키는 가장 중요하고 효과적인 형태의 피드백은 학생의 수행을 성취 기준이나 예시와 비교하는 것임. • 학생의 현재 수행이 성취 기준에 근거하여 어떻게 관련이 있는지 이해하는 것을 다룸.

– 출처: 전라남도 원격 교육연수원. 과정 중심 평가 연수 자료집

평가 문항 제작과 적용, 피드백과 채점의 과정이 끝난 후 한 학기가 마무리될 때 쯤 학생이 수행한 답안에 피드백의 내용이 더해져 과목별 세부 능력 및 특기 사항을 기록해야 한다.

평가자는 서술형·논술형 문항의 설계와 제작, 적용의 모든 과정에서 느꼈던 점이나 개선해야 할 점, 구체적인 팁 등을 메모하면서 다음 번 평가에 반영할 필요가 있다. 학기 초나 학기 말 업무가 몰리는 교사들의 업무 특성상 동일한 실수가 반복되는 경험을 쉽게 찾을 수 있다. 평가의 수행 과정에서 자신이 겪었던 실수나 성공은 매우 귀한 경험이므로, 꼼꼼하게 메모하고 다음번에 반영하는 습관을 통해 나만의 실천적 지식을 축적하고, 동료 교사와도 공유함으로써 함께 성장하는 것이 필요하다.

4. 사회과 서술형·논술형 평가 과정의 실제

4-1. 평가 목표 설정하기

사회과에서 예시로 제시하고 있는「통합사회」교과의 경우 전체적인 내용 체계는 〈표 4〉와 같이 3가지 영역과 9가지의 핵심 개념, 각 개념에 따른 내용 요소와 기능을 파악할 수 있다. 삶의 이해와 환경, 인간과 공동체, 사회 변화와 공존이라는 3가지 영역에 3가지 하위 개념을 통해 9가지 핵심 개념으로 이루어져 있다. 모든 영역의 핵심 개념을 서술형·논술형 문항으로 설계하거나 제작할 수도 있지만, 일반적으로는 영역별로 한 개념을 선택하거나 한 개념 중 한 가지 내용 요소를 선정하게 된다.

표 4 「통합사회」의 내용 체계

영역	핵심 개념	일반화된 지식	내용 요소	기능
삶의 이해와 환경	행복	질 높은 정주 환경의 조성, 경제적 안정, 민주주의의 발전, 그리고 도덕적 실천 등을 통해 인간 삶의 목적으로서 행복을 실현한다.	• 통합적 관점 • 행복의 조건	
	자연 환경	자연환경은 인간의 삶의 방식과 자연에 대한 인간의 대응 방식에 영향을 미친다.	• 자연환경과 인간 생활 • 자연관 • 환경 문제	
	생활 공간	생활 공간 및 생활 양식의 변화로 나타난 문제에 대한 적절한 대응이 필요하다.	• 도시화 • 산업화 • 정보화	
인간과 공동체	인권	근대 시민 혁명 이후 확립된 인권이 사회 제도적 장치와 의식적 노력으로 확장되고 있다.	• 시민 혁명 • 인권 보장 • 인권 문제	

	시장	시장 경제 운영 과정에서 나타난 문제 해결을 위해서는 다양한 주체들이 윤리 의식을 가져야 하며, 경제 문제에 대해 합리적인 선택을 해야 한다.	• 합리적 선택 • 국제 분업 • 금융 설계	파악하기 설명하기 조사하기 비교하기 분석하기 제안하기 적용하기 추론하기 분류하기 예측하기 탐구하기 평가하기 비판하기 종합하기 판단하기 성찰하기 표현하기
	정의	정의의 실현과 불평등 현상 완화를 위해서는 다양한 제도와 실천 방안이 요구된다.	• 정의의 의미 • 정의관 • 사회 및 공간 불평등	
사회 변화와 공존	문화	문화의 형성과 교류를 통해 나타나는 다양한 문화권과 다문화 사회를 이해하기 위해서는 바람직한 문화 인식 태도가 필요하다.	• 문화권 • 문화 변동 • 다문화 사회	
	세계화	세계화로 인한 문제와 국제 분쟁을 해결하기 위해서는 국제 사회의 협력과 세계 시민 의식이 필요하다.	• 세계화 • 국제 사회 행위 주체 • 평화	
	지속 가능한 삶	미래 지구촌이 당면할 문제를 예상하고 이의 해결을 통해 지속 가능한 발전을 추구한다.	• 인구 문제 • 지속 가능한 발전 • 미래 삶의 방향	

– 출처: 2015 사회과 교육과정(교육부, 2015: 120)

교과 속에서 구체적으로 서술형·논술형 문항을 제작할 단원을 설정하고, 그 단원에 대한 성취 기준을 분석하게 되는데, 성취 기준 속에서 핵심 내용 요소를 선정하게 되면, 그 내용 요소가 곧 평가 문항의 평가 요소가 된다.

7단원 '문화와 다양성'의 단원 중 4번째 단원에 해당하는 '다문화 사회'를 서술형·논술형 문항 설계의 단원으로 결정한 이유는 다음과 같다. 고등학교 1학년 「통합사회」에서 개념에 대한 성취 기준[2] 중 7단원 '문화와 다양성'의 다문화 사회 단원은 평면적으로 교과서를 통해 개념을 학습하면 매우 평범하고 익히 들어본 식상할 수 있는 내용이지만, 역동적인 사회적 변화와 그 속에서 해결해야 할

---

2) 성취 기준은 수업(교수·학습)과 평가에 필요한 실질적인 근거와 기준을 말한다. 학생들이 학습을 통해 성취해야 할 지식과 기능, 태도 등의 핵심역량과 특성을 진술하여 학생의 입장에서는 무엇을 공부하고 성취해야 하는지, 교사의 입장에서는 무엇을 가르치고 평가해야 하는지에 대한 교육 내용이라고 할 수 있다. 성취 기준은 학생들이 교육이 끝나고 학습 결과로서 나타내 보일 수 있는 사항을 진술해 놓은 것이므로, 교과 교육과정 운영 시 교사는 국가 수준에서 제시한 성취 기준을 중심으로 수업하고 그에 대한 평가를 실시해야 한다.

다양한 사회적 갈등과 문제가 응축된 개념이다. 특히 미래 사회의 변화에도 큰 축을 이루는 주제로서 사회과의 공동체적 역량과 같은 핵심 교과 역량을 함양할 수 있는 개념으로서 내용적 타당성을 확보할 수 있다.

「통합사회」 교과서 7단원에 해당하는 성취 기준을 확인하면 아래와 같다.

표 5 **7단원 문화와 다양성의 성취 기준**

[10통사07-01] 자연환경과 인문환경의 영향을 받아 형성된 다양한 문화권의 특징과 삶의 방식을 탐구한다. [10통사07-02] 문화 변동의 다양한 양상을 이해하고, 현대 사회에서 전통문화가 갖는 의의를 파악한다. [10통사07-03] 문화적 차이에 대한 상대주의적 태도의 필요성을 이해하고, 보편 윤리의 차원에서 자문화와 　　　　　　타문화를 성찰한다. [10통사07-04] 다문화 사회에서 나타날 수 있는 갈등을 해결하기 위한 방안을 모색하고, 문화적 다양성을 　　　　　　존중하는 태도를 갖는다.

- 출처: 2015 사회과 교육과정(교육부, 2015: 132)

교육과정 속 성취 기준과 성취 기준 해설을 바탕으로 전체적인 교수 학습 과정, 즉 수업의 전체적인 흐름과 구체적인 그림을 그려 낼 수 있다.

성취 기준을 살펴보면 다문화 사회에서 나타날 수 있는 갈등을 해결하기 위한 방안을 모색하는 것, 그리고 이를 위해 문화적 다양성을 존중하는 태도를 갖는 것으로 나눌 수 있다. 교사는 성취 기준을 해석해서 재구성할 수 있는데, 먼저 다문화 사회의 단원이 속한 큰 영역이 '사회 변화와 공존'임을 파악하고, 다문화 사회로의 변화를 인지하고 있는지, 그리고 그 변화를 긍정적인 측면과 부정적인 측면으로 나누어 파악하는 것을 평가 요소로 추출할 수 있다. 이러한 변화에 대한 이해를 바탕으로 다문화 사회의 갈등을 파악하고, 갈등을 해결하는 방안으로서 다문화 사회의 정책을 파악할 필요가 있다. 또한 사회적 측면에서의 정책 뿐 아니라 진정한 공존을 위해서 일상생활에서의 나의 태도, 너의 태도, 우리의 태도를 갖추는 것을 최종적 단원의 결론의 흐름으로 설정할 수 있다. 이러한 흐름을 정리하면 〈표 6〉과 같다.

표 6 성취 기준 분석과 평가 요소 추출

성취 기준
[10통사07-04] 다문화 사회에서 나타날 수 있는 갈등을 해결하기 위한 방안을 모색하고, 문화적 다양성을 존중하는 태도를 갖는다.

⇩

성취 기준 분석
• '사회 변화와 공존' 속에서 다문화 사회 파악 • 다문화 사회의 변화 인식 • 다문화 사회로의 변화 속에서 갈등 파악 • 다문화 사회의 갈등을 해결하는 방안으로서의 다문화 사회의 정책 파악 및 분석 • 일상생활에서 문화적 다양성을 존중하는 태도

⇩

전체적인 교수 학습 과정 설계
1. 다문화 사회로의 변화를 인식하고, 이러한 변화에 대한 긍정적인 측면과 부정적인 측면을 파악한다. 2. 다문화 사회의 갈등을 해결하기 위해 다문화 사회의 정책이 존재하는 것을 인식하고, 우리나라와 해외의 다문화 사회의 정책의 유형과 바람직한 방향을 평가한다. 3. 다문화 사회의 정책 뿐 아니라 일상생활에서 나에게 숨겨진 다양한 편견과 고정 관념을 파악하고, 다문화 사회의 진정한 공존을 위해 실천할 수 있는 태도와 행동을 성찰한다.

성취 기준과 평가 요소 추출을 통한 단계별 학습 목표를 선정하면 다음과 같다.

표 7 7단원 주제 다문화 사회의 학습 목표

1단계 학습 목표		2단계 학습 목표		3단계 학습 목표
다문화 사회의 긍정적인 측면과 부정적인 측면을 분석할 수 있다.	⇨	다문화 사회의 변화에 맞는 우리나라와 해외의 다문화 정책을 평가할 수 있다.	⇨	다문화 사회의 문제를 해결하기 위해 일상생활에서 실천하는 태도를 갖춘다.

⇩

다문화 사회의 이해와 발전 모색

이러한 학습 목표를 성취할 수 있는 평가 영역과 평가 요소를 선정하게 된다.

평가 영역을 3가지로 구성하여 첫 번째 평가 영역은 '다문화 사회의 이해'로서 다문화 사회로의 사회적 변화에 대한 인식과 다문화 사회의 변화에 대한 긍정적인 측면과 부정적인 측면을 파악하는 평가 요소를, 두 번째 평가 영역은 다문화 사회로 변화하면서 국가나 사회에서 적용하는 '다문화 사회의 정책'으로서 용광로 정책과 샐러드 볼 정책을 구체적인 평가 요소로, 세 번째 평가 영역은 '다문화 사회에서 나의 태도'로서 편견이나 고정 관념 찾기, 문화 다양성 존중 등을 평가 요소로 선정하였다. 이러한 평가 영역과 평가 요소를 바탕으로 평가 기준을 설계하면 다음과 같다.

표 8 7단원 주제 다문화 사회의 평가 요소와 평가 기준

평가 영역	평가 요소	평가 기준	
다문화 사회의 이해	• 다문화 사회의 인식 • 다문화 사회의 긍정적인 측면 • 다문화 사회의 부정적인 측면	상	다문화 사회로의 변화를 인식하고, 긍정적인 측면과 부정적인 측면을 구분하여 파악할 수 있다.
		중	다문화 사회로의 변화는 인식하지만, 긍정적인 측면과 부정적인 측면을 구분해서 파악하지는 못한다.
		하	다문화 사회로의 변화를 제대로 인식하지 못한다.
다문화 사회의 정책	• 다문화 사회의 갈등 • 용광로 정책 • 샐러드 볼 정책	상	다문화 사회의 갈등을 해결하기 위한 용광로 정책과 샐러드 볼 정책을 이해하고, 우리나라와 해외의 다양한 다문화 정책을 적용할 수 있다.
		중	다문화 사회의 갈등을 해결하기 위한 용광로 정책과 샐러드 볼 정책은 이해하지만, 우리나라와 해외의 다양한 다문화 정책은 적용하지 못한다.
		하	다문화 사회의 갈등을 해결하기 위한 용광로 정책과 샐러드 볼 정책을 이해하지 못한다.
다문화 사회의 나의 태도	• 편견과 고정 관념 찾기 • 문화 다양성 존중	상	다문화 사회의 문제를 해결하고 진정한 공존을 위한 우리의 태도를 성찰하고 구체적인 실천 방안을 제안할 수 있다.
		중	다문화 사회의 문제를 해결하고 진정한 공존을 위한 우리의 태도를 성찰하지만, 구체적인 실천 방안은 제안하지 못한다.
		하	다문화 사회의 문제를 해결하고 진정한 공존을 위한 우리의 태도를 성찰하지 못한다.

4-2. 서술형·논술형 문항 세트 설계하기

지금과 같이 다문화 사회의 성취 기준 분석을 통한 평가 영역과 평가 요소가 도출되면, 각 평가 영역별로 평가 문항이 포함된 문항 세트를 설계할 수 있다. 〈표 9〉에서 제시된 것처럼 총 4차시로 구성하였으며, 1차시부터 3차시까지는 3가지 평가 영역에 따라 각각의 평가 요소가 포함된 평가 문항을 설계하였으며, 마지막 4차시에서는 다문화 사회의 갈등과 일상생활 속 실천의 영역이 융합된 논술형 문항으로 구성하였다.

이때 서술형·논술형 문항과 함께 모둠 활동을 함께 설계할 수 있다. 이러한 서술형·논술형 문항과 연계한 모둠 활동은 서술형·논술형 평가가 지필 평가처럼 정답을 짧게 도출해서 해결해 버리는 것이 아니라 다양한 논의와 고민을 통해 재개념화하고 성찰할 수 있는 기회를 제공함으로써 학습자들의 사고력을 보다 깊이 있게 확장할 수 있다. 본 단원에서는 다문화 사회의 다양한 이야기들에 대해 공감하고, 표현할 수 있도록 3가지 모둠별 교수 학습 활동과 함께 구성하였다. 모둠별 교수 학습 활동을 먼저 실시하고, 서술형·논술형 문항을 개인별로 제시할 수 있고, 역으로 서술형·논술형 문항을 먼저 개인별로 실시한 후 모둠별 교수 학습 활동을 계획해도 무방하다.

표 9 「통합사회」 7단원 서술형·논술형 문항 세트

학습 단계	학습 목표	교수 학습 활동	평가 문항
1차시	다문화 사회의 긍정적인 면과 부정적인 측면을 분석할 수 있다.	**모둠** 전지적 다문화 시점 (『두 도시 아이 이야기』 책 분석, 국기에 대한 맹세, 다문화 사회의 모습 분석) **개인** 다문화 사회의 다양한 자료 파악하기 (= 평가 과제 1)	[서술형 문항 1] **개인** 다문화 사회의 이해 (다문화 사회의 현황 파악/다문화 사회의 긍정적인 측면과 부정적인 측면 분석하기)
2차시	다문화 사회의 변화에 맞는 우리나라와 해외의 다문화 정책을 평가할 수 있다.	**모둠** 세계 다문화 정책 회담 (협동 학습을 통한 다문화적 태도 함께 학습하기) **개인** 다문화 정책 평가하기 (= 평가 과제 2)	[서술형 문항 2] **개인** 다문화 사회의 정책 (용광로 정책 평가하기/샐러드 볼 정책 평가하기)

| 3차시 | 다문화 사회의 문제를 해결하기 위해 일상생활에서 실천하는 태도를 갖는다. | 모둠 슬기로운 다문화 생활(한국인의 조건 파악하기, 다문화 사회의 태도 성찰하기) 개인 다문화 사회의 태도 성찰하기 (= 평가 과제 3) | [서술형 문항 3] 개인 다문화 사회에서 나의 태도(단일 민족에 대한 신념, 한국인의 조건에 대한 생각 고찰하기, 일상생활 속 이슈에 대한 의견 정리하기) |

⬇

| 4차시 | 다문화 사회의 이슈를 탐구하고 분석할 수 있다. | 개인 다문화 사회의 혐오 표현의 문제점과 해결 방안에 관한 글쓰기 (= 평가 과제 4) | [서술형 문항 4] 개인 다문화 사회의 이슈 탐구 (다문화 사회의 혐오 표현) |

4-3. 평가 자료 선정하기

　다문화 사회의 서술형·논술형 문항에 있어서의 평가 자료 수집을 위해서 다문화 사회의 다양한 키워드(다문화 정책, 다문화 사회, 다문화 가정, 용광로 정책, 샐러드볼 정책 등 평가 요소와 관련된 키워드)로 인터넷 검색을 실시하여 다양한 신문 기사, 통계 자료, 도서 등을 검색하며 먼저 다양한 자료를 수집하고 검토해 볼 수 있다. 이러한 다양한 자료를 먼저 자료 은행과 같이 축적해 놓으면, 이 중에서 서술형·논술형 평가 문항으로 바로 활용할 수 있는 자료 뿐 아니라 모둠 활동, 지필 평가, 프로젝트 수업이나 포트폴리오 작업 등 다양한 수행 평가, 과정 중심 평가를 계획하고 수행할 때 다양한 자료로 활용될 수 있다.

　첫 번째 평가 영역에서는 '다문화 사회의 이해'에서는 이러한 다문화 사회로의 변화가 전 세계적인 변화이며, 우리나라의 과거의 모습과는 다르고, 이러한 변화가 사회의 공간적 모습을 바뀌게 하고, 갈등과 해결의 양상도 달라지고 있음을 소개하고자 하는 평가 의도를 반영하는 평가 자료를 선정하였다. 먼저 도서 중 『두 도시 이야기』라는 동화책을 통하여 베트남의 다낭의 '나'와 대한민국 서울의 '나' 동시대의 다른 공간에서의 두 아이의 삶이 비슷하면서도 다른 모습을 통해 다문화 사회의 변화가 우리나라만의 현상이나 문제가 아님을 이해할 수 있다. 우리나라의 과거와 현재의 변화를 알 수 있는 '국기에 대한 맹세'의 변화를 선정하였다. 특히 다문화 사회의 변화를 알 수 있는 통계 자료가 담긴 통계청 블로그의 내용을 통해 다양한 도표와 그래프를 파악할 수 있는 역량을 함양할 수 있게 하였다. 또한 다문화 사회로 인해 다양한 문화가 공존하는 우리나라의 도시에 대한 신문 기사와 다문화 사회의 갈등과 해결 과정이 담긴 영화 「청년 경찰」에 대한 평가 자료를 선정하였다. 이 영화는 대림동에 거주하는 조선족과 제작사 사이의 갈등과 법원의 판결 과정이 담겨 있다. 『두 도시 이야기』의 경우 먼저 서술형 평가 자료로 선정하였으나, 동화책에 대한 이야기를 자유롭게 이야기하는 것이 더 효과적이라고 판단하여 모둠 활동의 내용으로 수정하였다.

두 번째 평가 영역인 '다문화 사회의 정책'에서는 다문화 사회의 정책이 무엇인지 이론적 내용을 소개하는 교과서 지문, 용광로 정책을 이해하기 위해서는 다문화 가정이나 이주자들의 다문화 정책에 대한 반응, 즉, 그들의 목소리가 담긴 신문 기사, 샐러드 볼 정책을 이해하기 위해서는 가장 성공적인 다문화 정책이라고 평가를 받는 캐나다의 다문화 정책을 소개하는 자료를 선정하였다.

세 번째 평가 영역으로 '다문화 사회의 나의 태도'에 있어서는 우리나라의 오랜 신화인 단일 민족이라는 것에 대한 우리의 편견과 고정 관념을 성찰하기 위해 나의 민족 정체성과 국민 정체성에 대한 편견을 목격할 수 있는 덴마크 실험을 소개한 유튜브 내용, 과연 누가 한국인인지에 대한 국민 정체성 즉, 한국인의 요인이 무엇인지에 대해 연구한 여성가족부의 연구 보고서, 초등학교 교과서에 수록되었던 시를 소개하고, 시에 대한 논쟁을 자료로 선정하였다.

네 번째 융합적인 문항의 경우 '다문화 사회의 최근 이슈' 중에서 다문화 사회의 갈등, 정책, 태도를 융합해 볼 수 있는 주제로 최근 불거지고 있는 '혐오'의 문제를 다문화 사회와 관련시켜서, 문화의 관점으로 혐오의 문제를 분석해 보고자 선정하였다. 혐오 표현이 만연화된 일상생활의 언어 습관을 되돌아보고, 이러한 혐오 표현이 다문화 사회에 어떠한 문제점을 야기시키고, 이를 해결하기 위해 어떤 태도가 필요한지를 분석해 보고자 하였다. 이를 위해 교육부 포스트 및 혐오 표현으로 인한 사건에 관한 신문 기사 등을 활용하였다.

이처럼 평가 문항의 자료는 다양한 서적이나 연구 보고서, 신문 기사, 교과서 등이 다양하게 선정될 수 있으며, 다양한 검색 기능과 그 동안 염두해 두었던 자료들을 평가 문항과 잘 연결시키는 고민이 필요하다. 특히 신문 기사나 연구 보고서 등 다양한 지문을 사용할 때 주의할 것은 출처를 정확히 밝히는 것과 예민한 내용을 필터로 거르는 것이다. 예민한 내용이라 함은 특정 인물에 대한 실명, 정치적으로 편향된 내용, 특정 지역이나 특정 집단에 대한 부정적인 노출 등이 포함되어 있지 않은지 꼼꼼하게 확인하고, 검토와 수정의 과정을 거치는 것이다.

또한 이러한 평가 자료를 수집한 후 모둠활동과 개인별 서술형·논술형 평가 지문을 나누어 활용하는 방안을 추천하고자 한다. 어떤 자료는 서술형·논술형 평가의 지문으로 활용하는 것보다 다양한 토론과 이야기를 나누는 과정이 필요하고, 스스로 관련 자료를 검색하고 찾아보는 모둠 활동으로 더욱 적합하다. 다음 〈표 10〉은 서술형·논술형 평가 자료와 모둠 활동의 자료를 다시 분류한 결과이다.

표 10 서술형·논술형 평가 자료

학습 단계	평가 문항	서술형·논술형 자료	모둠 활동
1차시	[서술형 문항 1] 개인 **다문화 사회의 이해** (다문화 사회의 현황 파악/ 다문화 사회의 긍정적인 측면과 부정적인 측면 파악하기)	• 국기에 대한 맹세 • 통계청 블로그 • 우리나라의 다양한 다문화 도시. 최근 법원의 판결이 담긴 신문 기사	• 「두 도시 아이 이야기」 • 국기에 대한 맹세 • 다문화 사회의 다양한 통계 자료 검색하기
2차시	[서술형 문항 2] 개인 **다문화 사회의 정책** (용광로 정책 평가하기/ 샐러드 볼 정책 평가하기)	• 교과서 본문 자료 • 다문화 가정과 이주자들의 목소리가 담긴 신문 기사 • 캐나다의 다문화 정책에 대한 자료	다양한 나라의 다문화 정책 조사하여 발표하기
3차시	[서술형 문항 3] 개인 **다문화 사회의 나의 태도** (단일 민족에 대한 태도, 한국인의 조건에 대한 생각 고찰하기, 일상생활 속 이슈에 대한 의견 정리하기)	• 유튜브 자료와 이와 관련된 신문 기사 • 여성가족부의 연구 보고서 자료 • 초등학교 교과서에 수록되었던 시	여성가족부의 연구 보고서와 관련된 탐구 활동
4차시	[서술형 문항 4] 개인 **다문화 사회의 이슈 탐구** (다문화 사회에서 증가하는 혐오 표현)	• 혐오 표현에 대한 교육부 포스트 • 다문화 사회의 혐오 표현으로 인한 구체적인 사건을 다룬 신문 기사	

4-4. 문두 작성하기

실제적인 문항 제작은 문항의 기본 구조를 통해서 파악할 수 있다. 즉, 문항에는 '무엇'에 해당하는 내용 요소 즉, 학생에게는 학습 요소와 평가자에게는 평가 요소가 있고, 문항의 서술어에 해당하는 '어떻게'에 해당하는 기능 요소로 나눌 수 있다. 서술형·논술형을 보다 정교화하기 위해서 여기에 '조건'이 덧붙여진다. 여기서의 조건은 응답이 지나치게 열리지 않도록 제한하는 역할과 나아가 학습자가 보다 답안, 즉 내용 요소를 보다 구체화하고 명료화하는 기능을 수행한다. 문항은 자료, 학습 요소, 조건, 기능 요소로 구성될 수 있다.

사례	1차시: 다문화 사회의 이해

1. <u>〈자료 2〉에서</u> <u>국기에 대한 맹세가 수정된 사회적 맥락을</u> <u>〈자료 1〉을 바탕으로</u> <u>추론해 보자.</u>
　　조건　　　　　　　평가 요소　　　　　　　　　　조건　　　　　기능
<u>(2점)</u>
배점

'조건 + 평가 요소 + 조건 + 기능 + 배점'으로 구성되어 있다.

평가 요소는 다문화 사회로의 변화가 끼친 영향을 파악하는 것이며, 조건은 국기에 대한 맹세의 변화를 〈자료 2〉에서 확인하는 것이고, 변화의 맥락을 〈자료 1〉의 다문화 사회와 관련짓는 것이다. 추론하는 것은 「통합사회」가 목표로 하는 기능 중에 '추론하기'에 해당한다고 할 수 있다. 배점은 보통 맨 마지막에 표시한다.

2. <u>〈자료 3〉의</u> <u>신문 기사의 제목을</u> <u>붙여 봅시다.</u> <u>(2점)</u>
　　조건　　　　평가 요소　　　　기능　　　배점

'조건+ 평가 요소 + 기능 + 배점'으로 구성되어 있다.

평가 요소는 다문화 사회의 긍정적인 측면을 표현하는 것이며, 조건은 〈자료 3〉의 신문 기사의 제목을 만들어 보는 것이고, 기능은 「통합사회」가 목표로 하는 기능 중에 '표현하기'에 해당한다고 할 수 있다. 마지막에는 배점을 표시한다.

3. <u>〈자료 3〉과 〈자료 4〉를 통해서</u> <u>다문화 사회로의 변화의 긍정적인 측면과 부정적인 측면을</u>
　　　　　　조건　　　　　　　　　　　　　　　　　　　　　　평가 요소

　<u>각각 30자 이내로</u> <u>서술하시오.</u> <u>(4점)</u>
　　　조건　　　　　기능　　배점

‘조건 + 평가 요소+ 조건+ 기능 + 배점’으로 구성되어 있다.

　평가 요소는 다문화 사회로의 변화의 긍정적인 측면과 부정적인 측면을 분석하는 것이고, 조건은
〈자료 3〉과 〈자료 4〉를 통해서 하는 것이며, 각각 30자 이내로 서술하는 것이다. 마지막에는 배점
을 표시한다.

4. <u>〈자료 4〉에서</u> <u>밑줄 친 법원의 화해 권고 결정에 대한 자신의 의견을</u> <u>‘표현의 자유’와 ‘사회적</u>
　　조건　　　　　　　　　　　평가 요소　　　　　　　　　　　　　　　　　조건

　<u>소수자 보호’를 넣어서 500자 이내로</u> <u>서술하시오.</u> <u>(5점)</u>
　　　　　　　　　　　　　　　　　　　　기능　　　배점

‘조건 + 평가 요소 + 조건 + 기능 + 배점’으로 구성되어 있다.

　평가 요소는 다문화 사회의 갈등 해결 방안 모색하는 것이며, 조건은 〈자료4〉에서 밑줄 친 법원
의 권고 결정을 바탕으로 ‘표현의 자유’와 ‘사회적 소수자 보호’를 넣어서 500자 이내로 서술하는 것
이다. 배점은 마지막에 표시한다.

　이러한 문두 작성은 학습자들에게 최종적으로 전달되고 표현되는 평가 문항이기 때문에 여러 가
지를 고려하여야 한다.

　첫째, 요구하는 문항의 내용이 명료하고 명확해야 한다. 학습자들이 평가 의도와 문항의 내용을
분명하게 이해할 수 있어야 한다. 따라서 ‘무엇’을 ‘어떻게’ 응답해야 하는가가 명료해야 한다. 이렇
게 명료해야 하는 이유는 학습자의 경우는 평가 의도를 정확히 파악해서 평가에 잘 대응해야 하고
또한 평가자의 경우 1차적으로는 불필요하게 응답이 다양해져서 채점이나 평가의 어려움을 피하기
위함이며, 2차적으로 평가하고자 하는 것을 평가할 수 있는 평가의 타당성을 확보하기 위함이다.
따라서 문항을 잘 구조화하고, 특히 조건이 있는 응답 제한형의 경우 이 조건이 분명하게 표현되어
학습자들의 불필요한 혼란을 피하고 평가하고자 하는 의도대로 평가에 응하게 해야 한다.

　둘째, 평가의 목표로 하는 기능과 역량이 무엇인지 구체적인 반응 지시어, 즉 동사를 사용하는
것이다. ‘설명하시오 서술하시오, 비교하시오, 평가하시오’ 등 보다 구체화함으로써 평가 목표에 근
거하여 동사를 선정하도록 한다.

셋째, 평가 요소가 두 가지 이상일 경우 표현을 정확히 하여 각각의 평가 요소에 모두 응답할 수 있도록 안내해야 한다. 예를 들면 '다문화 사회의 부정적인 측면과 긍정적인 측면을 모두 서술하시오.' 등으로 문항을 잘못 이해하여 한 가지만 서술하는 경우가 나오지 않도록 표현에 유의할 필요가 있다.

정확한 문두 작성은 문항의 타당도와 채점의 신뢰도를 동시에 높일 수 있는 요구 사항이므로, 문두가 평가자의 의도대로 정확히 이해가 되는지 사전 검토를 필요로 한다. 먼저 동료 평가자와의 교차 검토 및 가능하다면 표본이 되는 학생이나 학급을 통해 전체적으로 평가가 실시되기 전에 반드시 사전 검토와 수정 과정을 거칠 필요가 있다.

■ 다음 〈자료 1〉~〈자료 4〉를 읽고 각 물음에 답하시오.

자료 1

부부 10쌍 중 1쌍은 다문화 가정 비율을 차지한다. 통계청의 2019년 다문화 인구 동태 통계에 따르면, 지난해 결혼한 부부의 10쌍 중 1쌍은 외국인이나 귀화자 배우자를 맞았다. 2019년 다문화 혼인 건수는 2만 4천 7백건으로 전체 혼인의 10.3% 정도인데, 이 비율이 10%를 넘은 건 2010년 이후 처음이다. 또한, 2016년 이후 다문화 혼인 증가세가 꾸준히 이어지고 있다.

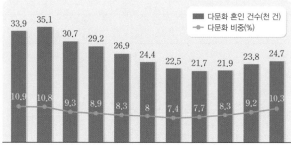

법무부 출입국외국인정책본부에 따르면 2019년 기준 국내 체류 외국인은 총 252만4656명으로 전년 대비 6.6% 증가했다. 전체 인구에서 외국인이 차지하는 비중은 4.9%에 달했다. 통상 학계에서는 이 수치가 5%를 넘으면 다문화 사회로 분류하는데, 외국인 증가세를 감안할 때 한국은 올해 다문화 사회에 진입할 전망이다.

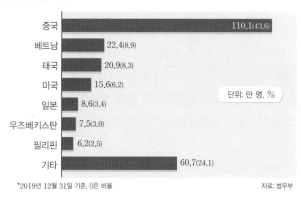

*2019년 12월 31일 기준. ()은 비율   자료: 법무부

국적별로는 중국이 110만1782명으로 비중(43.6%)이 가장 컸다. 이 가운데 70만1098명은 한국계 중국인(조선족)이었다. 이어 베트남 22만4518명(8.9%), 태국 20만9909명(8.3%), 미국 15만6982명(6.2%), 일본 8만6106명(3.4%) 등의 순이었다. 최근 5년 동안 중국과 미국 출신이 차지하는 비율은 줄어들고 동남아시아와 중앙아시아 출신이 늘어났다.

체류 외국인 유형 중에선 취업을 목적으로 한국을 찾는 젊은 외국인이 많은 것으로 알려졌다. 지난해 취업 자격 체류 외국인은 총 56만7261명이었다. 단순 기능 인력이 91.8%, 전문 인력은 8.2%였다. 결혼 이민자는 전년 대비 4.3% 증가한 16만6025명을 기록했다. 이중 82.6%가 여성이었다. 외국인 유학생은 18만131명으로 2018년에 비해 12.1% 증가했다. 연령으로 따지면 30대(66만4515명)와 20대(65만33명)가 전체 체류 외국인의 52%로 과반을 차지했다.

– 출처: 통계청 블로그. 2020. 11. 18.(https://post.naver.com/viewer/postView.naver?volumeNo=30006165&memberN
    o=608322&vType=VERTICAL, https://blog.naver.com/hi_nso/222147757963)
– 한국경제. 2020. 4. 13.(https://news.naver.com/main/read.naver?oid=015&aid=0004323063)

자료 2

국기에 대한 맹세

수정 전	수정 후
나는 자랑스런 태극기 앞에 조국과 민족의 무궁한 영광을 위하여 몸과 마음을 바쳐 충성을 다할 것을 굳게 맹세합니다.	나는 자랑스러운 태극기 앞에 자유롭고 정의로운 대한민국의 무궁한 영광을 위하여 충성을 다할 것을 굳게 다짐합니다.

자료 3

국내에 사는 외국인들은 집단으로 모여 사는 경향이 있다. 미국 로스앤젤레스에 '코리아 타운'이 있듯이 국내에도 다문화촌이 형성되어 있다. 출신 국가별로 모이면서 '△△타운' '△△마을'이라는 명칭도 붙었다. 이곳에서는 자신들만의 독특한 문화를 유지하고 있다. 한국 문화와 활발하게 교류하는 곳이 있는 반면, 폐쇄적인 문화가 형성된 곳도 있다. 일부 지역에서는 '외국인 타운'이 지역의 관광 상품이 되고 있다. 현재 전국 곳곳에 형성된 외국인 타운은 어디이고, 어떤 특색이 있을까.

● 무슬림 · 아프리카 타운(서울 용산구 이태원)
서울시 용산구 이태원동은 한국의 '다문화 종결지'이다. 원래는 영어권 사람들이 주류를 이루었으나 용산 미군 기지가 이전하면서 문화권이 바뀌고 있다. 이태원 상권의 침체가 맞물리면서 영어권 사람들이 하나 둘 떠나고, 그 자리에 이슬람권 사람들과 아프리카인들이 모여들었다. 지금의 이태원에서는 무슬림과 아프리카인들이 주류라고 할 수 있다.

이곳에 '무슬림 타운'이 형성된 것은 국내 최대의 이슬람 사원이 이태원동에 있기 때문이다. 장후세인 한국이슬람교중앙회 출판 담당자(남·39)는 "이슬람 사원 근처에만 5백여 명의 무슬림이 거주하고 있으며, 예배가 열리는 금요일에는 약 7백명이 넘는 무슬림들이 이태원 일대에 모여 '무슬림 타운'을 형성한다."라고 전했다. 그러면서 자연스럽게 무슬림 마트, 무슬림 베이커리, 무슬림 식당이 늘어났다. 그 밖에도 무슬림이 운영하는 휴대전화 판매점, 의류 상점, 전자 제품 가게가 들어서는 등 아랍 상권은 점점 확대되고 있다.

아프리카 타운은 경찰 이태원 지구대 뒤쪽을 중심으로 형성되었다. 이곳의 주류는 나이지리아인들이다. 지난해 말을 기준으로 용산구에 등록된 나이지리아인은 6백5명에 이른다. 이태원에 거주하는 나이지리아인 대다수는 원단·자동차·가죽·의류 무역에 종사한다. 10년 전 한국에 온 쭈꾸 씨(나이지리아인)는 "다양한 외국인이 모이는 지역이라는 점과 주한 나이지리아 대사관이 가까이 있다는 점이 이태원이 살기에 좋은 점이다."라고 말했다. '아프리카 거리'로 통하는 이화 시장길에는 아프리카 음식점을 비롯해, 건물 한 층 전체가 아프리칸 식료품점·이발소·의류점으로만 채워진 곳도 있다.

● 중앙아시아촌(서울 동대문구 광희동)

서울시 동대문구 광희동은 한국 최대의 중앙아시아촌이다. 주말이면 러시아, 우즈베키스탄, 키르기스스탄, 카자흐스탄, 몽골에서 온 이주 노동자들과 보따리 무역상 수백 명이 이곳에 모여들어 북새통을 이룬다. 골목마다 몽골 거리, 우즈베키스탄 거리, 러시아 거리가 따로 있을 정도이다. 광희동에는 러시아어와 몽골어 간판이 한국어 간판만큼이나 많다. 골목 깊숙한 곳으로 들어가면 중앙아시아인들을 위한 마트와 음식점들이 늘어서 있다.

● 김해 외국인 타운(경남 김해시 서상동)

경남 김해시 서상동은 '김해시의 이태원'으로 불린다. 서상동은 최근 '외국인 거리'로 지정되어 특화 거리로 발전하고 있다. 김해시에 사는 1만여 명의 외국인들은 주로 김해시 외곽 주촌면, 한림면의 공단에서 일한다. 주말에 서상동을 찾는 외국인은 2천여 명에 달한다.

외국인 노동자들이 유난히 서상동에 몰리는 것은 이곳에 '김해외국인근로자센터'가 있기 때문이다. 김해외국인근로자센터는 부산 경남 지역에서 유일한 외국인 지원 센터이다. 센터에서는 교육

프로그램을 진행하는 것을 비롯해 중국 국경절, 필리핀 독립 기념일, 베트남 독립 기념일, 태국 송크란 행사, 몽골 나담 축제 등 다양한 국가별 공동체 행사를 주최한다. 참여율도 높다. 문화 행사가 열릴 때마다 100여 명의 외국인이 참여한다.

● 북유럽 타운(경남 거제시)

'조선'의 도시 거제시에는 대우 조선 해양 조선소와 삼성 중공업 조선소가 있다. 거제시에 8천여명의 외국인이 사는 이유이다. 거제시에 사는 외국인 중에는 한국 조선소에 파견 나와 있는 외국인 선주·선급 직원들이 많다. 이순환 거제시청 직원은 "노르웨이가 조선 분야로 선진화된 나라이기 때문에 선주·선급 노르웨이 직원들이 많이 와 있다."라고 설명했다.

거제시 옥포 1동에 있는 옥포 국제학교에는 1백30명의 외국인 학생이 재학하고 있다. 1989년 '대우 외국인학교'로 출발한 이 국제 학교의 입학 1순위 자격은 '외국인 선주·선급의 자녀이다. 30개국 출신 외국인 학생이 재학하고 있는 옥포 국제학교에는 노르웨이인, 영국인, 인도인 학생이 많고, 스웨덴인, 미국인, 캐나다인 학생이 그 뒤를 잇는다.

– 출처: 시사저널(http://www.sisajournal.com), 2011. 1. 24.
– http://www.sisajournal.com/news/articleView.html?idxno=131221

자료 4

66만 746명. 2017년 국내 거주 중국 동포 숫자다. 대림동에 거주하는 이들은 1만 3792명이었다. 이들이 당시 영화 '청년 경찰' 때문에 분노했다. 자신들을 비하했다는 이유에서이다.

2017년 개봉 후 560만 관객을 모은 '청년 경찰'은 박서준·강하늘이 연기한 두 경찰대생이 눈앞에서 목격한 납치 사건에 휘말리면서 벌어지는 이야기를 그린 코믹 수사물이다. 하지만 이 영화는 대림동을 강도·납치를 비롯해 장기 밀매, 난자 적출 등 강력 범죄의 소굴로 묘사했다.

특히 대림동을 향한 "이 동네 조선족들만 사는데 밤에 칼부림도 많이 나요. 여권 없는 범죄자들도 많아서 경찰도 잘 안 들어와요. 웬만해선 길거리 다니지 마세요." 등의 대사는 중국 동포들을 바로 자극했다. 이들은 상영 중지 가처분 신청을 제기했고, 일부 동포들은 1억원의 손해 배상 청구 소송을 냈지만, 1심에서 패소했다.

3년이 지난 2020년 3월 서울 중앙지법은 중국 동포 김모 씨 외 61명이 영화 '청년 경찰' 제작사 무비락을 상대로 낸 손해 배상 청구 소송 항소심에서 화해 권고 결정을 내렸다. 예술 작품 속 혐오 표현에 법적 책임을 인정한 첫 사례다. 제작사는 결국 중국 동포들에게 사과문을 전달했다.

영화 속 중국 동포를 향한 혐오 표현 논란은 이번이 처음이 아니다. 680만명을 모은 '범죄 도시'에서 조선족들은 무자비한 조직 폭력배였고, '신세계'와 '황해'에서는 잔혹한 청부 살인범으로 등장했다. '차이나 타운'에서는 채무자의 장기를 매매하는 폭력 조직 일원으로 중국 동포가 등장하고, '공모자들'은 직접적으로 중국 동포를 거론하지는 않았지만, 누가 봐도 이들이 연계되어 있음을 알 수 있는 스토리였다.

특히 '범죄 도시'는 '청년 경찰'이 중국 동포 혐오 표현 논란에 휩싸인 그 해에 선보이면서 주목을 받았다. 다만, 이 영화는 2004년 실제 벌어졌던 중국 동포 사건을 모티브로 했고, 주민들이 형사와 함께 형사와 악인들을 잡는다는 설정으로 더 큰 논란을 키우진 않았다.

법원의 판결 소식이 알려지자 온라인은 시끌시끌했다. 적잖은 이들이 판결에 부정적인 목소리를 냈다. 중국 동포에 대한 부정적 인식과 더불어, 판결 논리대로라면 영화에서 그 어떤 존재도 부정적으로 표현할 수 없다는 주장까지 나왔다. 자칫 예술에서 표현할 수 있는 자유를 위축시킬 수 있다는 것이다. 그러나 표현의 자유가 보장된다 할지라도 다뤄지는 대상이 누구냐에 따라서 사회적 문제가 될 수 있다는 전문가들의 주장 역시 설득력을 얻고 있다. 여기에 영화가 가진 영향력까지 따져야 한다.

중국 동포 측 법률 대리인은 공중파 라디오에 나와 '사회적 약자' 보호에 주목했다. "예술 작품 속 표현의 자유가 넓게 인정돼야 하는 부분은 원칙적으로 타당하다. 하지만 혐오 표현의 대상이 권력이 없는 소수집단이 경우 문제가 된다. 소수자나 힘없는 사람들에 대한 혐오 표현은 결국 그 사람들에게 더 열악한 차별을 가져올 수 있는 위험이 있다."고 설명했다. 이어 "한국 사회에서 '이주민에 대한 차별이나 인종차별이 문제다' 혹은 '이걸 개선해 보자' 이런 움직임이 부족한 것은 사실"이라고 지적했다.

이에 대해 한국영상콘텐츠산업연구소장도 "표현의 자유가 보장되어야 하는 건 맞지만 영화를 만들 때 '혐오 표현'에 대해 신중하게 생각해야 한다. 허구적 이야기라고 알고 보는 사람들도 있지만, 그렇게 받아들이지 않는 사람도 있기 때문"이라며 "혐오 표현을 가볍게 생각하면 더 자극적인 장면이 담길 수 있다. 제작사나 감독은 영화가 개봉해서 사회에 미치는 영향도 고려해야 한다."고 말했다.

- 출처: 조선족 혐오 논란 '청년 경찰'의 사과, 어떻게 봐야 하나. 데일리안. 2020. 06. 20.(https://www.dailian.co.kr/news/view/899019)

[서술형 1] 〈자료 2〉에서 국기에 대한 맹세가 수정된 사회적 배경을 〈자료 1〉을 바탕으로 추론하여 쓰시오. (2점)

[서술형 2] 〈자료 3〉의 신문 기사의 제목을 '문화'를 넣어 만들어 봅시다. (2점)

[서술형 3] 〈자료 3〉과 〈자료 4〉를 통해서 다문화 사회로의 변화의 긍정적인 측면과 부정적인 측면을 각각 30자 이내로 서술하시오. (4점)

[서술형 4] 〈자료 4〉에서 밑줄 친 법원의 화해 권고 결정에 대한 자신의 의견을 '표현의 자유'와 '사회적 소수자 보호'를 넣어서 400자 이내로 서술하시오. (5점)

┌─────〈 조건 〉─────┐
- 첫 번째 문장에 자신의 의견을 전체적으로 요약하는 글을 적을 것.
- '표현의 자유'와 '사회적 소수자 보호'를 넣어서 글을 전개할 것.
- 350자 이상 되어야 하며, 400자가 넘을 때 감점함.
└─────────────────┘

　　1차시 평가 영역에 대한 다문화 사회의 이해에 관련된 모둠 활동은 다음과 같다. 이러한 모둠 활동은 학습자들의 다문화 사회에 대한 서술형·논술형 평가와 관련하여 다양한 브레인스토밍 과정이 될 수 있고, 모둠 내에서 학습자 간의 다양한 의사소통 과정을 통해 공동체적 역량, 문제 해결 능력, 의사 결정 능력, 자기 존중 및 대인 관계 능력을 함양시킬 수 있다. 서술형·논술형 평가와 모둠 내의 다양한 미션 수행은 서로 연계되어 다문화 사회의 이해를 더욱 도모할 수 있는 시너지 효과를 발생시킬 수 있다. 또한 1, 2개 학급에 대한 서술형·논술형 문항을 적용한 후에 혹시 난이도와 흥미도를 파악한 후, 모둠 활동의 내용과 호환할 수 있어서, 서술형·논술형 문항을 제작할 때, 모둠 활동과 연계하여 교수 학습 자료를 개발하면 매우 유용하다.

전지적 다문화 시점

1. 『두 도시 아이 이야기』의 두 도시의 아이의 이야기를 정리해 봅시다.

	서울의 '나'	다낭의 '나'
공통점		
차이점		

2. '국기에 대한 맹세'의 수정 전과 후를 비교해 보고, 수정된 사회적 맥락을 추론해 보자.

수정 전	수정 후
나는 자랑스런 태극기 앞에 조국과 민족의 무궁한 영광을 위하여 몸과 마음을 바쳐 충성을 다할 것을 굳게 맹세합니다.	나는 자랑스러운 태극기 앞에 자유롭고 정의로운 대한민국의 무궁한 영광을 위하여 충성을 다할 것을 굳게 다짐합니다.

• 수정된 사회적 맥락:

3. 다문화 사회의 긍정적인 면과 부정적인 면의 객관적인 자료를 조사해 보자.
   – 자료 참고: 통계청, 법무부, 보건복지부, 여성가족부 등등

	객관적인 자료
긍정적인 면	
부정적인 면	

- -

• 모둠 활동의 자료

■ 다음 〈자료 1〉~〈자료 3〉을 읽고 각 물음에 답하시오.

자료 1

　문화적 차이에 따른 갈등을 방지하고 사회 통합을 실현하기 위한 다문화 정책은 크게 두 가지로 구분할 수 있다. 용광로(멜팅 팟, melting pot) 정책은 다양한 문화를 융합하여 하나의 정체성을 갖는 국가를 만들고자 한다. 반면, 샐러드 볼(salad bawl) 정책은 다양한 문화를 최대한 보장함으로써 서로 다른 문화가 각각의 정체성을 유지하면서 조화를 이루는 국가를 만들고자 한다.

　공통의 정체성과 문화 다양성 중 어느 것이 사회 통합에 유리한지에 대해서는 논란이 있다. 용광로 정책은 (가)_____라는 점으로 비판을 받았다. 이에 따라 최근에는 (나) _____라는 점으로 샐러드 볼 정책이 부각되고 있다.

- 출처: 2015 개정 교육과정 「통합사회」(지학사 출판사).

자료 2

　TV 예능 프로그램, 유튜브에 다문화 배경의 사람을 주인공으로 한 프로그램이 여럿이다. '외국인'이 한국적인 것을 이해하면 감탄하고 좋아하는 한국인의 모습. 적잖은 한국인이 이를 흐뭇하게 바라보거나 적극적으로 즐기지만, 과연 이주민 역시 그럴까.

　서울 종로구 전태일 기념관에서 '사소하지 않은 차별'이라는 제목의 토크쇼가 열렸다. 민주 언론 시민 연합이 주최한 토크쇼는 이주민의 눈으로 한국의 다문화 예능, 교양 프로그램을 바라봐 우리 안에 내재한 차별 의식을 되새기자는 취지로 마련됐다.

　"처음에는 ㉠'한국사람 다 됐다'는 말을 칭찬으로 받아들였어요. 한국에 오래 살면서 이런 얘기를 많이 듣다보니, '나는 나인데 꼭 한국사람이 돼야 하는가?' 싶은 생각이 들어요. 무언의 압력을 받는다고 느낀 달까요. 저는 매운 음식을 잘 못 먹는데, 이런 분위기(매운 걸 먹어야 인정받는다는 분위기) 때문에 종종 오해를 받을 때가 있는 것 같아요."

　한국에서 고교생 두 자녀를 둔 일본인 A 씨는 한국인의 '동화주의'에서 폭력성을 가끔 느낀다. 고교생과 중학생 두 자녀를 키우는 스리랑카 B 씨 역시 마찬가지다.

　"그런 말씀을 하는 분들의 칭찬하는 마음을 알아요. 재미를 추구하는 방송의 속성도 이해하고요.

하지만, 방송은 우리 사회의 다양한 모습을 담아야 한다고 생각해요. 저는 이주민 1세가 될 테고, 제 자녀는 2세인데, 1세에게 취하는 태도가 2세에게도 그대로 내려와요. 답도 항상 같아야 하죠. 저는 한국에 산지 20년 되는데, 여전히 아이와 함께 있으면 '김치 잘 먹는다'는 말을 들어요. 다문화를 당연하게 받아들이고, 다양성을 인정할 필요가 있다고 생각해요."

민주언론시민연합의 대표는 한국인의 동화주의 문제점을 지적했다. "한국 동화주의의 문제점은 공표하지 않는다는 것이다. 겉으로는 '한국이 다문화 사회를 표방한다.'고 하면서 실은 동화주의를 채택한다. 순혈적 한민족이라는 의식을 놓지 못한 상황에서, '너희 외모는 다르지만, 한민족의 문화와 관습을 따르라.'는 관념이 저변에 깔린 것 같다."고 그는 전했다

예를 들면, 대표는 특히 혼인 이주 여성에게 명절 제사 문화를 강요하는 것은 차별이라고 지적했다. 한국의 제사 문화는 유교 의례다. 필리핀에서 이주한 가톨릭 신자, 스리랑카에서 이주한 불교도나 무슬림에게 이는 타종교 강요 행위다. 정 대표는 "한국의 다문화 센터가 명절마다 언론에 홍보하는 모습이 이주민 여성에게 한복을 입힌 후 제사를 가르치는 모습"이라며 "강력한 차별"이라고 지적했다.

— 출처: https://www.pressian.com/pages/articles/266064?no=266064&utm_source=naver&utm_medium=mynews#0DKU. 프레시안(http://www.pressian.com)

자료 3

모자이크의 나라, 다문화 천국 캐나다

캐나다는 다민족 국가 중에 대표적인 모자이크 문화의 성공한 국가로 인정받는다. 1971년에 세계 최초로 다문화주의를 국가 정책으로 도입하고, 1988년에는 다문화주의법이 발효되었다. 또한, 캐나다 헌법 권리자유헌장 제27항에 다문화 유산을 보호하고 강화할 것을 명시하고 있다. 캐나다도 20세기 전반까지는 과거 미국과 같이 이민자 그룹을 용광로(melting pot)처럼 주류 문화에 동화(assimilation)시키려는 정책을 썼으나, 현재는 각자 특유의 문화와 정체성을 유지하면서 통합(integration)과 조화를 이루는 ⓒ모자이크(mosaic) 사회를 지향하는 것이다. 사실 미국이나 다른 영어권 나라 같은 경우, 이민자는 영어를 필수로 유창하게 해야 한다는 강박 관념이 있다. 캐나다는 반면 각 나라의 언어를 인정해서 국가 시험의 경우 공식 언어인 영어, 불어를 사용하지만 그 밖의 운전면허 같은 시험은 각 나라 언어별로 시험이 가능하다. 이처럼 개별 문화를 가능한 인정하고 지켜주려고 한다. 시청, 교육청 같은 공공 기관에는 언어별 담당자를 따로 두어서 영어를 몰라도 생활하는 데 불편하지 않도록 한다.

캐나다 연방 정부는 이민 정책을 초점으로 이민자를 위한 이민부(部)와 문화유산부를 운영하고 있다. 문화유산부의 경우 이민자가 자신이 태어난 국가에서 배운 문화를 최대한 존중받고, 캐나다에서 민주 시민 의식을 키울 수 있는 여러 프로그램을 제공하고 있다. 캐나다는 연방 정부가 적극적으로 나서 시민 사회와 함께 이민자의 상황에 맞는 서비스를 제공하고 있는 것이다. 특히 이민부와 문화유산부가 13개 주정부와 산하 시청, 모자익 같은 이민자 지원 NGO 간 긴밀한 협력 시스템을 구축했다. 이를 바탕으로 정교하고 체계적인 이민 정착 프로그램을 실시하고 이민자들의 만족도를 높이고 있다. 이민 온 사람을 대상으로 취업 프로그램과 영어 교육, 가족 프로그램, 통·번역과 정착 서비스 등을 실시간으로 제공해 이민자의 현지 적응에 절대적인 역할을 하고 있다.

주목할 부분은 캐나다 연방 정부와 각 주정부가 추진해 온 이민 교육 정책이다. 이민 2세들이 학교 현장에서 다양한 인종과 함께 조화롭게 활동하며 미래 캐나다의 국가 경쟁력을 높이는 주역으로 지원을 받는 점이다. 학교에서는 정규 수업은 영어와 프랑스어로 이루어지지만, 방과 후 수업은 모국어로 들을 수 있다. 또한 세계 여러 종교에 대해서 가르치고, 해마다 여러 나라의 문화를 소개하는 축제를 벌여 다른 문화의 장점과 사고방식, 예절을 배운다.

- 출처: (113) 다문화가 꽃핀 모자이크 사회-캐나다|작성자 다람끼
- 출처: 2020. 11. 21(토) – "멜팅팟" 문화 vs "모자이크" 문화?|작성자 달고나
- 출처: 정부·NGO '모자익(대표적 이민자 정착 기관)' 체계적인 이민 정착 프로그램 운영

서술형 평가 2

[서술형 1] (가)와 (나)에 들어갈 적절한 내용을 〈자료 2〉와 〈자료 3〉을 참고하여 추론하시오. (4점)

[서술형 2] 〈자료 2〉의 밑줄 친 ㉠"한국 사람 다 됐네"의 의미를 다문화 사회의 측면에서 긍정적인 면과 부정적인 면을 나누어 서술하시오. (3점)

[서술형 3] 〈자료 3〉의 밑줄 친 캐나다의 ㉡모자이크 사회를 '용광로 정책'과 '샐러드 볼 정책' 개념을 사용하여 평가하시오. (2점)

협동 학습으로 완성하는 세계 다문화 정책 회담

협동 학습은 공동 목표를 가지고 등등한 구성원으로서 서로 긍정적으로 상호 의존하는 구조화된 상황 속에서 학습하는 모형이다. 그러므로 구성원이 가진 다양한 문화적 차이가 학습에 방해가 되는 것이 아니라 오히려 풍부한 자원으로서의 역할을 한다. 즉, 협동 학습은 다양한 문화적 차이를 인정해 줌으로써 학생들에게 문화적 정체성을 갖게 할 뿐만 아니라, 학습에 동등하고 적극적으로 참여하여 소집단에 기여할 수 있는 기회를 갖게 한다. 다문화 사회의 가치와 지향점이 일치하므로, 협동 학습 적용을 권장한다.

(1) **집단 탐구 모형(GI: Group Investigation)**
   ① 6명으로 4개의 팀 구성
   ② 탐구 주제 제시(대한민국 안산, 호주 시드니, 캐나다 토론토, 프랑스 파리)
   ③ 팀별로 하위 주제 선정
   ④ 탐구 계획 수립 및 역할 분담
   ⑤ 소집단별 탐구 실행 및 발표 준비
   ⑥ 발표(4개의 팀이 각각의 나라와 도시의 다문화 정책을 발표함.)
   ⑦ 활동 평가

(2) **JigsawⅡ 모형**
   ① 4명의 이질적인 학생들로 6개의 소집단 구성
   ② 학습 과제(세계의 다양한 다문화 정책)를 소주제로 나눈 후 스스로 분담하게 함.)
   ③ 같은 소주제를 맡은 학생들끼리 소주제 연구: 전문가 그룹(안산 집단, 시드니 집단, 토론토 집단, 파리 집단)
   ④ 모집단으로 돌아가 다른 구성원들에게 자신이 맡은 도시의 다문화 정책을 소개함.
   ⑤ 4개의 용광로 정책, 샐러드 볼 정책에 대해 비교 분석함.
   ⑥ 회담 각본 구성하기
   ⑦ 활동 평가

■ 다음 〈자료 1〉~〈자료 3〉을 읽고 각 물음에 답하시오.

자료 1

덴마크의 한 여행사가 내놓은 영상을 선보여 엄청난 호응을 얻고 있다. '렛츠 오픈 아워 월드 프로젝트(Let's open our project)'. 여행사 모모도는 67명의 다인종 다국적 사람들을 선별하여 흥미로운 실험을 실시한다. DNA 검사를 통해 '나'의 뿌리를 찾아보는 것이다.

대부분의 참가자들은 자신의 '국적 또는 자신의 출생국'에 자부심을 보였고, 정체성에 대해 강한 확신을 갖고 있었다. 싫어하는 특정 국가에 대해서도 서슴없이 말한다. '독일'을 싫어한다고 말하는 영국 토트넘 출신의 제이에게 독일을 싫어하는 이유를 묻자, 윗 세대가 겪은 전쟁 때문이라고 답한다. DNA로 당신의 뿌리를 찾아보겠다고 말하자, 이렇게 반문한다. "제가 모르는 걸 어떻게 알려준다는 거죠?" 2주 후, DNA 분석 결과를 듣기 위해 실험 참가자들이 다시 모였는데, 참가자들 대부분은 큰 충격에 휩싸이고 말았다.

"영국 30퍼센트, 5퍼센트 독일."

"제가 아이리쉬라고요?"

"전 그럼 무슬림 유대인이네요."

"영국 11퍼센트. 이게 진짜 제 것 맞아요?"

한 참가자는 이 세상 모두가 이 실험에 참가할 것을 제안한다.

"저의 생각이 좀 지나칠 수도 이 실험을 모든 사람들에게 실시해야 한다고 생각해요. (자신의 뿌리를 알게 된다면) 극단주의자들도 사라질 것이고 '순수 혈통'을 믿는 사람도 존재하지 않겠죠."

㉠순수 혈통, 단일 민족이라는 개념에 물음표를 던진 이 실험은 유튜브에서 화제가 되었고 지금도 SNS를 통해 계속 퍼져나가고 있다.

다른 사람들을 판단하기 전에 DNA 검사를 통해 자신이 누구인지 알 필요가 있다. 그래야만 다른 국적을 배척하는 무지를 막을 수 있다

"신선한 실험이 세상 사람 모두에게 던진 강렬한 질문!

우리에게도 같은 질문을 던져볼 수 있다.

여러분은 몇 퍼센트 한국인이십니까?"

– 출처: 〈뉴스G〉 당신은 100% 순수 한국인입니까? |작성자 황지미꼴 김이진 작가 ebsnews@ebs.co.kr / EBS NEWS

어떤 사람이 한국인일까? 한국인 부모님에게서 태어나 한국에서 거주하고, 한국 국적을 갖고, 한국어를 사용하고 한국 문화를 누리며, 한국의 법을 지키는 사람은 당연히 한국인이겠지만, 한국인 부모님 사이에서 태어나 미국에서 거주하는 한국어를 사용할 줄 모르는 사람은 어떠한가? 다른 나라 부모님에게서 태어나 다른 외모를 지녔지만, 한국에서 거주하며 한국어를 사용하는 사람이 한국인인가? 아니면 외국인인가? 구체적으로 한국인, 그 나라의 국민이라는 것은 무엇일까? 이러한 것을 알 수 있는 지표는 바로 '국민 정체성'이다. 이 지표는 출생, 조상, 혈연, 문화적 전통 계승, 국적, 언어 능력, 사회 공헌 등의 항목을 통해 다양한 이주민들이 해당 국가의 국민으로 실질적으로 수용될 수 있는 가능성을 파악할 수 있다. 여성가족부는 2012년, 2015년, 2018년에 대규모의 성인과 청소년을 표집하여 국민 정체성, 즉 국민됨(nationhood)의 조건에 대한 국제조사지표 ISSP의 조사를 실시하였다.

〈국민 정체성 기준별 중요성 국제 비교〉

	성인(%)			청소년(%)		
	2012년	2015년	2018년	2012년	2015년	2018년
1. 한국에서 태어나는 것	82.7	74.1	66.9	46.5	43.0	39.3
2. 한국인 조상을 가지는 것	86.6	73.3	71.1	40.1	32.3	25.5
3. 아버지가 한국인인 것	88.2	78.8	72.6	53.0	44.7	36.5
4. 어머니가 한국인인 것	87.4	77.6	72.5	52.3	43.8	36.5
5. 생애의 대부분을 한국에서 사는 것	77.7	70.8	66.9	56.3	55.4	51.7
6. 한국의 문화적 전통을 이어가는 것	90.6	83.1	80.8	63.8	59.0	48.4
7. 한국어를 할 수 있는 것	90.7	89.3	88.1	81.7	79.3	76.9
8. 한국의 정치 제도와 법을 존중하는 것	90.7	90.0	91.7	78.8	76.1	80.0
9. 한국인임을 느끼는 것	93.4	90.5	92.0	87.2	83.7	80.3
10. 한국 국적을 갖는 것	91.5	89.1	91.3	73.5	73.8	72.8
11. 한국의 정치·경제·사회·문화 발전에 기여하는 것	91.5	83.2	88.1	65.3	60.6	59.8

- 출처: 여성가족부. 2012~2018. 국민 다문화수용성 조사 연구.

한국인 조상을 가지는 것, 아버지가 한국인인 것, 어머니가 한국인인 것은 매우 혈통적인 요인이며, 여기에 한국에서 태어나는 것을 포함하면 귀속적인 요인이다. 나머지 5번부터 11번까지 항목은 후천적이고 획득적인 기준이며, 특히 8번, 10번, 11번 항목은 매우 정치적 요인이며, 6번과 7번은 매우 문화적인 요인이라고 할 수 있다.

2012년부터 2018년까지의 성인과 청소년의 추이를 살펴보면, 혈통적인 요인은 매우 감소하고, '한국인임을 느끼는 것', '한국의 정치 제도와 법을 존중하는 것' 등에 매우 강한 찬성 정도를 보이고 있다. 성인의 경우 1번부터 4번(한국에서 태어나는 것, 한국인 조상을 가지는 것, 아버지가 한국인인 것, 어머니가 한국인인 것, 생애의 대부분을 한국에서 사는 것 등)까지에 매우 높은 정도의 찬성을 보이고 있으나 상대적으로 이러한 조건에 대해 청소년의 경우는 비교적 낮은 정도의 찬성으로 나타났다. 2018년 청소년의 결과를 분석해 보면, ©'한국인임을 느끼는 것', '한국의 정치 제도와 법을 존중하는 것', '한국어를 할 수 있는 것' 순으로 높게 파악되었다.

– 출처: 2018년 여성가족부 국민 다문화수용성 조사 보고서 중 내용 발췌하여 작성

자료 3

눈이 크고 얼굴이 까만
나영이 엄마는
필리핀 사람이고,

알림장 못 읽는
준희 엄마는
베트남에서 왔고,

김치 못 먹어 쩔쩔매는
영호 아저씨 각시는
몽골에서 시집와

길에서 마주쳐도
시장에서 만나도
말이 안 통해
그냥 웃고만 지나간다.

이러다가
우리 동네 사람들 속에
어울리지 못하면 어쩌나?

그래도 할머닌
걱정 말래.

아까시나무도
달맞이꽃도
개망초도
다 다른
먼 곳에서 왔지만
해마다 어울려 꽃피운다고.

– 정진숙, 「걱정마」

> 몇 년 전까지 초등학교 4학년 교과서에 실려있던 시 「걱정마」이다. 이 시는 논쟁 끝에 지금은 교과서에서 빠져 있다. 이 시를 빼야 한다고 주장한 사람들은 ©_____ _____. 따라서 다문화 사회의 구성원에 대해 부정적인 인식을 갖게 될 가능성이 많다고 주장한다. 그러나 개정판에서도 이 시를 실을 수 있다고 주장한 사람들은 현실의 모습을 있는 그대로 드러낸 글에서 지나치게 예민한 반응을 보이는 것이며, 이 시의 주제는 ®_____에 있기 때문에 충분히 실릴 수 있다고 주장했다.

서술형 평가 3

[서술형 1] 〈자료 1〉을 통해서 ㉠의 긍정적인 면과 부정적인 면을 각각 쓰시오. (4점)

[서술형 2] 〈자료 2〉의 ㉡과 같이 나온 이유를 2가지 근거를 들어 추론해 보자. (4점)

[서술형 3] 〈자료 3〉의 ㉢과 ㉣에 들어갈 내용을 추론하여 각각 50자 이내로 적으시오. (4점)
　　　　　– 조건: ㉣은 시의 주제에 해당하는 부분을 시에서 인용하고, 이를 활용하시오.

슬기로운 다문화 생활

1. 한국인 찾기 프로젝트 : 누가 가장 한국인일까?

<table>
<tr>
<td>

• 김안나(15세, 여)
- 한국인 부모님
- 외국에서 태어나서 15년간 거주
- 한국어 사용
- 한국 문화와 외국 문화를 비슷하게 여김.

</td>
<td>

• 오쿠(15세, 여)
- 몽골인 부모님
- 한국에서 태어나서 15년간 거주
- 한국어 사용
- 한국 문화를 가장 편안하게 여김.

</td>
</tr>
<tr>
<td>

• 리상혁(15세, 남)
- 부모님과 함께 탈북에 성공함.
- 북한에 10년 거주 남한에 거주한 지 5년 지남
- 남한 문화에 적응하는 중

</td>
<td>

• 박예원(15세, 여)
- 아버지 한국인, 어머니 필리핀
- 한국에서 태어나서 15년간 거주
- 한국어 및 영어 사용
- 한국 문화를 가장 편안하게 여김.

</td>
</tr>
<tr>
<td>

• 안선아(15세, 남)
- 조선족 부모님(부모님 국적은 중국인)
- 한국에서 태어나서 15년간 거주
- 중국어와 한국어 모두 사용
- 외국인 거주
- 한국 문화와 중국 문화 비슷하게 여김.

</td>
<td>

• 빌리 크레이그(15세, 남)
- 미국인 아버지, 어머니 한국인
- 미국에서 태어나서 5년, 한국에서 10년 거주
- 한국어와 영어 모두 사용
- 미국 문화를 가장 편안하게 여김.

</td>
</tr>
</table>

■ 정리해 봅시다.

1. 국적이 한국인인 사람이 한국인인가?
2. 외모가 한국인인 사람이 한국인인가?
3. 한국어를 사용하는 사람이 한국인인가?
4. 혈통이 한국인이면 한국인인가?
5. 한국 문화를 즐기면 한국인인가?
6. 한국인과 비한국인을 구별 짓기의 필요성

2. 슬기로운 다문화 생활을 위한 태도 갖추기

	내가 실천할 수 있는 사례
피하자! 소극적으로 주의할 점	
알리자! 적극적으로 노력할 점	

■ 다음 〈자료 1〉~〈자료 3〉을 읽고 각 물음에 답하시오.

자료 1

　우리는 매일 여러 가지 선택지들 속에서 고민과 결정을 반복하며 살고 있습니다. 아침에는 어떤 옷을 입을지, 점심 시간에는 식사를 마친 뒤 무엇을 할지, 저녁에는 어떻게 시간을 보낼지 결정하죠. 매순간 결정의 연속 속에서 결정을 쉽게 하는 사람도 있지만, 결정하는 것을 어려워하는 사람도 있습니다.

　최근 결정하는 것을 어려워하는 사람을 이르러 '결정 장애'라 하는 신조어가 생겼습니다. 친구들과 식사 메뉴를 결정하는 순간에 '아, 결정 장애 있어서 못 고르겠다.'고 말하는 경우도 빈번하게 볼 수 있습니다. 이렇게 일상 속에서 사용하는 말 안에 혐오 표현이 있다는 것을 알고 계십니까?

　'장애'는 신체나 정신에 기능적인 문제가 있어 활동하는 데 한계가 있는 것을 말합니다. 장애의 유형 중에 결정 장애는 없음에도 불구하고, 재미로 가볍게 사용하는 거라며 결정을 잘 못하는 사람이나 상황을 낮추어 말하기도 합니다. 또한 흑인을 친근하게 부르는 '흑형'이라는 말도 특정 집단에 대한 고정 관념을 강화시키기 때문에 혐오 표현이 될 수 있습니다.

　'극혐'이라는 단어의 사용이 일상화된 요즘, 혐오의 본래 뜻에 대해 먼저 알아보겠습니다. 혐오의 일상적 의미는 무언가를 싫어하고 미워한다는 뜻입니다. 그런데 오늘날 차별의 문제로 제기되는 혐오는 소수자 또는 특정 집단에 대한 부정적 인식, 차별, 그리고 편견과 같은 태도를 담고 있습니다. 이러한 혐오는 말과 글 뿐만 아니라 행동, 복장, 상징물과 같이 다양한 양상으로 나타날 수 있으며, 이를 혐오 표현이라 일컫습니다. 국가인권위는 혐오 표현을 성별, 장애, 종교, 나이, 출신 지역, 인종 등을 이유로 어떤 개인이나 집단에게 모욕, 비하, 멸시, 위협 또는 차별과 폭력을 유도하여 차별을 정당화하고 조장 및 강화하는 효과를 갖는 표현이라고 규정하였습니다. 이러한 혐오 표현은 비단 어제오늘의 일이 아닙니다. "남자가 이런 일로 울면 되겠어?"라는 표현이나 "여자는 얌전하게 있어야지." 등의 표현은 쉽게 경험할 수 있는 성별을 이유로 한 혐오 표현입니다. 이렇게 혐오 표현은 우리의 언어 생활 곳곳에 자리 잡고 빈번하게 사용되고 있습니다.

– 출처: 교육부 포스트(https://post.naver.com/my.naver?memberNo=15194331).

길을 가던 다문화 가정 2세에게 신종 코로나 바이러스 감염증(코로나19) 관련 혐오 발언을 한 50대 남성 2명이 재판에 넘겨져 벌금 100만원의 약식 명령을 받았다. 약식 명령은 혐의가 무겁지 않은 사건에서 공판 없이 벌금이나 과료 등 명령을 내리는 절차다.

A씨 등은 지난해 10월 27일 오후 11시께 인천시 계양구 한 길거리에서 다문화 가정 2세 C씨에게 "야, 코로나!"라며 소리를 지르는 등 혐오 발언을 한 혐의를 받고 있다. C씨 부부는 곧바로 항의했으나 돌아온 건 욕설과 함께 "얘네 다 불법 체류자 아냐?"라거나 "남의 땅에 와서 피곤하게 산다."는 등의 발언이었다.

방글라데시 국적 아버지와 한국 국적 어머니 사이에서 태어난 C씨는 이주 인권 단체 73곳과 함께 이들을 인천 지검에 고소했다.

그는 당시 기자 회견에서 "코로나19로 예민한 시기에 이런 인종 차별을 당하니 인권이 짓밟힌 것 같았다."며 "남들보다 훨씬 더 조심하다가 업무 때문에 처음 외출했는데 이런 일이 생기니 집 밖에 나서는 것조차 두려워졌다."고 호소했다. 이어 "학창 시절에는 혼혈이라는 이유만으로 왕따와 차별을 당했고 '너네 나라로 가라'거나 '피부가 왜 이렇게 까맣냐'는 말에 시달렸다."며 "피부색이 다르다고 차별하는 일을 멈춰달라"고 덧붙였다.

– 출처: https://busan.fnnews.com/news/202108112033129494, 2021. 8. 12.

타인에 대한 혐오와 반감은 온라인에서 더 여과 없이 드러나는 경향이 강하다.

주변 시선이 두려워 쉽게 말을 꺼내기 어려운 오프라인과 달리 온라인에서는 표현의 자유라는 이름 아래 상대방에게 상처를 주는 말을 더 쉽게 내뱉기 때문이다.

그렇다면 한국인은 주변에 있는 외국인을 어떻게 바라보고 있을까? 이들을 언급할 때 어떤 단어를 가장 많이 사용하고 있을까?

최근 인공 지능(AI)에 기반한 빅데이터 업체가 '외국인' 키워드가 들어간 블로그, 트위터, 뉴스 게시글을 분석하였다. 2018년 제주 예멘 난민 이슈가 부각되자 온라인상 난민에 대한 여론도 큰 변화를 보였다.

〈표〉'제주도 예멘 난민' 논란 이전과 이후 '난민'의 감성어

순위	트위터		트위터	
	키워드	빈도	키워드	빈도
1	돕다	7,147	혐오	2,837
2	범죄	6,954	범죄	1,738
3	인정하다	5,466	불법	1,393
4	기부	4,865	반대하다	1,125
5	혐오	3,091	돕다	461
6	폭행	2,938	개판	325
7	희망	2,471	혐오하다	316
8	불법	2,394	거부하다	275
9	착한	2,175	정치적	186
10	정치적	1,949	위협	181
11	정치적	1,949	위협	181
12	인정받다	1,370	우려	161
13	평화	872	해결하다	158
14	포용	789	싫다	158
15	우려	322	갈등	150

　　논란이 발생하기 전 난민 관련 게시글 중 부정적인 내용을 담은 글은 전체 게시글의 62%였으나 5월 이후 부정적 게시글의 비율이 82%까지 치솟았다.

　　구체적으로는 논란 이전 트위터 상 난민 연관어 중 가장 언급량이 많은 단어는 '돕다'(7천147건)였다. 이어 '범죄'(6천954건), '인정하다'(5천466건), '기부'(4천865건), '혐오'(3천91건) 순이었다. 이와 달리 제주도 예멘 난민 사건이 불거진 후, 난민 연관어 순위는 '혐오'(2천837건)가 1위로 올라섰다. 이어 '범죄'(1천783건), '불법'(1천393건), '반대하다'(1천125건) 등의 부정적 언급이 압도적으로 많아졌다.

　　'외국인'과 '혐오'가 동시에 사용된 인터넷 글에서는 '노동자'(999회)와 '난민'(776회)이라는 단어가 가장 많이 등장했다.

한국 사회에 거주하는 외국인 가운데서도 경제적으로 열악하고 자신의 목소리를 당당하게 내기 어려운 약자를 대상으로 혐오의 감정을 많이 드러낸 것으로 보인다.

– 출처: https://www.yna.co.kr/view/AKR20181212155400371. 2018. 12. 16. 연합뉴스.

서술형 평가 4

[서술형 1] 〈자료 1〉~〈자료 3〉을 바탕으로 혐오 표현이 다문화 사회에 어떤 문제점을 발생시킬 수 있는지 정리해 보자. (4점)

[서술형 2] 다문화 사회의 혐오 표현에 대처하기 위한 구체적인 방안을 개인적 측면과 사회적 측면으로 나누어서 써 보자. (4점)

4-5. 채점 기준 작성하기

서술형·논술형 평가 문항에 있어서 채점 기준 작성은 매우 까다로우면서도 중요한 작업이다.

채점 기준을 상세하고 명료하게 설정해 나가고 예시 모범 답안을 작성해 보면서, 다시 평가 문항의 문두나 지시문을 수정할 수 있는 기회가 된다. 서술형·논술형 평가 기준은 우선, 평가 요소별로 점수를 배정하고, 각 평가 요소에 대해서 학생들에게 기대하는 수행 수준을 예시 답안으로 제시해야 한다.

1차시	다문화 사회의 이해

서술형 평가 1-1

■ 〈자료 2〉에서 국기에 대한 맹세가 수정된 사회적 배경을 〈자료 1〉을 바탕으로 추론해 보자. (2점)

이 경우 채점 기준의 핵심은 〈자료 2〉의 변화를 〈자료 1〉을 바탕으로 추론하는 것이다. 국기에 대한 맹세의 변화에는 다문화 사회의 도래 한 가지만의 요인에 의한 것은 아니지만, 〈자료 1〉의 내용이 다문화 사회로 인해 다문화 가정의 비율과 국내 체류 외국인의 비율이 증가한 것을 제시하였으므로, 애국심의 의미나 개인주의 사조의 영향 등의 다른 요인들은 상당히 제외된다. 따라서 이러한 답안은 1점을 부여할 수 있다.

평가 요소	배점	기대 수행
다문화 사회의 이해 (2점)	2점	• 〈자료 1〉의 핵심이라고 할 수 있는 다문화 사회를 언급하면서 다문화 사회로의 변화, 민족 구성의 변화로 인해 국기에 대한 맹세가 변화했음을 작성한 경우 **예시 답안** – 다문화 사회로 인해 민족적 구성이 다양화되면서 국기에 대한 맹세가 변화하였다. – 다문화 사회로 인해 단일 민족 국가라고 할 수 없으므로 국기에 대한 맹세가 변화하였다. – 다문화 사회로 인해 조국이나 민족의 의미가 변화하면서 국기에 대한 맹세가 변화하였다.

	1점	• 〈자료 1〉의 핵심이라고 할 수 있는 다문화 사회를 정확하게 언급하지는 않았지만, 사회적으로 국기에 대한 맹세가 변화한 사회적 맥락을 어느 정도 유사하게 작성한 경우 **예시 답안** – 세계화로 인해 국경의 개념이 약화되면서 국기에 대한 맹세가 변화하였다. – 다원화 되면서 국기에 대한 맹세가 변화하였다. – 애국심의 의미가 변화하면서 국기에 대한 맹세가 변화하였다.
	0점	• 미작성 또는 잘못된 내용을 작성한 경우 **예시 답안** – 산업 사회의 특징 때문에 국기에 대한 맹세가 수정되었다.

■ 〈자료 3〉의 신문 기사의 제목을 '문화'라는 단어를 넣어 만들어 봅시다. (2점)

   문항의 평가 요소는 다문화 사회의 이해 중에서 특히 긍정적인 측면을 표현하는 것이며, 조건은 〈자료 3〉의 신문 기사의 제목을 '문화'를 넣어 만들어 보는 것이고, 학생들의 창의적 사고력을 평가할 수 있는 문항이다.

평가 요소	배점	기대 수행
다문화 사회의 이해 (2점)	2점	• 다문화 사회의 긍정적인 측면이라고 할 수 있는 문화 다양성에 대한 신문 기사의 제목 **예시 답안** – 한국 문화 살찌우는 외국인 도시 – 다양한 문화가 공존하는 외국인 도시
	1점	• '문화'라는 단어는 들어갔지만, 〈자료 3〉의 내용을 포괄하지 못하거나 너무 단순한 제목 **예시 답안** – 외국인 도시 문화 – 외국인 도시의 문화 궁금하다.

| | 0점 | • 미작성 또는 '문화'가 들어가지 않았거나, '문화'가 들어갔지만, 〈자료 3〉의 내용과 상관 없는 제목

예시 답안
– 점점 더 늘어가는 외국인 도시
– 외국인 도시의 문화 파괴 |

■ 〈자료 3〉과 〈자료 4〉를 통해서 다문화 사회로의 변화의 긍정적인 측면과 부정적인 측면을 각각 30자 이내로 서술하시오. (4점)

평가 요소는 〈자료 3〉의 다문화 사회로의 변화의 긍정적인 측면과 〈자료 4〉의 부정적인 측면을 분석하는 것이다.

평가 요소	배점	기대 수행
다문화 사회의 이해 (4점)	4점	• 다문화 사회의 긍정적인 측면과 부정적인 측면을 정확히 파악해서 각각 30자 정도로 작성한 경우 예시 답안 – 다문화 사회의 긍정적인 측면은 문화 다양성이 공존함으로써 문화가 발전할 수 있다는 점이며, 다문화 사회의 부정적인 측면은 우리나라에 체류하고 있는 다양한 외국인 집단과의 갈등이 생길 수 있다는 점이다.
	3점	• 다문화 사회의 긍정적인 측면은 정확히 파악했으나 부정적인 측면은 조금 미흡한 경우 • 다문화 사회의 부정적인 측면은 정확히 파악했으나 긍정적인 측면은 조금 미흡한 경우 예시 답안 – 다문화 사회의 긍정적인 측면은 문화 다양성이 공존함으로써 문화가 발전할 수 있다는 점이며, 다문화 사회의 부정적인 측면은 범죄율이 증가한다는 점이다. – 다문화 사회의 긍정적인 측면은 문화가 섞일 수 있다는 점이며, 부정적인 측면은 우리나라에 체류하고 있는 다양한 외국인 집단과의 갈등이 생길 수 있다는 점이다.

2점	• 다문화 사회의 긍정적인 측면이나 부정적인 측면 중 한 가지만 정확하게 작성한 경우 • 다문화 사회의 긍정적인 측면과 부정적인 측면 모두 조금씩 미흡하게 작성한 경우 예시 답안 – 다문화 사회는 문화가 다양해지면서 문화가 발전할 수 있다. – 다문화 사회는 타집단과 주류 집단간의 갈등이 발생한다.	
1점	• 다문화 사회의 긍정적인 측면이나 부정적인 측면 중 한 가지만 작성했으며, 한 가지를 미흡하게 작성한 경우 예시 답안 – 다문화 사회를 구성원이 다양해져서 위험하다.	
0점	• 미작성 또는 작성한 답안이 오개념을 포함하고 있을 경우 예시 답안 – 다문화 사회는 많은 일이 일어난다.	

■ 〈자료 4〉에서 밑줄 친 법원의 화해 권고 결정에 대한 자신의 의견을 찬성과 반대 중 한 가지를 선택하여 논리적으로 400자 이내로 서술하시오. (5점)

〈 조건 〉

1. 첫 번째 문장에 자신의 의견을 전체적으로 요약하는 글을 적을 것
2. '표현의 자유'와 '사회적 소수자 보호'를 넣어서 글을 전개할 것
3. 350자 이상 되어야 하며, 400자가 넘을 때 감점함.

평가 요소는 다문화 사회의 갈등과 갈등 해결 방안 모색하는 것이며, 조건은 〈자료 4〉에서 밑줄 친 법원의 권고 결정을 바탕으로 '표현의 자유'와 '사회적 소수자 보호'를 넣어서 500자 이내로 서술하는 것이다.

평가 요소	배점	기대 수행
다문화 사회의 이해 (5점)	5점	• 표현의 자유가 더 중요하기 때문에 법원의 결정에 반대하는 글을 논리적으로 전개한 경우 • 사회적 소수자 보호가 더 중요하기 때문에 법원의 결정에 찬성하는 글을 논리적으로 전개한 경우 예시 답안 – 다문화 사회에서 발생할 수 있는 다양한 사회적 갈등과 나름대로의 갈등 해결 과정이 나타난 화해 권고 결정을 내린 법원의 판결에 찬성한다. 그 이유는 영화나 드라마, 책에 다양한 이야기를 풀어 내는 표현의 자유가 중요하지만, 영화의 영향력을 고려하고 우리나라에 거주하는 많은 조선족 집단과 같은 사회적 소수자 보호를 위해서는 영화 내의 표현을 주의해야 하기 때문이다. 표현의 자유는 다양한 사회적 소수자를 보호할 수 있는 범위 내에서만 인정되는 것이 더 많은 사람들이 안전하게 공존할 수 있는 방법이라고 생각한다. 따라서 이러한 제작사의 화해 권고 결정은 다문화 사회의 다양한 갈등을 해결하고자 하는 사회적 노력의 일환이라고 생각하기 때문에 찬성한다.
	3점	• 표현의 자유와 사회적 소수자 중 한 가지를 선택했으나 논리적으로 글을 전개하지 못한 경우 • 논리적으로 글을 전개했으나 조건을 1가지 지키지 못한 경우 예시 답안 – 표현의 자유를 제한한 법원의 판결에 반대한다. 왜냐하면 실제로 조선족 출신의 범죄가 많기도 하고, 표현의 자유가 중요하기 때문이다. 실제로 일어난 사건도 있는 사회적 소수자라고 해서 그들의 이야기를 영화에서 표현하지 못하고 사과할 필요는 없다. → 분량 부족
	1점	• 사회적 소수자와 표현의 자유 둘 다 중요하다는 내용이거나 조건을 2개 이상 지키지 못한 경우 예시 답안 – 표현의 자유도 중요하고 사회적 소수자의 인권 보호도 중요하다. 법원의 결정은 이번 경우에는 화해를 권고했지만, 다음 번에도 무조건 표현의 자유보다 사회적 소수자의 입장을 대변해 줄지는 알 수 없다. → 찬성과 반대의 입장이 명확하지 않으며, 분량도 부족함.
	0점	• 미작성이거나 주제를 벗어난 글을 작성한 경우 예시 답안 – 다문화 사회에는 많은 일들이 일어나고, 따라서 법원이 이에 대한 결정을 한다.

■ (가)와 (나)에 들어갈 적절한 내용을 〈자료 2~3〉을 참고하여 추론하시오. (4점)

평가 요소는 다문화 사회의 2가지 정책인 용광로 정책과 샐러드 볼 정책을 구체적인 사례와 관련시켜서 이해하고, 적용하는 것이다.

평가 요소	배점	기대 수행
다문화 사회의 정책 (4점)	4점	• 용광로 정책과 샐러드 볼 정책에 대한 평가를 추론하여 각각 (가)와 (나)를 작성한 경우 예시 답안 – (가) 과거에 소수 집단에 대한 동화 정책으로 악용되어 – (나) 문화의 다양성을 보장하고, 이를 통한 사회 통합을 강조하고 있어
	3점	• 용광로 정책과 샐러드 볼 정책 중에서 한 가지는 정확하게 작성하였지만, 한 가지는 조금 미흡한 경우 예시 답안 – (가) 소수 집단에 대한 동화 정책으로 악용되어 – (나) 소수 집단을 존중하고 있어
	2점	• 용광로 정책과 샐러드 볼 정책 중 한 가지만 정확하게 작성한 경우 • 용광로 정책과 샐러드 볼 정책 모두 미흡하게 작성한 경우 예시 답안 – (가)는 과거에 소수 집단에 대한 동화 정책으로 악용되어 – (가)는 소수 집단을 무시하고, (나)는 소수 집단을 존중해서
	1점	• 용광로 정책과 샐러드 정책 중 한 가지를 미흡하게 작성한 경우 예시 답안 – (나)는 소수 집단을 존중해서
	0점	• 미작성 또는 작성한 답안이 오개념을 포함하고 있을 경우 예시 답안 – (가)는 집단을 존중해서

■ 〈자료 2〉의 밑줄 친 ㉠"한국 사람 다 됐네."의 의미를 다문화 사회의 측면에서 긍정적인 면과 부정적인 면을 나누어 서술하시오. (3점)

평가 요소는 용광로 정책의 모습이 담긴 기사를 통해 '한국 사람 다 됐네.' 속의 의미를 동화주의와 연결시킴으로써 용광로 정책의 긍정적인 면과 부정적인 방면을 모두 파악해 보는 것이다.

평가 요소	배점	기대 수행
다문화 사회의 정책 (3점)	3점	• 동화 정책의 긍정적인 측면(사회 통합이 용이)과 부정적인 측면(문화 다양성을 약화시킴, 사회적 소주자의 차별 문제)을 각각 정확하게 작성한 경우 **예시 답안** – 이주자나 다문화 가정과 같이 다른 문화를 가진 집단에게 한국 사람 다 됐다는 평가는 주류 사회인 한국 사회의 측면에서 동화주의 정책이라고 할 수 있다. 정책의 긍정적인 면은 주류 사회로의 사회 통합이 용이하지만, 부정적인 측면은 사회적 소수자나 이주자의 측면에서 그들의 문화나 인권이 무시될 수 있고, 문화의 다양성이 확보되지 않는다는 점이다.
	2점	• 동화주의 정책의 긍정적인 측면과 부정적인 측면 한 가지만 정확하게 작성한 경우 **예시 답안** – 이주자나 다문화 가정과 같이 다른 문화를 가진 집단에게 한국 사람 다 됐다는 평가는 주류 사회인 한국 사회의 측면에서 동화주의 정책이라고 할 수 있다. 정책의 긍정적인 면은 주류 사회로의 사회 통합이 용이하지만, 부정적인 측면은 너무 우리 문화를 강요한다는 점이다.
	1점	• 동화주의 정책의 긍정적인 측면과 부정적인 측면 모두 미흡하게 작성한 경우 **예시 답안** – 한국 사람 다 됐다는 평가는 주류 사회인 한국 사회의 측면에서 동화주의 정책이라고 할 수 있다. 이러한 정책의 긍정적인 면은 편안하게 주류 사회가 유지될 수 있지만, 부정적인 측면은 너무 우리 문화를 강요한다는 점이다.
	0점	• 미작성 또는 작성한 답안이 오개념을 포함하고 있을 경우 **예시 답안** – 동화주의 정책은 주류 집단이나 소수자 집다 모두에 좋지 않은 영향을 준다.

■ 〈자료 3〉의 밑줄 친 캐나다의 ⓒ모자이크 사회를 '용광로 정책'과 '샐러드볼 정책' 개념을 사용하여 100자 정도로 평가하시오. (2점)

평가 요소는 캐나다의 모자이크 사회의 모습을 통해 샐러드볼 정책의 구체적인 사례와 모습을 이해하고, 용광로 정책과의 차이점을 파악하는 것이다.

평가 요소	배점	기대 수행
다문화 사회의 정책 (2점)	2점	• 캐나다의 모자이크 사회는 용광로 정책이 아니라 샐러드 볼 정책의 결과라는 점을 정확하고 근거와 함께 평가한 경우 예시 답안 – 캐나다는 사회적 소수자에게 일방적인 주류 사회로의 동화를 강조하는 용광로 정책이 아니라 다양한 문화를 최대한 보장함으로써 서로 다른 문화가 각각의 정체성을 유지하면서 조화를 이루는 국가를 만들고자 하는 샐러드 볼 정책으로 모자이크 사회를 만들어가고 있다. 이러한 샐러드볼 정책은 다양한 민족이 함께 공존하며 다원화된 사회를 만들 수 있는 좋은 방안이다.
	1점	• 캐나다의 모자이크 사회는 샐러드 볼 정책임을 설명했지만, 분량이 너무 적거나 용광로 정책에 대한 내용이 없는 경우 예시 답안 – 캐나다의 모자이크 사회는 다양한 문화를 최대한 보장함으로써 서로 다른 문화가 각각의 정체성을 유지하면서 조화를 이루는 것이다.
	0점	• 미작성 또는 작성한 답안이 오개념을 포함하고 있을 경우 예시 답안 – 캐나다의 모자이크 사회는 사회적 소수자에게 동화주의를 권장함으로써 사회적 통합을 이루려고 하는 용광로 정책의 일환이다.

■ 〈자료 1〉을 통해서 ⊙의 긍정적인 면과 부정적인 면을 각각 쓰시오. (4점)

평가 요소는 '순수 혈통'이나 '단일 민족 국가 구성원'이라는 믿음의 긍정적인 측면과 부정적인 측면을 파악해 봄으로써 자신의 믿음이나 태도를 성찰해 보는 것이다.

평가 요소	배점	기대 수행
다문화 사회의 나의 태도 (4점)	4점	• 단일 민족 국가 구성원이라는 믿음의 긍정적인 측면과 부정적인 측면을 논리적으로 잘 설명한 경우 **예시 답안** – 단일 민족 국가 구성원이라는 믿음의 긍정적인 측면은 국가에 대한 애국심과 같은 국민에게 강한 동질감을 바탕으로 통합이 잘될 수 있다. 하지만 다양한 소수자 집단과 이주자 집단이 증가하는 다문화 사회에 다른 집단에 대한 구별 짓기를 통해 차별이 일어날 수 있으며, 혈통적 순혈주의는 사실상 정확하지 않기 때문에 특히 다문화 사회에는 적합하지 않다.
	3점	• 단일 민족 국가 구성원이라는 믿음의 긍정적인 측면과 부정적인 측면 중 한 가지는 논리적으로 잘 설명했지만 한 측면은 미흡한 경우 **예시 답안** – 단일 민족 국가 구성원이라는 믿음은 다양한 소수자 집단과 이주자 집단이 증가하는 다문화 사회에 다른 집단에 대한 구별 짓기를 통해 차별이 일어날 수 있으며, 혈통적 순혈주의는 사실상 정확하지 않기 때문에 특히 다문화 사회에는 적합하지 않다.
	2점	• 단일 민족 국가 구성원이라는 믿음의 긍정적인 측면과 부정적인 측면 중 한 가지만 논리적으로 잘 설명한 경우 • 단일 민족 국가 구성원이라는 믿음의 긍정적인 측면과 부정적인 측면 모두 조금씩 미흡하게 설명한 경우 **예시 답안** – 단일 민족 국가 구성원이라는 믿음은 다양한 소수자 집단과 이주자 집단이 증가하는 다문화 사회에 다른 집단에 대한 구별 짓기를 통해 차별이 일어날 수 있어 부정적인 측면이 크다.

	1점	• 단일 민족 국가 구성원이라는 믿음의 긍정적인 측면 중 한 가지를 미흡하게 설명한 경우
		예시 답안
		– 단일 민족 국가 구성원이라는 믿음은 다른 집단에 대해 적대감을 가질 수 있으므로 부정적인 측면이 크다.
	0점	• 미작성 또는 작성한 답안이 오개념을 포함하고 있을 경우
		예시 답안
		– 단일 민족 국가 구성원이라는 믿음은 다문화 사회의 사회 통합에 긍정적이다.

■ 〈자료 2〉의 ⓛ과 같이 나온 이유를 2가지 근거를 들어 추론해 보자. (4점)

  이 문항의 평가 요소는 '과연 누구를 한국인이라고 할 수 있는가?'를 통해 국민 정체성을 파악해 보는 것이다. 우리나라 사람이 누구를 한국인으로 평가하고 있는지에 대한 연구 결과의 의미를 추론해 봄으로써 우리 안에 숨겨진 편견이나 고정 관념, 정체성을 성찰해 볼 수 있다.

평가 요소	배점	기대 수행
다문화 사회의 나의 태도 (4점)	4점	• 한국인이 되기 위한 요인으로 나온 결과의 이유를 논리적으로 2가지 이상 작성한 경우
		예시 답안
		– 한국인이 되기 위해서 첫째, 타고난 혈통과 같은 귀속적인 요인은 중요하지 않다고 생각하는 것이다. 둘째 한국의 정치 제도와 법을 존중하는 것 같이 정치적 요인이나 한국어를 할 수 있는 문화적 요인과 같이 노력을 통해 성취할 수 있는 후천적 요인이 중요하며 본인이 한국인으로서 생각하는가, 자신이 스스로 생각하는 정체성이 중요하다고 느끼기 때문이다.
	3점	• 한국인이 되기 위한 요인으로 나온 결과의 이유를 1가지는 논리적으로 작성하였으나 1가지는 미흡하게 작성한 경우
		예시 답안
		– 한국인이 되기 위해서는 타고난 혈통과 같은 귀속적인 요인보다 본인이 한국인으로서 생각하는가, 자신이 스스로 생각하는 정체성이 중요하다고 느끼기 때문이다.

2점	• 한국인이 되기 위한 요인으로 나온 결과의 이유를 1가지만 논리적으로 설명한 경우 • 한국인이 되기 위한 요인으로 나온 결과의 이유 2가지를 설명했으나 조금씩 미흡하게 설명한 경우 예시 답안 — 한국인이 되기 위해서는 타고난 혈통과 같은 귀속적인 요인보다 정치적 요인이나 문화적 요인과 같은 후천적 요인이 중요하다.	

1점	• 한국인이 되기 위한 요인의 결과 중 1가지도 논리적으로 미흡하게 설명한 경우 예시 답안 — 한국인이 되기 위해서는 타고난 혈통과 같은 귀속적인 요인은 중요하지 않다.
0점	• 미작성 또는 작성한 답안이 오개념을 포함하고 있을 경우 예시 답안 — 한국인이 되기 위해서는 한국 국적을 취득해야 한다.

■ 〈자료 3〉의 ©과 @에 들어갈 내용을 추론하여 각각 50자 이내로 적으시오. (4점)

　 – 조건: @은 시의 주제에 해당하는 부분을 시에서 인용하고, 이를 활용하시오.

　이 문항의 평가 요소는 다문화 가정을 어떻게 이해하고 있는지, 그리고 어떻게 이해해야 하는지 우리의 태도를 파악해 보는 것이다. 상반된 입장을 통해 정답은 없지만, 공존을 위해 성찰하는 기회를 제공하고자 한다.

평가 요소	배점	기대 수행
다문화 사회의 나의 태도 (4점)	4점	• ©과 @을 논리적으로 추론하였으며, 조건을 모두 충족하여 작성했을 경우 예시 답안 — ©은 다문화 가정이 무엇인가 못한다거나 부족하다는 표현을 통해 @ "다 다른/ 먼 곳에서 왔지만/ 해마다 어울려 꽃피운다고." 에 있다. 서로 다르다는 이유로 차별하지 않고 공존하며 아름다운 세상을 만들면 좋겠다는 주제이다.

3점	• ⓒ과 ⓔ 중 두 가지를 논리적으로 추론하였으나, 조건을 한 가지 충족하지 못했을 경우 [예시 답안] – ⓒ은 다문화 가정이 무엇인가 못한다거나 부족하다는 표현을 통해 ⓔ은 서로 다르다는 이유로 차별하지 않고 공존하며 아름다운 세상을 만들면 좋겠다는 주제이다.
2점	• ⓒ과 ⓔ 중 한 가지를 논리적으로 추론하였으나, 조건을 한 가지 충족하지 못했을 경우 • ⓒ과 ⓔ 중 두 가지를 추론하였으나 내용이 미흡하고 조건을 한 가지 이상 충족하지 못했을 경우 [예시 답안] – ⓔ 시의 주제는 "다 다른/ 먼 곳에서 왔지만/ 해마다 어울려 꽃피운다고."에 있다. 서로 다르다는 이유로 차별하지 않고 공존하며 아름다운 세상을 만들면 좋겠다는 주제이다.
1점	• ⓒ과 ⓔ 중 한 가지만 추론하였으나, 조건을 한 가지 충족하지 못했을 경우 [예시 답안] – ⓔ 시의 주제는 서로 다르다는 이유로 차별하지 않고 공존하며 아름다운 세상을 만들자는 것이다(시의 주제가 되는 부분을 인용하는 조건을 충족하지 않음.).
0점	• 미작성 또는 작성한 답안이 오개념을 포함하고 있을 경우 [예시 답안] – 이 시는 다문화 사회에 적합하지 않으므로 빼는 것이 옳다.

■ 〈자료 1〉~〈자료 3〉을 바탕으로 혐오 표현이 다문화 사회에 어떤 문제점을 발생시킬 수 있는지 2가지를 구체적으로 쓰시오. (4점)

평가 요소는 '다문화 사회의 이슈 탐구'인데 최근 논란이 되고 있는 우리 사회의 혐오 표현이 다문화 사회에 어떤 문제점을 발생시킬 수 있는지를 파악하고 추론해 보는 것이다.

평가 요소	배점	기대 수행
다문화 사회의 이슈 탐구 (4점)	4점	• 일상생활의 혐오 표현이 다문화 사회에 발생시키는 문제점을 구체적으로 2가지 작성한 경우 예시 답안 – 혐오 표현은 개인의 인권을 침해하고 인간의 존엄과 가치를 부정하므로, 다문화 사회의 혐오 표현의 대상이 되는 사람은 정신적 고통을 받게 되고 공포와 스트레스는 스스로를 원망하는 자책으로 이어진다. 둘째, 차별이 담긴 혐오 표현은 특히 사회적 소수자가 사회에 참여할 권리를 상실하게 만들어 사회생활을 어렵게 만든다. 우리나라에 있는 많은 외국인 노동자들이 경제 발전의 원동력이 되는 경우도 많은데 이들의 참여를 어렵게 하여 다문화 사회의 발전을 저해한다. 셋째, 혐오 표현은 차별과 폭력으로 이어진다. 혐오 표현은 개인 뿐만 아니라 특정 집단을 대상으로 하는 경우가 많고, 특히 사회적 소수자에 대한 차별과 폭력으로 이어져 집단 전체를 대상으로 하는 집단 폭력으로 확대될 수 있다.
	3점	• 일상생활의 혐오 표현이 다문화 사회에 발생시키는 문제점을 2가지 작성하였으나 1가지는 미흡한 경우 예시 답안 – 혐오 표현은 개인의 인권을 침해하고 인간의 존엄과 가치를 부정하므로, 다문화 사회의 혐오 표현의 대상이 되는 사람은 정신적 고통을 받게 되고 공포와 스트레스는 스스로를 원망하는 자책으로 이어진다. 둘째, 혐오 표현은 전체 사회를 멍들게 한다.

	2점	• 일상생활의 혐오 표현이 다문화 사회에 발생시키는 문제점을 1가지만 작성한 경우 혹은 2가지를 작성하였으나 모두 불충분한 경우 예시 답안 − 혐오 표현은 사람들의 인권을 침해하고, 건강한 사회 발전을 저해한다.
	0점	• 미작성 또는 작성한 답안이 오개념을 포함하고 있을 경우 예시 답안 − 혐오 표현은 다문화 사회의 발전과는 상관없다.

■ 다문화 사회의 혐오 표현에 대처하기 위한 구체적인 방안을 개인적 측면과 사회적 측면으로 나누고 각각 2가지 이상씩 써 보자. (4점)

　평가 요소는 다문화 사회의 혐오 표현에 대처하기 위한 노력으로 개인적인 측면과 사회적인 측면으로 구분해서 구체적인 방안을 생각하고 정리하는 것이다.

평가 요소	배점	기대 수행
다문화 사회의 이슈 탐구 (4점)	4점	• 다문화 사회의 혐오 표현의 대처 방안을 개인적 측면과 사회적 측면으로 나누어서 각각 2가지씩 구체적이고 논리적으로 작성한 경우 예시 답안 − 다문화 사회의 혐오 표현을 해결하기 위해서는 개인적으로는 자신의 언어 생활을 살펴보며, 스스로 이러한 혐오 표현을 사용하지 않으려는 노력이 필요하고, 친구들이나 주변 사람들과 온라인 공간에서나 오프라인 공간에서 이러한 혐오 표현이 만연해지지 않는 분위기 조성에 힘써야 한다. 그리고 사회적으로는 혐오 표현의 문제점을 알리고, 홍보하는 다양한 캠페인이나 공익 광고 등 공식적 교육과 비공식적 교육이 필요하며, 더 문제가 심각할 경우 법적인 규제에 대한 고민이 필요하다.

3점	• 다문화 사회의 혐오 표현의 대처 방안을 개인적 측면과 사회적 측면으로 나누어서 작성하였으나, 한 가지 측면은 한 가지만 작성한 경우 **예시 답안** – 다문화 사회의 혐오 표현을 해결하기 위해서는 개인적으로는 자신의 언어 생활을 살펴보며, 스스로 이러한 혐오 표현을 사용하지 않으려는 노력이 필요하고, 친구들이나 주변 사람들과 온라인 공간에서나 오프라인 공간에서 이러한 혐오 표현이 만연해지지 않는 분위기 조성에 힘써야 한다. 사회적으로는 혐오 표현을 규제하는 법을 마련해야 한다.
2점	• 다문화 사회의 혐오 표현의 대처 방안을 개인적 측면과 사회적 측면 중에서 2가지를 작성한 경우 **예시 답안** – 다문화 사회의 혐오 표현을 해결하기 위해서는 개인적으로는 자신의 언어 생활을 살펴보며, 스스로 이러한 혐오 표현을 사용하지 않으려는 노력이 필요하고, 사회적으로는 혐오 표현을 규제하는 법을 마련해야 한다.
1점	• 다문화 사회의 혐오 표현의 대처 방안을 개인적 측면과 사회적 측면 중에서 1가지를 작성한 경우 **예시 답안** – 다문화 사회의 혐오 표현을 해결하기 위해서는 개인적으로는 자신의 언어 생활을 살펴보며, 스스로 이러한 혐오 표현을 사용하지 않으려는 노력이 필요하다.
0점	• 미작성 또는 작성한 답안이 오개념을 포함하고 있을 경우 **예시 답안** – 혐오 표현은 나쁘기 때문에 사용하면 안 된다.

4-6. 채점하기

서술형·논술평 평가가 종료된 후에는 앞서 설정한 채점 기준에 따라 채점을 수행한다. 앞에서 살펴보았듯이 일관성과 신뢰성 있는 채점을 위해 평가자가 전체적인 학습자 답안을 훑어봄으로써 전체적인 답안 검토와 채점 기준안을 적용하기 어려운 사례들을 추출해 내는 사전 채점 과정, 공식적인 채점 과정을 통해 모호한 사례들의 2차 추출, 최종 교차 점검과 재검의 과정을 거친다. 번거로울 수 있으나 채점 과정 중 의문점이나 논의할 점은 메모를 통해서 지속적인 검토와 논의를 거쳐야 한다.

4-7. 평가 결과 해석 및 피드백하기

서술형·논술형 문항에 대한 채점이 종료된 후에는 평가 결과를 해석하고, 이에 대해 피평가자인 학생들에게 문항별로 정성적인 피드백을 해주는 것이 필요하다.

과정 중심 평가를 지향하는 서술형·논술형 평가에서 피드백은 사실상 매우 중요한 과정이다. 예전에 수치나 등급으로 나오는 결과가 중요했다면, 서술형·논술형 평가는 교사의 피드백 과정이 평면적인 점수 그 이상의 의미를 갖는다. 과정 중심 평가에서 강조되고 있는 피드백 유형과 적용 사례를 살펴보면 다음과 같다.

표 11 과정 중심 평가에서 적용할 수 있는 피드백 유형

목표 참조 피드백	• 학습 목표 성취의 선행 정도에 관한 정보 제공 • 적절한 수준의 난이도를 갖는 성취 목표는 학생의 동기와 참여를 높임. ☞ 이 문항은 다문화 사회로의 변화에 대한 긍정적인 측면과 부정적인 측면을 객관적으로 파악하는 것이 목표입니다.
스캐폴딩 피드백	교수법의 일종으로 교사가 과제를 세분화하여 학생과 상호작용하면서 학생이 학습과제들을 순차적으로 학습하여 학습 목표에 도달할 수 있도록 지원하는 접근법임. 현재 수준의 학생의 능력과 노력을 넘어서서 다음 단계의 학습을 계속 이루어지도록 하는 데 초점이 있음. 교사는 정확한 답을 주지 않고 학생의 수행을 향상시키기 위한 아이디어와 방향을 줌으로써 학생의 관심을 이끎.

	☞ 신문 기사의 제목을 '문화'를 넣어서 제목을 넣는 과정은 다문화 사회의 긍정적인 측면을 이해하기 위해 필요한 단계입니다.
자기 참조 피드백	학생의 이전 수행에서 얼마나 향상되었는지에 대한 정보를 제공함으로써 긍정적 자아 효능감을 가지게 함. 학생이 성공적으로 과업을 수행할 수 있는 능력이 있다고 믿는 긍정적 자아 효능감을 가지게 함. ☞ 1차시 평가 문항의 답안보다 많이 향상되어 논리적인 근거를 들어 잘 설명하고 있습니다.
준거 참조 피드백	• 학습을 향상시키는 가장 중요하고 효과적인 형태의 피드백은 학생의 수행을 성취 기준이나 예시와 비교하는 것임. • 학생의 현재 수행이 성취 기준에 근거하여 어떻게 관련이 있는지 이해하는 것을 다룸. ☞ 다문화 사회의 용광로 정책과 샐러드 볼 정책은 이해하고 있지만, 우리나라와 해외의 정책을 평가할 수 있어야 합니다.

– 출처: 전라남도 원격교육연수원. 과정 중심 평가 연수 자료.

1차시　평가 결과 피드백 사례

서술형 1-1	상	• 다문화 사회의 변화를 인식하는 것이 학습 목표 중 중요한 단계인데, 다문화 사회의 도래로 조국이나 민족의 개념이 약화되어 국기에 대한 맹세의 내용이 수정되었음을 잘 서술하였습니다.
	중	• 다문화 사회의 변화를 인식하는 것이 학습 목표 중 중요한 단계인데, 국기에 대한 맹세의 내용이 수정된 사회적 배경으로 다문화 사회로의 변화가 있었음을 구체적으로 제시하지 못하였습니다.
	하	• 다문화 사회의 변화를 인식하는 것이 학습 목표 중 중요한 단계인데, 다문화 사회의 도래로 인해 국기에 대한 맹세의 내용이 수정되었음을 파악하지 못했습니다.

서 술 형 1-2	상	• 신문 기사에서 나타나고 있는 다문화 사회의 변화하는 도시의 모습을 살린 제목을 지었습니다. (한국 문화 살찌우는 한국 속 외국)
	중	• 신문 기사 제목을 통해 다문화 사회의 모습이 나타나기는 하지만, 다문화 사회의 문화 다양성의 역동적인 특징이 잘 드러나지 않습니다.
	하	• 신문 기사의 다문화 사회의 여러 도시의 모습과 관련이 없는 제목입니다. 제목에는 기사의 주제가 담겨져 있어야 하지요. 이런 제목을 만드는 연습해 보도록 합시다.
서 술 형 1-3	상	• 다문화 사회의 측면을 다각적으로 파악하는 것이 학습 목표인데, 긍정적인 측면(문화 다양성)과 부정적인 측면(주류 집단과 이주자 집단의 갈등, 이주자들의 범죄 등)을 잘 나누어 서술하였습니다.
	중	• 다문화 사회의 측면을 다각적으로 파악하는 것이 학습 목표인데, 다문화 사회의 긍정적인 측면(문화 다양성)은 분명하게 서술하였지만, 부정적인 측면은 구체적으로 서술하지 않았습니다. 주제별로 나누어서 근거에 따라 서술하는 연습을 하도록 합시다.
	하	• 다문화 사회의 측면을 다각적으로 파악하는 것이 학습 목표인데, 다문화 사회의 긍정적인 측면과 부정적인 측면에 대해서 잘 서술하지 못했습니다. 지문을 차분히 다시 읽으면서 생각을 정리해서 다시 시도해 보기 바랍니다.
서 술 형 1-4	상	• 다문화 사회에서 발생하는 갈등을 해결하는 데 있어서 표현의 자유보다 사회적 소수자를 보호하는 것이 더 중요하다는 자신의 의견을 매우 구체적이고 논리적으로 잘 서술하였습니다.
	중	• 다문화 사회에서 발생하는 갈등을 해결하는 데 있어서 다문화 사회에서 표현의 자유보다 사회적 소수자를 보호하는 것이 더 중요하다는 자신의 의견은 밝혔으나, 근거가 부족하여 분량이 너무 적습니다. 근거에 입각해서 구체적으로 표현하는 연습을 하도록 합시다.
	하	• 다문화 사회에서 발생하는 갈등을 해결하는 데 있어서 표현의 자유와 사회적 소수자 보호 중에 어떤 가치를 우선해야 하는지 자신의 의견을 밝히고, 그 근거를 논리적으로 제시하지 못했습니다. 근거에 입각하여 입장을 정하고, 이를 논리적으로 표현하는 연습이 필요합니다.

서 술 형 2-1	상	• 다문화 정책을 이해하고 평가하는 것이 학습 목표인데, 다문화 정책의 용광로 정책과 샐러드 볼 정책에 대한 평가를 추론하여 각각 (가)와 (나)에 논리적으로 작성하였습니다.
	중	• 다문화 정책을 이해하고 평가하는 것이 학습 목표인데, 다문화 정책의 용광로 정책과 샐러드 볼 정책에 대한 평가를 추론하여 (가)에는 논리적으로 작성하였지만, (나)는 조금 더 정확하게 작성할 필요가 있습니다.
	하	• 다문화 정책을 이해하고 평가하는 것이 학습 목표인데, 다문화 정책의 용광로 정책과 샐러드 볼 정책에 대한 평가를 정확하게 추론하지 못했습니다. 지문과 교과서를 통해서 다문화 정책의 두 노선과 각각이 어떤 장점과 단점이 있는지 파악해 봅시다.
서 술 형 2-2	상	• 다문화 정책 중 동화주의 정책(용광로 정책)을 파악하는 것이 중요합니다. 동화주의 정책의 긍정적인 측면(사회 통합이 용이)과 부정적인 측면(문화 다양성을 약화시킴, 사회적 소주자의 차별 문제)을 모두 정확하게 작성하였습니다.
	중	• 다문화 정책 중 동화주의 정책(용광로 정책)을 파악하는 것이 중요합니다. 다문화 정책 중 동화주의 정책의 긍정적인 측면은 정확하게 작성하였으나 부정적인 측면은 좀 더 근거가 필요합니다.
	하	• 다문화 정책 중 동화주의 정책(용광로 정책)을 파악하는 것이 중요합니다. 동화주의 정책의 긍정적인 측면과 부정적인 측면을 잘 추론하지 못했습니다. 교과서를 통해 개념을 익히고, 지문을 살펴보면서 다시 한번 정리해 봅시다.
서 술 형 2-3	상	• 다문화 정책 중 동화주의 정책과 샐러드 볼 정책을 파악하는 것이 학습 목표입니다. 캐나다의 모자이크 사회가 용광로 정책을 반성하고 샐러드볼 정책을 실현하면서 이루어진 사회라는 걸 잘 이해하고 작성했습니다.
	중	• 다문화 정책 중 동화주의 정책과 샐러드 볼 정책을 파악하는 것이 학습 목표입니다. 캐나다의 모자이크 사회가 샐러드볼 정책과 관련이 있음을 이해했지만, 용광로 정책과는 어떻게 다른지가 잘 드러나지 않습니다. 이 부분을 보완하면 됩니다.
	하	• 다문화 정책 중 동화주의 정책과 샐러드 볼 정책을 파악하는 것이 학습 목표입니다. 캐나다의 모자이크 사회를 다문화 정책의 2가지 노선인 용광로 정책과 샐러드 볼 정책과 관련시키지 못했습니다. 지문과 교과서를 살펴보면서 다시 한 번 정리해 봅시다.

서술형 3-1	상	• 우리나라 주류 집단의 구성원들이 가지고 있을 수 있는 단일 민족의 혈통이라는 믿음의 양면을 성찰할 필요가 있습니다. 이러한 믿음의 긍정적인 측면과 부정적인 측면을 모두 논리적으로 잘 표현했습니다.
	중	• 우리나라 주류 집단의 구성원들이 가지고 있을 수 있는 단일 민족의 혈통이라는 믿음의 양면을 성찰할 필요가 있습니다. 단일 민족 국가 구성원이라는 믿음의 부정적인 측면을 논리적으로 잘 작성했지만, 긍정적인 측면은 조금 논거가 부족합니다. 조금 더 보완해 봅시다.
	하	• 우리나라 주류 집단의 구성원들이 가지고 있을 수 있는 단일 민족의 혈통이라는 믿음의 양면을 성찰할 필요가 있습니다. 단일 민족 국가 구성원이라는 믿음의 긍정적인 측면과 부정적인 측면을 잘 추론하지 못했습니다. 지문을 살펴보면서 다시 한 번 정리해 봅시다.
서술형 3-2	상	• 다문화 사회에서 누가 진정한 한국인인지, 그리고 왜 그런지 원인을 검토해 볼 필요가 있습니다. 청소년들이 중요하다고 생각하는 한국인의 요인이 왜 그런지 2가지 논거를 들어 잘 추론했습니다.
	중	• 다문화 사회에서 누가 진정한 한국인인지, 그리고 왜 그런지 원인을 검토해 볼 필요가 있습니다. 청소년들이 중요하다고 생각하는 한국인의 요인이 왜 그런지 논거 한 가지는 잘 추론했습니다. 한 가지를 더 추론해 봅시다.
	하	• 다문화 사회에서 누가 진정한 한국인인지, 그리고 왜 그런지 원인을 검토해볼 필요가 있습니다. 청소년들이 중요하다고 생각하는 한국인의 요인이 왜 그런지 잘 파악하지 못했군요. 지문을 살펴보면서 다시 정리해 봅시다.
서술형 3-3	상	• 「걱정 마」 시의 주제와 교과서에 실렸을 때의 영향력을 성찰해 보며, 다문화 사회의 진정한 공존을 고민해 볼 필요가 있습니다. 「걱정 마」 시를 잘 이해하고 분석하여 이 시를 우려하는 입장과 수용하는 입장을 나누어 잘 설명하였습니다.
	중	• 「걱정 마」 시의 주제와 교과서에 실렸을 때의 영향력을 성찰해 보며, 다문화 사회의 진정한 공존을 고민해 볼 필요가 있습니다. 「걱정 마」 이 시를 우려하는 입장과 수용하는 입장을 나누어 잘 설명하였지만, 이 시의 주제는 잘 찾지 못했습니다. 이 시의 핵심 주제는 어디에 있을까요? 잘 살펴봅시다.
	하	• 「걱정 마」 시의 주제와 교과서에 실렸을 때의 영향력을 성찰해 보며, 다문화 사회의 진정한 공존을 고민해 볼 필요가 있습니다. 「걱정 마」 이 시를 우려하는 입장과 수용하는 입장을 구분하여 파악하지 못했습니다. 또한 이 시의 주제는 잘 찾지 못했습니다. 이 시의 핵심 주제는 어디에 있을까요? 잘 살펴봅시다.

서술형 4-1	상	• 다문화 사회의 이슈 중에서 혐오 표현이 만연한 일상생활과 관련된 문항입니다. 혐오 표현으로 인해 다문화 사회에 발생하는 문제점을 구체적으로 설명하고 근거에 따른 논리적 전개도 훌륭합니다. 서술형·논술형 평가가 진행되면서 논리적 표현력이 매우 향상되었습니다.
	중	• 다문화 사회의 이슈 중에서 혐오 표현이 만연한 일상생활과 관련된 문항입니다. 혐오 표현으로 인해 다문화 사회에 발생하는 문제점을 잘 설명하였습니다. 다만 좀 더 구체적으로 쓰면 더 논리적인 글이 될 것입니다. 서술형·논술형 평가가 진행되면서 논리적 표현력이 매우 향상되었습니다.
	하	• 다문화 사회의 이슈 중에서 혐오 표현이 만연한 일상생활과 관련된 문항입니다. 혐오 표현으로 인해 다문화 사회에 발생하는 문제점을 인식하고는 있지만, 구체적으로 무엇인지 잘 표현하지 못하였습니다. 문제점이 무엇인지 구체적으로 설명을 덧붙여 봅시다.
서술형 4-2	상	• 다문화 사회의 발전을 위해서 혐오 표현을 해결하기 위한 개인적 측면과 사회적 측면의 노력에 대한 문항입니다. 개인적 측면과 사회적 측면 모두 구체적이고 논리적으로 작성하였습니다. 특히 혐오 표현에 대한 글이 논리적입니다. 많이 향상되었습니다.
	중	• 다문화 사회의 발전을 위해서 혐오 표현을 해결하기 위한 개인적 측면과 사회적 측면의 노력에 대한 문항입니다. 개인적 측면은 매우 구체적인데, 사회적 측면은 조금 모호하게 작성하였습니다. 조금만 더 구체적으로 작성하는 훈련을 합시다.
	하	• 다문화 사회의 발전을 위해서 혐오 표현을 해결하기 위한 개인적 측면과 사회적 측면의 노력에 대한 문항입니다. 개인적 측면과 사회적 측면의 구분이 불분명하고, 조금 모호하게 작성하였습니다. 더 구체적으로 작성하는 훈련을 합시다.

학습자들에게는 모든 과정이 끝난 것일 수 있지만 평가자에게는 다음의 과제가 남아 있다. 첫째는 과목별 세부 능력 및 특기 사항으로 기재하는 것이다.

과목별 세부 능력 및 특기 사항은 학습자들의 답안을 기초로 평가자의 피드백이 더해져서 완성되는 내용이다. 하나의 예시를 제시하면 다음과 같다.

•「통합사회」과목별 세부 능력 및 특기 사항 기재 예시

다양한 사회 현상에 대해 사회학적 개념을 적용하는 비판적 사고력을 갖춘 학생으로 다문화 사회의 혐오 표현에 대처하기 위한 방안에 관한 서술형 평가에서 최근 청소년들을 중심으로 한 아이돌 문화와 팬덤 문화, 댓글 쓰기와 관련하여 자신의 언어 표현에 대해 예리하게 성찰하고, 이러한 홍보 캠페인으로 SNS 릴레이 전략을 제시함. 다문화 사회에 대한 4차시의 글쓰기 과정에서 다양한 자료에 대해 추론하여 결론을 도출하는 능력이 성장하였으며, 특히 다문화 정책으로 포장된 일방적인 동화주의적 용광로 정책을 비판하는 논리적인 글을 전개함으로써 다문화 사회의 공존을 위한 주류 사회의 태도에 대해 고민하는 공동체적 역량을 표현하는 글을 작성함.

첫째, 학생들이 어떤 주제에 대해서 어떤 논리의 주장을 펼쳤는지에 대한 구체적인 내용이 포함되어야 한다(위 사례에서 '다문화 사회의 혐오 표현에 대처하기 위한 방안에 관한 서술형·논술형 평가에서 최근 청소년들을 중심으로 한 아이돌 문화와 팬덤 문화, 댓글 쓰기와 관련하여 자신의 언어 표현에 대해 예리하게 성찰하고, 이러한 홍보 캠페인으로 SNS 릴레이 전략을 제시함.').

둘째, 이러한 논리적인 글쓰기가 어떠한 교과 역량을 보여주었는지에 대한 평가가 담겨 있도록 한다('다문화 사회의 공존을 위한 주류 사회의 태도에 대해 고민하는 공동체적 역량을 표현하는 글을 작성함.').

셋째, 다문화 사회에 대한 서논술형 평가 과정을 통해 학생의 성장 과정을 관찰한 내용이 있다면, 자기 참조 피드백 내용을 참고하여 작성할 수 있다('다문화 사회에 대한 4차시의 글쓰기 과정에서 다양한 자료에 대해 추론하여 결론을 도출하는 능력이 성장하였음.').

넷째, 학생의 전체적인 사회과에 대한 역량을 파악할 수 있는 내용이 있다면 이를 덧붙일 수 있다('다양한 사회 현상에 대해 사회학적 개념을 적용하는 비판적 사고력을 갖춘 학생').

과목별 세부 능력 및 특기 사항을 작성했다고 해서 서술형·논술형 평가의 긴 과정의 끝은 아니다. 마지막 과제는 일련의 모든 과정에 대한 고민과 성찰의 과정을 이후의 서술형·논술형 평가에 녹여 내는 과정이 남았다. 즉, 학습자들의 답안을 채점하고, 피드백하고, 과목별 세부 능력 특기 사항으로 기재하는 과정을 거치면서 배우고 느꼈던 단순한 기술적 팁부터 깊게는 교육적이고 철학적인 고민을 흘려보내지 말고, 다음의 서술형·논술형 평가 문항에 반영하는 것이 필요하다. 학생들의 답안을 통해 서술형·논술형 평가 문항의 난이도와 타당도, 신뢰도를 다각적으로 점검하고, 평가자간의 협의를 통해서 서술형·논술형 평가의 구체적인 방향과 깊이를 재구성할 필요가 있다. 평가를 수행하는 시기와 지역적 특성, 학습자들의 특성에 따라서 같은 서술형·논술형 평가라 할지라도, 구체적인 수행 과정과 결과물은 달라질 수 있다. 이러한 일련의 경험을 통해 배운 세밀한 특성을 다음 서술형·논술형 평가에 반영하는 과정을 통해 교사와 서술형·논술형 평가 문항은 지속적으로 성장하게 된다.

IV.
과학과
서술형·논술형 평가

1. 과학과 서술형·논술형 문항의 특징

서술형·논술형 평가는 서술형·논술형 문항을 통해 학생이 응답한 자료로 학습 성취 정도를 포함하여 학생에 대한 교육적 정보를 판단하는 방법이다. 교과별 특성이 다르므로 과학과의 서술형·논술형 평가 문항을 제작하기 위해서는 과학 교과만의 특성을 토대로 한 문항 제작이 이루어져야 한다. '과학'은 모든 학생이 과학의 개념을 이해하고 과학적 탐구 능력과 태도를 함양하여 개인과 사회의 문제를 과학적이고 창의적으로 해결할 수 있는 과학적 소양을 기르기 위한 교과(교육부, 2015)로, 미래 과학자의 양성과 과학 기술 중심의 사회 발전을 추구하는 과학 교과에서는 과학 교육을 통해 과학 지식의 전수와 과학 탐구 능력의 함양을 기본 목표로 하고 있다.

과학과의 서술형·논술형 문항 제작은 이러한 과학 교과의 특성과 과학과 교육과정의 이해를 바탕으로 시작되어야 한다. 교육과정의 분석과 이해는 평가 목표 설정과 평가 자료 선정 및 채점 과정을 포함한 서술형·논술형 문항 제작의 전반 과정에 있어서 일관된 방향성을 유지시켜 줄 수 있다.

1-1. 과학과 교육과정의 이해와 평가 방향

2015 개정 교육과정에서는 미래 사회가 요구하는 창의·융합형 인재를 기르기 위해 '공통 과목'을 도입하였다. 이 중 '통합과학'은 자연 현상을 통합적으로 이해하고, 이를 기반으로 자연 현상과 인간의 관계에 대한 이해, 과학 기술의 발달에 따른 미래 예측과 적응, 사회 문제에 대한 합리적 판단 능력 등 미래 사회에 필요한 과학적 소양 함양을 위한 과목이다(교육부, 2015). 2015 개정 교육과정에서 제시하고 있는 고등학교 1학년 '통합과학'은 우리 주변의 자연 현상과 현대 사회의 문제에 대한 통합적 이해를 추구하고 합리적 판단을 할 수 있는 민주 시민으로서의 기초 소양을 기르는 데 초점을 두고, 기존 과학과의 구성 영역을 통폐합하거나 융합하여 관련 부분을 연계하는 형태로 물질과 규칙성, 시스템과 상호 작용, 변화와 다양성 및 환경과 에너지의 영역으로 〈표 1〉과 같이 2015 개정 과학과 교육과정 '통합과학'의 내용 체계를 구성하였다. 이렇게 자연 현상에 대한 4개의 핵심 개념을 중심으로 분과 학문적 지식 수준을 넘어 다양한 형태의 통합을 통한 융·복합적 사고력 신장이 가능하도록 구성한 '통합과학'의 평가 문항은, 미래 사회가 요구하는 창의 융합형 인재를 육성하기

위해 어느 정도의 학습 성취를 이루었는가를 판단할 수 있도록 제작되어야 할 것이다.

2015 개정 과학과 교육과정에서는 다양한 탐구 중심의 학습과 더불어 기본 개념의 통합적인 이해 및 탐구 경험을 통해 과학적 사고력, 과학적 탐구 능력, 과학적 문제 해결력, 과학적 의사소통 능력, 과학적 참여와 평생 학습 능력 등의 과학과 핵심 역량을 함양하도록 하고 있으며 그 의미는 〈표 2〉와 같다. 이러한 과학과 핵심 역량과 함께 자연 현상과 사물에 대해 흥미와 호기심을 가지고 과학의 핵심 개념에 대한 이해와 탐구 능력의 함양을 통해 개인과 사회 문제를 과학적이고 창의적으로 해결하기 위한 과학적 소양을 기른다는 목표를 달성하기 위해 수업을 구상하고 다양한 형태의 평가 문항을 제작하도록 한다.

2015 개정 과학과 교육과정에서 '통합과학'의 평가 방향은 과학의 핵심 개념의 이해, 과학의 능력, 과학적 태도, 과학과 핵심 역량 등을 균형 있게 평가하도록 정하고 있으며, 1) 과학의 핵심 개념을 이해하고 적용하는 능력 평가, 2) 과학적 사고력, 과학적 탐구 능력, 과학적 문제 해결력, 과학적 의사소통 능력, 과학적 참여와 평생 학습 능력 등과 같은 과학과 핵심 역량 평가, 3) 과학에 대한 흥미와 가치 인식, 과학 학습 참여의 적극성, 협동성, 과학적으로 문제를 해결하는 태도, 창의성 등을 평가하는 데 주안점을 두고 있다. 또한 평가는 4) 선다형, 서술형 및 논술형, 관찰, 보고서 검토, 실기 검사, 면담, 포트폴리오 등의 다양한 방법 활용, 5) 창의·융합적 문제 해결력 및 인성과 감성 함양에 도움이 되는 소재나 상황을 적극적으로 발굴하여 활용, 6) 개별 평가와 더불어 협동심을 함양하기 위한 모둠 평가 실시, 7) 타당도와 신뢰도가 높은 평가가 될 수 있도록 가능하면 공동으로 평가 도구 개발 및 활용, 8) 설정된 성취 기준에 근거하여 실시하고, 그 결과를 학습 지도 계획 수립과 지도 방법 개선, 진로 지도 등에 활용, 9) 평가 계획 수립, 평가 문항과 도구 개발, 평가의 시행, 평가 결과의 처리, 평가 결과의 활용 등의 절차를 거쳐 실시하도록 하고 있다(교육부, 2015).

표1 2015 개정 과학과 교육과정 통합과학 내용 체계

영역	핵심 개념	일반화된 지식	내용 요소	기능
물질과 규칙성	물질의 규칙성과 결합	지구 구성 물질의 원소는 빅뱅과 별의 진화 과정을 통해 만들어졌으며, 원자에서 방출되는 전자기파를 활용하여 자연 현상에 대한 다양한 정보를 수집한다.	• 우주 초기의 원소(생성) • 태양계에서 원소 생성 • 지구의 고체 물질 형성	• 문제 인식 • 탐구 설계와 수행 • 자료의 수집·분석 및 해석 • 수학적 사고와 컴퓨터 활용 • 모형의 개발과 사용 • 증거에 기초한 토론과 논증 • 결론 도출 및 평가 • 의사소통
		원소의 주기율 등을 통해 자연의 규칙성을 확인한다.	• 금속과 비금속 • 최외각 전자	
		원소는 이온 결합과 공유 결합을 통해 다양한 화합물을 형성한다.	• 이온결합 • 공유 결합	
	자연의 구성 물질	생명체와 지각을 구성하는 단백질, 광물 등의 물질은 원소들 간의 규칙적인 화학 결합을 통해 만들어지며, 기존 물질의 물리적 성질을 변화시켜 다양한 신소재가 개발된다.	• 지각과 생명체 구성 물질의 규칙성 • 생명체 주요 구성 물질 • 신소재의 활용 • 전자기적 성질	
시스템과 상호 작용	역학적 시스템	지구 시스템은 역학적 상호 작용에 의해 유지된다.	• 중력 • 자유 낙하 • 운동량 • 충격량	
	지구 시스템	지구 시스템은 지권, 수권, 기권, 생물권, 외권으로 구성되고, 각 권은 상호 작용한다.	• 지구 시스템의 에너지와 물질 순환 • 기권과 수권의 상호 작용	
	생명 시스템	세포 등과 같은 시스템에서 이루어지는 물질의 순환과 에너지의 흐름의 결과로 다양한 (자연) 현상이 나타난다.	• 세포막의 기능 • 세포 소기관 • 물질대사, 효소 • 유전자(DNA)와 단백질	
변화와 다양성	화학 변화	물질 사이에서 일어나는 대표적인 화학 반응인 산화·환원 반응은 전자의 이동으로 일어난다.	• 산화와 환원	
		중화 반응은 산성 물질과 염기성 물질이 반응할 때 일어나며, 생명 현상을 가능케 하는 물질들이 끊임없는 화학 반응을 통해 다양한 기능들을 수행한다.	• 산성과 염기성 • 중화 반응	

	생물 다양성과 유지	지구의 환경은 지질 시대를 통해 변해 왔으며 생물은 환경에 적응하여 진화해 왔다.	• 지질 시대 • 화석, 대멸종 • 진화와 생물 다양성	
환경과 에너지	생태계와 환경	생태계의 구성 요소는 서로 밀접한 관계를 맺고 있으며, 지구 환경 변화는 인간 생활에 다양한 영향을 미친다.	• 생태계 구성 요소와 환경 • 생태계 평형 • 지구 온난화와 지구 환경 변화	
		환경 문제를 해결하기 위해 에너지의 효율적 활용이 필요하다.	• 에너지 전환과 보존 • 열효율	
	발전과 신재생 에너지	발전기를 이용하여 생산된 전기 에너지가 가정에 공급된다.	• 발전기 • 전기 에너지 • 전력 수송	
		화석 연료를 대체하기 위하여 다양한 신재생 에너지를 개발하고 있다.	• 태양 에너지 • 핵발전 • 태양광 발전 • 신재생 에너지	

– 출처: 2015 개정 과학교육과정, 2015.

표2 2015 개정 교육과정 과학과의 핵심 역량과 의미

핵심 역량	의미
과학적 사고력	과학적 주장과 증거의 관계를 탐색하는 과정에서 필요한 사고이다. 과학적 세계관 및 자연관, 과학의 지식과 방법, 과학적인 증거와 이론을 토대로 합리적이고 논리적으로 추론하는 능력, 추리 과정과 논증에 대해 비판적으로 고착하는 능력, 다양하고 독창적인 아이디어를 산출하는 능력
과학적 탐구 능력	과학적 문제 해결을 위해 실험, 조사, 토론 등 다양한 방법으로 증거를 수집, 해석, 평가하여 새로운 과학 지식을 얻거나 의미를 구성해 가는 능력
과학적 문제 해결력	과학적 지식과 과학적 사고를 활용하여 개인적 혹은 공적 문제를 해결하는 능력
과학적 의사소통 능력	과학적 문제 해결 과정과 결과를 공동체 내에서 공유하고 발전시키기 위해 자신의 생각을 주장하고 타인의 생각을 이해하며 조정하는 능력
과학적 참여와 평생 학습 능력	사회에서 공동체의 일원으로 합리적으로 책임 있게 행동하기 위해 과학 기술의 사회적 문제에 대한 관심을 가지고 의사 결정 과정에 참여하며 새로운 과학 기술 환경에 적응하기 위해 스스로 지속적으로 학습해 나가는 능력

– 출처: 2015 개정 과학교육과정, 2015.

1-2. 과학과 서술형·논술형 평가를 위한 교육 현장의 이해

학기를 시작하기 전 교사는 수업해야 할 과목의 교수·학습과 평가의 기본 방향을 설정해야 한다. 학교 현장에서는 교사나 학생들의 특성, 교사나 학교의 교육 철학, 학교나 지역의 여건 등을 고려하여 교과 교육과정을 편성하고 다양한 방법으로 수업을 계획하도록 하고 있다. 교육과정 분석을 통한 내용 이해를 바탕으로 전체 학습에 대한 평가안을 구상하게 되는데, 〈표 3〉은 학교 현장에서 작성하는 '통합과학' 교과의 평가 개요 예시이다.

학교마다 형식은 다르지만 표의 예시와 같이 학기가 시작하기 전에 평가 전반에 걸쳐 문항 유형과 배점, 평가 방법과 시기 등 평가 계획을 세우고 이러한 내용을 정보 공시를 통해 학생과 학부모에게 공지한다. 교사는 평가 지침에 따라 평가의 기본 방향을 토대로 성취 평가를 위한 〈표 3〉과 같은 기본틀을 잡고 이에 따라 상세한 평가 계획을 구상한다. 이때 학생들에게 제시될 서술형·논술형 문항 평가에 대한 구체적인 계획을 세우도록 한다.

표 3 학교 현장에서 작성하는 평가 개요 예시

구분		문항 유형별 배점 및 비율					평가 실시		평가 요소	비고
		선다형	논술형	서술형	비서술형	계	시기/횟수	평가 영역		
지필평가	1회 고사(A)	90점		10점		100점	00월/1회	전 영역		성취평가
	2회 고사(B)	90점		10점		100점	00월/1회	전 영역		
	지필 합산 비율 (A+B)/2×0.7	63%		7%		70%				
수행평가	과학 글쓰기		10점			10점	학기중/1회	에너지 전환과 보존 관계	탐구 수행 및 자료 수집, 분석, 해결, 결론 도출 및 평가하기	
	지질송			5점	5점	10점	학기중/1회	변화와 다양성	자료 수집, 분석, 해결, 결론 도출 및 평가, 증거에 기초한 토론과 논증, 의사소통, 협업	

								자료 수집, 분석, 해결, 결론 도출 및 평가, 증거에 기초한 토론과 논증, 의사소통
	하브루타			10점		10점	학기중/수시	변화의 다양성 탐구
	수행 합산 비율		10%	15%	5%	30%		
학기말	지필+수행 합산 비율	63%	10%	22%	5%	100%		
			32%					

평가 개요에서 계획한 대로 서술형·논술형 평가를 지필 평가와 수행 평가 중 어디에서 실시할지 교육활동에 따른 상세한 평가 계획을 세우게 되는데, 〈표 4〉는 학교 현장에서 서술형 평가를 실시하는 수행 평가의 평가 개요와 평가 기준 계획에 대한 예시를 나타낸 것이다. '(1) 평가 개요'에서는 성취 기준과 평가 기준, 평가 영역과 유형 및 수행 과제에 대해 상세하게 기록하도록 하며, '과정 중심 수업−평가 단계'에는 과정 중심 수업 및 평가의 과정을 알 수 있도록 수업을 단계화하여 도식화함으로써 수업과 평가 활동을 구체적으로 명시하도록 한다. '(2) 평가 기준'에서는 평가 관점에 따른 배점을 설정하여 객관적인 평가가 이루어질 수 있도록 한다. 특히 평가 항목을 학생에게 미리 제시할 수 있도록 구체적인 평가 목표를 설정하고 그에 맞는 '평가 관점'으로 내용을 작성하여 배점을 정한다면 좀 더 객관적인 채점이 가능할 수 있다.

표 4 수행 평가의 평가 개요 및 평가 기준 예시

수행 평가 2 : 지질송(5%)

(1) 평가 개요

교과	통합과학	학년	고1	대영역	Ⅲ. 변화와 다양성
관련 성취 기준		[10통과07-01] 지질 시대를 통해 지구 환경이 끊임없이 변화해 왔으며 이러한 환경 변화에 적응하며 오늘날의 생물 다양성이 형성되었음을 추론할 수 있다.			

평가 기준	상	지질 시대의 지구 환경 변화를 지층과 화석을 통해 추론할 수 있고, 이러한 환경 변화에 적응하며 오늘날의 생물 다양성이 형성되었음을 화석과 관련하여 추론할 수 있다.
	중	지질 시대의 지구 환경과 생물의 변화를 지층 및 화석과 관련하여 설명할 수 있다.
	하	지질 시대를 통해 지구 환경과 생물이 계속 변해왔다는 것을 말할 수 있다.

평가 영역	변화와 다양성	평가 요소	자료 수집, 분석, 해결, 결론 도출 및 평가, 증거에 기초한 토론과 논증, 의사소통, 협업

평가 유형	서술형 비서술형	핵심 역량	과학적 사고력, 과학적 탐구 능력, 과학적 문제 해결력, 의사소통 능력, 과학적 참여와 평생 학습 능력	난이도	상

수행 과제	지질 시대의 환경 변화에 따른 생물의 다양한 진화 과정을 이해하고 관련된 내용을 노랫말로 만들어 음악 영상을 제작하는 활동을 통해 자연 과학적 탐구 역량과 인문·예술적 소양을 증진한다.

과정 중심 수업-평가 단계	1차시: 개념 이해	2차시(1단계): 지질 시대 환경과 생물의 진화 관련 노랫말 작성	2차시(2단계): 음악 영상 제작	3차시(3단계): 개념 확립
	관련 과학 개념 이해	⇨ 지질 시대 환경과 생물의 진화에 대한 내용을 담은 노랫말 작성 [★ 수행 평가]	⇨ 노랫말에 맞는 상황을 구상하여 음악 영상 제작 [★ 수행 평가]	⇨ 발표 및 평가를 통한 관련 개념의 확립

과정 중심 평가 시기	학기 중/1회

(2) 평가 기준

평가 내용 (배점)	점수	평가관점
아이디어의 창의성 및 내용의 과학적 근거 (5점)	5	지질 시대 환경의 변화와 생물의 진화 과정을 정확하고 심도 있게 이해하여 창의성 있는 주제로 과학적 근거를 바탕으로 한 노랫말을 작사함.
	4	지질 시대 환경의 변화와 생물의 진화 과정을 이해하여 과학적 근거를 바탕으로 다소 창의성 있는 노랫말을 작사함.
	3	지질 시대 환경의 변화와 생물의 진화 과정에 대한 과학적 근거를 바탕으로 노랫말을 작사함.
	2	지질 시대 환경의 변화와 생물의 진화 과정에 대해 노랫말을 작사하였으나 내용에 대한 과학적 이해와 창의성이 부족함.
	1	지질 시대 환경의 변화와 생물의 진화 과정에 대해 노랫말 작사를 완료하지 못했거나 창의성이 매우 부족함.
	0	산출물을 제출하지 않음.
협업과 전달력 (5점)	5	모둠원들과 협력하여 전달력이 우수한 동영상을 제작함.
	4	모둠원들과 협력하여 전달력 있는 동영상을 제작함.
	3	모둠원들과 협력하여 동영상을 제작하였으나 전달력이 다소 부족함.
	2	모둠원들과의 협업 활동이 미흡하고 전달력이 부족함.
	1	모둠원들과의 협업 활동과 전달력 모두 매우 부족함.
	0	모둠 활동에 전혀 참여하지 않고 산출물을 제출하지 않음.

〈표 3〉과 〈표 4〉의 예시에서 살펴본 바와 같이 학교 현장에서는 학교별 특색 사업 등 학교 상황을 반영한 여러 형태의 평가 계획틀이 제시될 수 있지만, 기본적으로는 관련 성취 기준과 평가 기준에 따라 과정 중심의 수업-평가가 이루어질 수 있도록 평가 과정을 구체적이고 상세하게 세우고, 그에 따른 평가 기준을 명확하게 수립하도록 하고 있다. 따라서 교사는 구상하고 있는 평가와 교수·학습 활동을 기본 토대로 하여 학교에서 제공하는 평가 계획틀에 맞춰 구체화하도록 한다.

학교 현장에서는 학기에 진행되는 평가를 명시적으로 한번에 파악하기 위해 학교 일정에 따른 진도 및 평가 계획표를 작성하도록 하고 있다. 〈표 5〉의 예시에서와 같이 주당 시수 및 학교 교육과정에 따른 학기 예정 수업 시수를 고려하여 한 학기 동안의 진도 및 평가 계획을 시기별로 상세하게 수립한다. 〈표 5〉는 학기 전체 기간이 아닌 한 주 기간만 예시로 나타낸 것이다. 이러한 진도 및 평가 계획표의 양식은 학교별로 다르게 제시되는데, 예시에서 보는 바와 같이 수업을 통해 신장시킬 수 있는 2015 교육과정 교과 역량 및 교육과정에 따른 특별한 범교과 주제나 인성 요소, 융합이나 주제형 교육 키워드가 있는 경우 '범교과 요소 항목'을 작성할 수도 있고, 강의형 외 코로나19 사태와 같은 감염병 상황에서 이루어질 수 있는 원격 수업 등 '수업 형태' 역시 다양화하여 나타낼 수 있다. '평가 방법'에서는 이 단원의 내용을 지필형과 수행 평가 중 어디에서 평가할지를 표시하게 되는데, 이것은 표시 내용의 평가 반영 여부를 감사할 때 중요한 근거 자료가 되기 때문에 신중하게 작성해야 한다. 학생과 학부모에게 사전에 평가 계획이 공개되어 그에 따른 대비와 준비를 할 수 있도록 하고 있기 때문에 누락되거나 오기되지 않도록 하며, 일단 평가 항목으로 계획했다면 반드시 평가를 실행하도록 한다. '비고'란에는 보통 학사 일정을 적어 해당 주에 몇 차시만큼의 수업을 진행할 수 있는지를 가늠하고, 그에 따라 '진도 계획'을 세우도록 한다.

표 5 '통합과학' 진도 및 평가 계획표 예시

(통합과학) 교과 진도 및 평가 계획(2학기)														
지도 대상	1학년 공통 과정 (0~0반)			과목명	통합과학						교재 및 저자	△△△△ ○○○		
주당 시수	4시간			학기 예정 수업 시수	68차시									
단원명	성취 기준	교과 역량	범교과 요소	수업 형태		평가 요소	평가 방법						자기 평가	진도 계획 (차시)	비고
							지필 평가 (70%)		수행 평가(30%)					
				등교	원격		선다형	서술형	논술형	서술형		비서술형		
									과학 글쓰기	지질송	하브루타	지질송		
							63%	7%						
...														
III. 변화의 다양성	[10통과07-01] 지질 시대를 통해 지구 환경이 끊임없이 변화해 왔으며 이러한 환경 변화에 적응하며 오늘날의 생물 다양성이 형성되었음을 추론할 수 있다.	과학적 사고 역량 과학적 의사소통 역량	환경·지속 가능 발전 교육	강의식, 개별 활동	실시간, 자체 제작 콘텐츠	지질 시대 환경과 생물 다양성	○			○	○	○		11월 4주 (52/68)	1,2학년 전 국연합학력평가(24)

이렇게 학기가 시작하기 전 평가에 대한 개요와 계획을 세우고 평가 시기에 맞춰 평가 형태를 결정하여 선다형 및 서술형·논술형과 같은 서답형 문항을 작성하게 된다. 학교 현장에서 과학과는 주로 정기 고사에서 선다형과 서술형 문항 평가를 하고, 수행 평가 등 수업 활동에서 서술형, 논술형, 비서술형 평가를 한다.

'과학'에서는 기본 개념의 이해, 과학의 탐구 능력, 과학적 태도 등을 평가하며, 특히 1) 다양한 자연 현상에 관련된 기본 개념의 통합적인 이해 정도, 2) 탐구 활동 수행 능력과 이를 일상생활 문제 해결에 활용하는 능력, 3) 과학에 대한 흥미와 가치 인식, 과학 학습 참여의 적극성, 협동성, 과학적으로 문제를 해결하는 태도, 창의성 등을 평가할 수 있도록 한다. 평가는 선다형, 서술형 및 논술형, 관찰, 보고서 검토, 실험 활동 평가, 면담, 포트폴리오 등의 다양한 방법을 활용하고, 타당도와 신뢰도가 높은 평가가 되도록 가능하면 동료 교사와 공동으로 평가 도구를 개발하도록 한다. 평가는 설정된 성취 기준에 근거하여 실시하고, 그 결과를 학습 지도 계획 수립과 지도 방법 개선, 진로 지도 등에 활용한다. 평가는 평가 계획 수립, 평가 문항과 도구 개발, 평가의 시행, 평가 결과의 처리, 평가 결과의 활용 등의 절차 전반에 대해 계획을 구체적으로 세우고 체계적으로 실시하도록 한다(교육부. 2015).

2. 과학과 서술형·논술형 평가 과정의 이해

2-1. 평가 목표 설정하기

평가 활동에서 가장 우선되어야 할 일은 무엇을 평가할지를 결정하는 것이다. 어떤 평가 목표를 설정하느냐에 따라 어떻게 평가할지에 대한 구체적인 방법도 구상할 수 있다. 그럼 평가 목표는 어떻게 정할 수 있을까? 우선 교육과정을 분석하고 학습할 내용과 그에 따른 성취 기준 및 성취 수준, 평가 기준을 살펴보아야 한다. 과학 교과의 교육과정을 분석하고 단원의 구성과 내용을 파악하여 전체적인 수업의 흐름을 짜고 적재적소에 평가를 위한 활동을 배치하도록 구상하여 그에 맞는 평가 목표를 설정하도록 한다.

2015 개정 교육과정에서는 '성취 기준'이라는 항목을 두고 성취 기준과 성취 기준 해설을 제시하고 있으며, 2015 개정 교육과정 고등학교 과학과 평가 기준에서는 학생들이 각 교과 수업을 통해 배워야 할 내용(지식, 기능, 태도)과 이를 통해 할 수 있어야 하는 능력 또는 특성으로 '학생들이 교과를 통해 배워야 할 내용과 이를 통해 수업 후 할 수 있거나 할 수 있기를 기대하는 능력을 결합하여 나타낸 수업 활동의 기준(교육부, 2015a, '일러두기')'이라고 국가 수준의 교육과정 성취 기준을 정의하고 있다. 또한 평가 활동에서 학생들이 어느 정도의 수준에서 성취 기준에 도달했는가를 판단하기 위한 실질적인 기준 역할을 하는 것에 평가 기준의 목적이 있다고 밝히며, '평가 기준'은 '각 평가 준거 성취 기준에 도달한 정도를 상/중/하의 세 단계로 구분하고 각 단계에 속한 학생들이 무엇을 알고 있고, 할 수 있는지를 기술한 것'을 의미한다고 서술하고 있다. 따라서 평가 기준은 교육과정 성취 기준에서 기대하는 지식, 기능, 태도를 학생이 어느 정도 성취하였는가 도달 정도를 판단하는데 활용할 수 있으며, 교육과정에서 제시한 학습 내용에 대한 평가 문항 제작 및 채점 기준을 수립하는 데 근거로 활용할 수 있다. 평가 기준에서 제시하고 있는 '상/중/하'의 구분은 학생의 수행 정도에 대한 질적 판단을 위한 평가 문항을 제작하는 데 유용한 근거가 될 수 있다. 평가 기준은 학교 교육과정 및 교수·학습을 계획할 때 참고가 되고, 학생 수준을 고려한 수업 설계에 활용할 수 있어 교사 뿐 아니라 학생에게도 도달해야 할 학습 목표를 확인하고 상기시켜 주는 데 유용하다.

서술형·논술형 평가 문항의 목표는 교육과정 분석을 통한 내용 체계를 이해하고 성취 기준 및 평가 기준을 파악하여 단원별 차시별 학생의 기대 성취를 고려하여 설정하여야 한다.

평가 문항을 제작하는 초기 단계에서는 교육과정에서 강조하고 있는 '자기 주도적', '학생 참여형', '학생 중심형', '학생 참여 중심'에 맞춰 학생 참여형의 자기 주도적 학습 역량을 함양하기 위해 수업 설계 단계와 수업(교수·학습) 단계, 학습 과정 중심의 평가 단계, 학습 결과에 대한 정확한 학습 기록 및 피드백 등을 유기적으로 구성하여 구체적이고 체계적으로 계획을 세워야 한다. 구체적인 교수 학습 활동 및 평가 계획을 수립하는 것은 평가의 집중도와 평가를 통해 얻고자 하는 목표에 대한 긍정적인 효과를 높일 수 있으므로, 각 차시별로 구분된 학습 목표와 교수 학습 활동, 평가 문항의 형태 및 주제를 상세하게 설정하도록 한다.

2-2. 서술형·논술형 문항 세트 설계하기

교육과정 분석과 성취 기준 및 평가 기준에 따른 평가 목표가 설정되면 서술형·논술형 문항을 제시할 단원의 구체적인 교수 학습 활동이 포함된 문항 설계를 한다.

교수 학습 활동을 설계할 때 과정 중심의 평가가 서술형·논술형 평가의 교육적 효과를 높일 수 있음을 고려하도록 한다. 과정 중심의 평가는 수업과 동시에 이루어지며 학생의 문제 해결 과정과 모둠원들과의 의사소통 과정을 통한 창의적 해결 등을 평가할 수 있기 때문이다. 따라서 서술형·논술형 평가를 수업과 유기적으로 연계시켜 과정 중심과 역량 중심의 평가가 이루어질 수 있도록 수업 차시를 구상하고, 문항이 제시될 단원에 서술형·논술형 문항을 배치하도록 한다. 각 차시의 수업에서 도달해야 할 학습 목표에 따라 교수 학습 활동과 평가 활동을 설계하고 차시마다 단계적 학습 활동과 평가 활동을 통해 성취 기준에 도달할 수 있는 발전적 과정을 설계하도록 한다. 이에 따라 수업 활동과 평가는 개인별/모둠별로 적합한 형태를 선정하고 수업 과정의 단계별 진행에 따라 발전적 학습 성장이 될 수 있도록 서술형 문항을 거쳐 정리 단계에서 논술형 문항을 배치하는 것이 좋다.

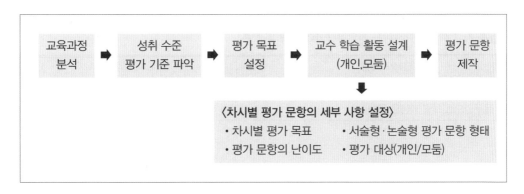

이처럼 서술형·논술형 문항 세트를 설계할 때는 차시별로 서술형이나 논술형 중 어떠한 형태로 평가 문항을 제시할 것인지를 고민하여 배치하고, 문항의 평가 난도의 정도, 개인과 모둠 같은 평가 대상 및 평가에 따른 피드백의 제공 여부를 비롯한 세부 내용도 구체적으로 설정하도록 한다. 또한 차시에 따른 학습 목표와 교수 학습 활동 및 평가 문항의 유형을 도식화하여 보다 명시적으로 작성하도록 한다.

2-3. 평가 자료 선정하기

평가 자료는 교육과정의 성취기준과 평가기준에 맞게 교사가 의도하는 평가 목표를 반영할 수 있는 것으로 선정해야 한다. 평가 목표에 맞춰 기대되는 수행의 기준에 도달하였는지를 타당하게 평가할 수 있어야 하며, 학습한 내용을 암기하고 복기하는 것이 아니라 활용하고 확장하여 사고하는가를 평가할 수 있는 자료를 선정하도록 한다.

문항은 자료의 제공 여부에 따라 〈표 6〉과 같이 단독 과제형 문항과 자료 제시형 문항으로 분류한다. 과학과는 과학 개념을 기본으로 하여 실험과 탐구 활동이 많은 교과의 특성 상 평가 문항 제작에 활용할 수 있는 자료가 매우 다양하다. 그림과 그래프, 표 외 실험이나 탐구 과정, 도서와 기사 및 학술논문 등에서 추출한 제시문 등 여러 자료를 평가 자료로 선정할 수 있다. 따라서 별도의 자료가 제시되지 않는 단독 과제형 문항을 제작할 수도 있지만, 다양하고 풍부한 자료를 활용할 수 있는 과학과는 주어진 자료를 분석하고 이를 바탕으로 문항에 응답하도록 하는 자료 제시형 문항 제작이 용이하다.

표 6 자료 제공 방식에 따른 서술형·논술형 문항의 분류

단독 과제형	자료 제시형
• 별도의 자료나 정보 미제공 • 문두만으로 해결 가능한 문항	• 단일/복수의 자료나 정보 제공 • 자료를 바탕으로 분석과 추론을 통해 문제 해결

다음은 과학과 서술형·논술형 문항의 예시이다.

- 우리 생활 주변에서 전자기 유도 원리가 적용된 예시를 두 가지 찾아보고, 그 원리를 서술하시오.

＊다음은 지구 환경 변화와 관련된 글이다.

> 2014년 IPCC(기후 변화에 관한 정부 간 협의체)가 발표한 5차 보고서에 따르면 최근
> 전 세계적으로 기후 변화와 관련된 질병들이 증가하고 있고 혹한, 혹서기의 사망률이 증
> 가하고 있다. 또한 해수면 상승으로 인해 21세기에는 연안 저지대가 가장 큰 피해를 입을
> 것이고 침수, 홍수, 침식 등의 영향을 받게 될 것이다. 해양 생태계는 작은 플랑크톤에서
> 큰 생물에 이르기까지 전 세계적으로 종의 재분배가 일어날 것이고, 지역적 특징이 있는
> 토착종의 의미가 사라지게 될 것이다.

- 지구 온난화 대책 중 개인적 노력과 국가적 노력을 한 가지 이상 서술하시오.

－ 출처: EBS 고등예비과정 '통합과학'. 2021.

＊그림 (가)는 평상시 적도 태평양의 대기와 해양의 운동을 나타낸 것이고, (나)는 엘니뇨 발생시의
변화된 상황을 나타낸 것이다.

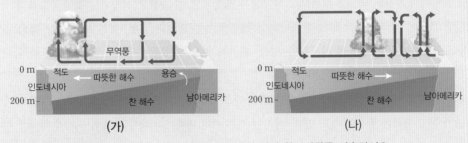

- 평상시와 비교하여 엘니뇨 시기에 대기와 해양에서 일어나는 변화를 서술하시오.

－ 출처: EBS 수능특강 '지구과학 I'. 2020.

그림 (가)는 태평양 적도 부근 해역에서 무역풍의 동서 성분 풍속 편차를, (나)는 해역 A와 B에서의 기압 편차를 나타낸 것이다. a 시기와 b 시기는 각각 엘니뇨 시기와 라니냐 시기 중 하나이고, A와 B는 각각 동태평양 적도 부근 해역과 서태평양 적도 부근 해역 중 하나이다. 편차는 (관측값−평년값)이며, 무역풍에서 서쪽으로 향하는 방향을 양(+)으로 한다.

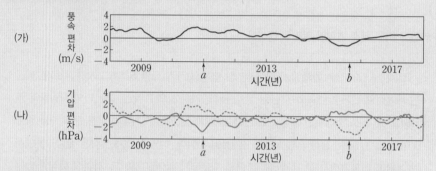

■ 동태평양 해역에 해당하는 것은 A와 B 중 어느 것인지 그렇게 판단한 이유를 서술하시오.

− 출처: 2019학년도 대학수학능력시험 지구과학Ⅱ. 2018.

예시 문항 1은 문항을 해결하기 위한 정보나 자료가 제공되지 않는 단독 과제형 문항의 예이다. 예시 문항 2~4는 제시문과 그림 자료 등을 제공하여 문제를 해결하는 자료 제시형 문항에 해당한다. 제시 자료는 문항의 질문 의도를 잘 반영하여야 한다. 예시 문항 3, 4는 모두 엘니뇨 현상에 대한 문제인데, 대기와 해양의 상황을 묻는 예시 문항 3은 모식도 자료가 적합하고, 예시 문항 4와 같이 엘니뇨 발생 시기를 결정하여 상황을 분석하는 문제는 그래프 자료가 적합하다. 이처럼 다양한 자료 중에서 평가자의 의도를 정확하게 전달할 수 있는 적합한 자료를 선정하는 것이 중요하다.

문항 제작에 채택한 자료에 따라 과학과의 특성 상 탐구과정과 실험, 또는 모둠 활동 등의 수업 활동을 활용하여 평가 활동을 실시할 수 있고, 평가지 역시 제시되는 자료나 평가 활동에 따라 개인별, 모둠별로 수행하도록 구성이 가능하다.

교사가 미리 자료를 선정하여 문항을 제작할 수도 있지만, 학생들의 모둠 활동에서 수합된 자료를 평가 문항 제작에 활용할 수도 있다. 이러한 경우 미리 평가에 사용할 자료의 구체적 형태를 정해 두고, 학생들이 조사나 탐구 활동에서 수집한 자료 중 이에 맞는 자료를 선택하도록 하면 된다. 각 시도별 교육청 및 교과 연구회나 전문적 학습 공동체 등 교사 학습 모임을 통해 수업 활동이나 평가 활동에 활용할 수 있는 관련 자료를 제공받을 수 있다. 평소 이러한 자료를 수집하여 자신만의 분류법으로 수업/평가 자료집을 구축하고 축적하여 활용한다면 평가 의도에 맞는 양질의 자료로 문항을 제작할 수 있어 보다 좋은 수업안과 평가안을 좀 더 수월하게 구상할 수 있을 것이다.

자료 선정 시 유의할 사항은 학생이 이해하고 해석할 수 있는 자료여야 한다는 것이다. 교과에서 제시된 지식 수준의 범위를 벗어나 지나치게 어려운 자료를 선택하지 않도록 하고, 하루가 다르게 발전하고 새로운 학설이 쏟아지는 과학계의 특성 상 현재 학회에서 논의되고 있어 논란의 여지가 있는 자료보다는 명확하고 객관적인 자료를 선택하도록 한다. 특히 과학적 오개념을 유발할 수 있는 자료나 비교육적인 자료의 선택을 지양하고, 제시되는 자료의 출처를 명확하게 밝히도록 한다. 무엇보다 평가 목표에 부합하도록 출제자의 의도가 반영된 자료인가를 검토하도록 한다.

자료 선정시 유의 사항

• 평가 목표에 부합하는 자료

• 학생이 이해하고 해석할 수 있는 수준의 자료

• 현재 학회에서 논의가 진행되어 논란의 여지가 없는 자료

• 오개념을 유발하지 않고 교육적인 자료

• 자료 출처 기재

2-4. 문두 작성하기

과학 교과는 실험과 탐구 활동이 많은 교과의 특성상 다양한 평가 형태가 존재하고 이에 따라 선다형과 서답형의 문항이 제작된다. 논리적인 추론을 바탕으로 한 복잡한 사고의 결과로 답을 선택할 수도 있지만 암기나 추측 또는 단순 선택만으로도 정답을 맞출 가능성이 있어 학생의 학습 성취 여부를 판단하기 애매한 선다형 문항과 달리, 서술형·논술형과 같은 서답형 문항은 측정할 수 있는 평가 범위가 다양하고 넓어 응답자의 사고 수준과 성취 정도를 판단하기 용이하다. 다만 서술형·논술형 문항을 제작할 때는 과학적 개념을 오개념 없이 명확하게 기술할 수 있도록 응답 내용의 개방 정도에 대한 고민이 있을 수 있다.

평가 문항은 평가자의 의도와 평가의 목표에 따라 다양한 형태를 취할 수 있다. 학생이 알고 있는 지식이나 의견을 서술하거나 서술자의 생각이나 주장을 논리적으로 작성하는 서술형·논술형 문항은 응답 반응의 자유를 얼마나 허용하느냐에 따라 응답 제한형과 응답 자유형의 형태로 분류하여 (박혜영 외, 2019) 제시되는 응답 방식을 구체적으로 지시하는데, 서술에 전제 조건이 제시되거나 답안의 내용을 규정하는 응답 제한형에 비해 응답 자유형은 학생의 역량별로 답을 할 수 있어 학생의 개인적 특성을 파악할 수 있는 보다 도전적인 문항 형태이며 성취정도의 파악이 좀 더 구체적이라고 할 수 있다.

앞에 제시된 예시 문항 1, 2는 응답 제한형 문항이다. 예시 문항 1은 '예시를 두 가지~'라는 제한을 두었고, 예시 문항 2는 '개인적 노력과 국가적 노력', '한가지 이상', '제시된 단어들을 모두 이용하여'와 같이 응답 범위의 제한 조건을 제시하였다. 이와 같이 응답 분량 및 허용되는 응답 내용의 범위에 대한 자율성의 허용 정도와 학습 내용의 습득 정도를 평가할 것인지 또는 보다 확장된 논리적 전개에 중점을 둔 평가인지를 고려하여 서술형 문항과 논술형 문항으로 구분하도록 한다. 문항은 암기 위주의 단순한 지식을 묻기 보다는 〈표 7〉에서 제시하는 교수·학습 방법 및 평가 방법을 토대로 하여 교육과정에서 요구하는 성취 기준에 따라 학생들의 다양한 역량을 향상시키기에 적합한 내용으로, 문항에서 제시되는 자료에 대한 통찰력을 갖고 질문을 얼마나 정확하게 파악하고 있는지, 제시된 자료를 올바르게 해석하고 있는지, 명확한 과학적 개념을 갖추고 있는지, 그 개념을 토대로 얼마나 논리적으로 기술할 수 있는지를 평가하도록 발문하도록 한다. 또한 별도의 정보나 자료를 제공하지 않는 단독 과제형의 문항과 문제 해결에 참고할 자료를 제시하는 자료 제시형의 문항을 평가 의도에 맞게 적절히 선택하여 제작하도록 한다.

과학 교과의 서술형·논술형 평가 문항은 자료의 해석과 분석 능력, 논리적이고 창의적인 사고를 바탕으로 한 종합적 사고 능력을 평가할 수 있도록 발문하여야 할 것이다. 단편적 지식 암기가 아닌 지식 외 종합적 사고력 및 논증력이 평가될 수 있도록 과정 중심의 학습 활동을 통해 단계적인 평가 문항의 제시가 필요하다. 개념과 원리 등을 바르게 습득하였는가를 평가하는 비교적 짧은 답안의 서술형 문항들로 시작하여 좀 더 복잡한 사고와 추론 능력을 발휘해야 하는 문항으로 발전시켜 최종적으로는 논리적인 분석과 비판적 사고력, 창의적인 문제 해결력으로 복합적이고 종합적으로 응답하게 하는 논술형 평가 문항을 제시하는 게 좋다.

문두에는 무엇을 평가하는지가 명확히 드러나도록 질문해야 한다. 중의적이고 모호한 질문이 되지 않도록 명료하게 표현한다. 또한 답안 작성에 대한 방향성을 제시하는 조건이나 글자 수 제한 등의 조건들을 제시할 수도 있다. 특히 과학과는 문제 해결 단계에서 과학 공식을 도입하여 결과치를 이끌어 내는 경우가 많은데, 답안에 단위의 작성 여부에 따라 어떻게 점수를 배정해야 할지 고민되는 경우가 많다. '문두 예시'의 (가)와 같이 문두를 작성한 경우 학생은 'km/s, m/s' 등 다양한 속도 단위로 응답할 수 있다. 심지어 풀이 과정과 정답으로 구한 수치는 맞으나 단위 자체를 적지 않는 경우도 있다. 이렇게 물리량을 구하는 문항을 제작한 경우 단위의 작성 여부를 조건으로 명확하게 제시해 주는 게 좋다. '문두 예시'의 (나)와 같이 자료나 문두 등 발문에서 단위를 언급하는 것도 좋다.

문두 예시

- (가) X의 후퇴 속도를 구하시오.
- (나) 해양 지각의 평균 확장 속도는 몇 "cm/년"인지 구하시오.

문두는 평가 활동에서 학생이 직접 접하는 것이므로 평가 목표와 평가 의도가 명확하게 전달되도록 표현해야 한다. 질문을 오해하거나 응답 방향을 잘못 설정하지 않도록 조건과 표현에 각별히 유의하여 작성하도록 한다. 최종 문두가 작성될 때까지 평가자 간 협의와 검토가 수차례 필요한 이유다.

2-5. 채점 기준 작성 및 채점하기

서술형·논술형 평가 문항 제작 과정에서 문제 제작만큼 어려운 과정이 객관적으로 채점하는 것이다. 수험자가 납득할 수 있는 객관적인 채점을 위해 성취해야 할 평가 목표, 성취 수준과 평가 기준을 토대로 예상 답안을 작성하고 그에 맞는 배점을 배정해 채점하도록 한다.

앞서 언급한 바와 같이 과학과 단원별 성취 수준은 단원별 교수·학습이 끝났을 때 학생이 성취하기를 기대하는 지식, 기능, 태도에 도달한 정도를 기술한 것으로 개별 학교의 상황에 맞춰 수정·보완하여 사용할 수 있으므로, 교수·학습 설계와 성취 수준을 마련하기 위한 기초 자료로의 활용이나 학생들의 학업 성취 정도의 판단 준거로의 활용에 유용하다. 따라서 교육과정에서 정한 성취 기준과 평가 기준을 참고하여 출제자가 학생의 역량을 평가하고자 하는 의도를 고려해 가능한 예상 답안을 모두 예측하여 채점 기준을 구체적이면서도 세밀하게 작성하도록 한다. 사전에 채점 기준을 작성하지 않는다면 학생의 응답 내용에 따라 임의적이 되거나 애매모호해질 수 있으므로 평가의 의도와 타당성, 객관성과 신뢰성을 높이기 위해서는 채점 기준과 예상 답안을 반드시 작성하도록 한다.

과학 교과는 탐구 활동과 과학적 소양 함양을 위해 과학의 언어를 이해하여야 한다. 과학의 언어는 많은 정보가 압축되고 전문 용어들을 많이 포함하고 있으며 전문화된 내용 전달을 위한 기술적 어휘를 사용한다. 단언적인 어조로 객관적이고 정확하게 표현하여야 하는 특성 상 과학과의 서술형·논술형 문항의 예시 답안은 이러한 과학의 언어로 표현되고, 과학적 사고력을 통해 자연 현상을 과학적 원리에 근거하여 해석하고 논증하는 과정이 평가될 수 있도록 작성되어야 한다. 단편적 지식 평가나 결과 중심의 정답 찾기에서 벗어나 문제 해결력과 통합적 이해 정도를 평가할 수 있는 논리적 분석과 창의적인 문제 해결 능력이 측정될 수 있는 답안을 작성하도록 한다. 과학에 관한 사물이나 현상, 문제에 대해 의견을 피력하는 과학적 글쓰기가 될 수 있는 답안으로 작성한다.

예상 가능한 다양한 응답의 경우를 모두 정리하여 답안에서 핵심적으로 표현되어야 할 내용을 중심으로 배점을 배정하여 채점하도록 한다. 이 과정에서 평가자/채점자 간의 협의 과정이 반드시 필요하다. 평가자 간 열 명 내외의 학생 답안을 서로 교차 평가하여 평가 결과를 비교해 보고 채점 기준이 객관적이고 타당한지를 파악하여 평가 기준을 검토하고 수정·보완하도록 한다. 채점 과정 중 예상하지 못한 답안이 나올 경우 사전에 작성한 예상 답안의 내용에 준하여 채점 기준안을 수정·보완하도록 한다. 학생의 전반적 수준을 분류하도록 A, B, C와 같이 등급을 부여하는 형태로 채점할 수도 있고, 각 채점 요소에 대한 학생의 기대 수행으로 작성된 채점 기준표에 따라 채점할 수도 있다. 채점 요소에 대한 기대 수행을 작성하는 일은 학생의 강약점에 대한 구체적인 피드백을 줄 수 있어 학생의 역량을 향상시키고 발전시킬 수 있다는 점에서 반드시 필요하다.

채점 기준의 타당성은 평가 결과를 유/무의미하게 할 수 있으므로 중요하다. 채점은 전문성을 갖춘 평가자의 판단이므로 개인별 학습에 대한 의사 결정을 하는데 있어서 중요하게 기능할 수 있다. 따라서 교사는 전문적 판단을 할 수 있는 기량을 키워 타당하고 신뢰도 높은 채점 기준을 작성할 수 있도록 해야 한다.

2-6 평가 결과 해석 및 피드백하기

과학은 지적 탐구의 역사적 산물로서, 과학의 가장 큰 특징은 탐구이다. 서술형·논술형 평가 문항에 대한 학생의 답안을 채점하고 분석하여, 이러한 과학적 탐구의 특징을 반영하고 탐구 과정을 통해 이루어지는 문제 해결과 결론 도출 능력이 향상되었는지를 판단해야 한다. 평가 자료에서 제시한 수식이나 그래프, 도표, 실험 설계 등을 과학의 언어로 제대로 해석하였는지, 발산적 아이디어와 논리적 추론을 중심으로 비판적이고 창의적으로 해석하고 추론했는가를 평가해야 한다.

학생들의 수행 결과물과 평가 답안에 대한 분석은 학교 생활 기록부의 과목별 세부 능력 특기 사항을 작성하는 객관적 자료가 될 수 있다. 또한 분석한 평가 결과를 토대로 과학의 통합적 지식과 과학적 사고력이 증진될 수 있도록 학생 각자에게 필요한 양질의 피드백을 작성할 수 있다. 피드백 과정을 통해 학생에게 정량적 점수를 포함하여 정성적 평가 자료를 제공하도록 한다. 학생이 보여준 성취 역량의 강점과 약점을 되도록 모두 언급하고 취약점을 보완하고 발전해 나갈 수 있도록 안내하고 제시하도록 한다.

평가 결과의 분석과 해석은 학생 개인의 학습에 대한 정보를 수집하게 하여 개별 학생에 대한 판단의 근거로 사용할 수도 있지만, 학습자 전체의 학습 정도의 정보를 파악하는 데도 유용하다. 더불어 학생에게 제시된 문항이 평가에 적절하였는지를 분석하는 근거가 되어 교사의 자기 점검의 기회가 될 수도 있다. 또한 다음 학습과 평가를 계획하는데 반영할 수 있어 교수 학습의 환류에도 유용하므로, 학생 뿐 아니라 교사의 성장을 위해 매우 중요하다.

3. 과학과 서술형·논술형 평가 과정의 실제

　성취 기준과 출제 의도에 맞게 전제 조건을 고려하고 명확하고 세심하게 검토한 문항과 채점 기준안을 제작한다면 학생들의 학습 역량과 학업 성취에 맞는 좋은 문항을 제작할 수 있을 것이다. 이 장에서는 평가 활동을 위해 목표를 설정하고 평가에 적합한 방법과 자료를 선정하여 문항을 제작하는 평가 문항 제작 과정의 사례를 소개한다.

　평가 과정은 수업 활동에서 각각의 활동에 대한 서술형 문항들을 통해 문제 해결을 하며 학습 내용을 습득하여 개념을 확립하고, 최종적으로 이에 대한 학생들의 사고 능력을 확장시킨 논술형 문항을 제시하여 성취 기준에 맞는 평가 활동이 주어지는 형태가 바람직하다. 이를 위해 서술형·논술형 문항의 평가 목표 설정부터 평가 문항과 채점 기준의 제작까지 일련의 과정을 다음의 순서대로 진행한다.

표7 서술형·논술형 평가 문항 제작 과정

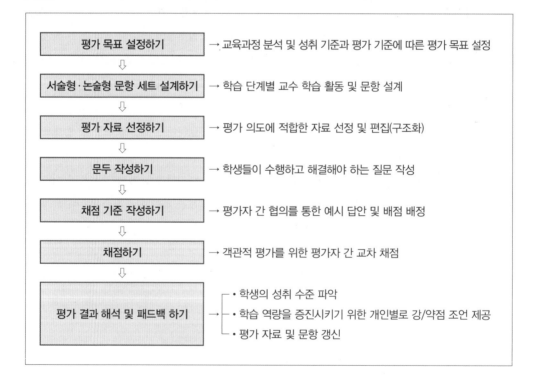

이 장에서는 학교 현장에서 과정 중심의 양질의 평가가 이루어질 수 있도록 수행 평가에서 활용할 수 있는 서술형·논술형 문항 제작 사례를 소개하겠다. 고등학교 1학년 과정의 통합과학 과목에서 "Ⅳ. 환경과 에너지"의 "2.생태계와 환경" 단원을 선택하여, 이상 기후 현상으로 특히 대표되는 지구 온난화를 주제로 한 서술형·논술형 문항을 제작하였다.

3-1. 평가 목표 설정하기

교육과정 분석과 이해를 바탕으로 과목의 내용 체계와 평가 방향을 파악한 후 이러한 점에 역점을 두고 성취 기준에 도달할 수 있도록 평가 목표를 설정해 그에 따른 수업 설계와 서술형·논술형 평가 문항을 제작하도록 구상하는 것이 문항 제작의 시작이라 할 수 있다. 따라서 평가 문항 제작의 첫 단계에서는 〈표 7〉의 2015 개정 과학과 교육과정에서 각 단원별로 제시하고 있는 교수·학습 방법 및 평가 방법을 참고하여 성취 수준에 도달할 수 있는 문항이 제작되도록 평가의 목표를 뚜렷이 설정하도록 한다. 앞서 진술했듯이 성취 기준에는 다양한 평가 방법과 관련된 내용을 진술하고 있으며 개별 성취 기준을 반영하여 진술된 성취 수준은 특정 단원에서 도달하여야 할 다양한 측면, 즉 지식, 기능, 태도, 핵심 역량 등을 반영하고 있다. 그러므로 평가를 실시할 때 지식, 기능, 태도 역량의 개개의 특정 능력에만 초점을 맞추지 않고 다양한 측면을 평가하고 있는지에 대한 점검틀로서 기능하고, 고등학교에서 실시하고 있는 성취 평가제에서 특정 단원에서 수준 구분을 위한 기초 자료로도 활용될 수 있도록 문항의 목표를 설정하고 구상하도록 한다.

표 8 2015 개정 과학과 교육과정의 '통합과학' 과목에 제시된 교수·학습 방법 및 평가 방법

영역	단원(핵심 개념)	교수·학습 방법	평가 방법
물질과 규칙성	(1) 물질의 규칙성과 결합	탐구실험 학습, 발표·토론 학습, 조사 학습, 프로젝트 학습 등	관찰 평가, 프로젝트 평가, 보고서 평가, 수행 평가, 동료 평가 등
	(2) 자연의 구성 물질	발표·토론 학습, 조사 학습, 프로젝트 학습 등	관찰 평가, 보고서 평가, 수행 평가 등
시스템과 상호작용	(3) 역학적 시스템	실험 학습, 프로젝트 학습, 협동 학습 등	관찰 평가, 프로젝트 평가, 보고서 평가, 수행 평가, 동료 평가 등
	(4) 지구 시스템	발표·토론 학습, 협동 학습, 조사 학습 등	프로젝트 평가, 보고서 평가, 수행 평가 등
	(5) 생명 시스템	탐구실험 학습, 발표·토론 학습, 협동 학습, 프로젝트 학습 등	관찰 평가, 프로젝트 평가, 보고서 평가, 수행 평가, 동료 평가 등
변화와 다양성	(6) 화학 변화	탐구실험 학습, 조사 학습, 프로젝트 학습 등	관찰 평가, 프로젝트 평가, 보고서 평가, 수행 평가 등
	(7) 생물 다양성과 유지	조사 학습, 발표·토론 학습, 프로젝트 학습 등	관찰 평가, 보고서 평가, 수행 평가 등
환경과 에너지	(8) 생태계와 환경	발표·토론 학습, 조사 학습, 프로젝트 학습 등	관찰 평가, 프로젝트 평가, 보고서 평가, 수행 평가 등
	(9) 발전과 신재생 에너지	탐구 실험 학습, 조사 학습, 프로젝트 학습 등	관찰 평가, 프로젝트 평가, 보고서 평가, 수행 평가, 동료 평가 등

– 출처: 2015 개정 과학과 교육과정. 2015.

고등학교 1학년 과정의 '통합과학' 과목에서 이상 기후 현상으로 특히 대표되는 지구 온난화를 주제로 한 서술형·논술형 문항을 제작하고자 〈표 7〉의 '환경과 에너지' 영역의 '(8) 생태계와 환경' 단원(핵심 개념)을 채택하였다. 교과서에서는 'Ⅳ. 환경과 에너지'의 '2. 생태계와 환경' 단원으로 구성되어 있다. '생태계와 환경' 단원은

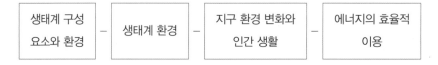

과 같이 구성되어 있으며, '지구 환경 변화와 인간 생활' 영역에서는

---

① 인간 활동이 지구 온난화와 지구 변화에 미치는 영향

② 대기와 해수의 상호 작용의 변화가 지구 환경과 인간 생활에 미치는 영향

③ 기후 변화로 나타나는 지구 환경 변화 예측과 환경 변화를 극복하기 위한 방안 모색

의 내용을 학습하게 된다. 서술형·논술형 문항은 인간 활동이 지구 온난화에 미치는 영향을 파악하고 이에 따른 환경 변화를 극복하기 위한 방안을 모색하는 것을 평가 목표로 설정하였다.

과학과 단원별 성취 수준은 단원에 해당하는 교육의 목표, 핵심 개념, 핵심 역량, 교수·학습 방법 및 평가를 모두 연계하여 교수·학습이 끝났을 때 학생이 성취하기를 기대하는 지식, 기능, 태도에 도달한 정도를 기술한 것으로(이미경 외, 2016), '통합과학'은 5단계(A/B/C/D/E)로 구분하여 제시하고 있다. '2.생태계와 환경' 단원의 단원별 성취 수준은 2015 개정 교육과정에서 제시한 과학 교과 역량을 포함하여 다음과 같이 진술하고 있다.

성취 수준	일반적 특성
A	과학적 탐구 능력을 발휘하여 탐구를 수행하고 생태계 구성 요소와 생물과 환경과의 관계, 생태계 평형이 유지되는 원리, 환경 변화가 생태계에 미치는 영향, 기후 변화가 지구 환경과 인간 생활에 미치는 영향에 대해 설명할 수 있다. 과학적 의사소통 능력을 발휘하여 지구 미래 시나리오를 토의하여 작성할 수 있다. 생태계 구성 요소와 환경, 생태계 평형, 지구 온난화와 지구 환경 변화, 엘니뇨, 대기 대순환, 에너지 전환과 보존, 열효율을 설명할 수 있다.
B	교사의 도움을 받은 탐구 활동을 통해 생태계 구성 요소와 생물과 환경과의 관계, 생태계 평형이 유지되는 원리, 환경 변화가 생태계에 미치는 영향, 기후 변화가 지구 환경과 인간 생활에 미치는 영향에 대해 이해하고 설명할 수 있다. 탐구 활동 결과를 활용하여 생태계 구성요소와 환경, 생태계 평형, 지구 온난화와 지구 환경 변화, 엘니뇨, 대기 대순환, 에너지 전환과 보존, 열효율을 설명할 수 있다.
C	교사의 안내를 받아 탐구 활동을 수행하고, 생물 다양성 파괴가 생태계 보전에 미친 영향 조사, 먹이 관계와 생태계 평형이 유지되는 원리, 관측 자료를 활용한 한반도의 기후 변화 경향성 파악, 기후 변화가 미치는 영향에 대해 이해할 수 있다. 탐구 활동 결과를 활용하여 생태계 구성 요소와 환경, 생태계 평형, 지구 온난화와 지구 환경 변화, 엘니뇨, 대기 대순환, 에너지 전환과 보존, 열효율에 대해 말할 수 있다.

D	교사가 제시한 방법에 따라 생물 다양성 파괴가 생태계 보전에 미친 영향 조사, 먹이 관계와 생태계 평형이 유지되는 원리, 관측 자료를 활용한 한반도의 기후 변화 경향성 파악, 기후 변화가 미치는 영향에 대한 탐구 활동을 수행할 수 있다. 탐구 활동 결과를 활용하여 생태계 구성요소와 환경, 생태계 평형, 지구 온난화와 지구 환경 변화, 엘니뇨, 대기 대순환, 에너지 전환과 보존, 열효율에 대해 말할 수 있다.
E	교사가 제시한 방법에 따라 생태계 보전에 미친 영향 조사, 마른 멸치 위장 속의 먹이 종류 관찰, 관측 자료를 활용한 한반도의 기후 변화 경향성 파악, 지구의 기후가 어떤 변화를 거쳐 왔는지를 알아내는 방법 조사, 기후 변화로 인한 지구 미래 시나리오 작성 활동에 참여하여 생태계와 환경이 서로 영향을 줌을 이해할 수 있다.

– 출처: 2015 개정 교육과정 평가 기준. 2018.

교육과정에서 제시한 '2.생태계와 환경' 단원의 성취 기준은

> [10통과08-03]
>
> 엘니뇨, 사막화 등과 같은 현상이 지구 환경과 인간 생활에 미치는 영향을 분석하고, 이와 관련된 문제를 해결하기 위한 다양한 노력을 찾아 토론할 수 있다.

이며, 교육과정에서 정하는 단원의 평가 기준은 다음과 같다.

상	엘니뇨, 사막화, 지구 온난화 등의 현상이 지구 환경과 인간 생활에 미치는 영향을 분석하고, 이러한 문제를 해결하기 위한 다양한 노력과 쟁점에 대해 토론할 수 있다.
중	엘니뇨, 사막화, 지구 온난화 등의 현상이 지구 환경과 인간 생활에 미치는 영향을 분석하고, 이러한 문제를 해결하기 위한 다양한 노력을 제시할 수 있다.
하	엘니뇨, 사막화, 지구 온난화 등의 현상이 지구 환경과 인간 생활에 미치는 영향을 제시할 수 있다.

– 출처: 2015 개정 교육과정 평가 기준. 2018.

지구 온난화 현상의 원인을 파악하기 위해서는 온실 효과와 대기 중 온실 가스에 대한 사전 이해가 필요하다. 특히 지구 온난화의 주범으로 알려져 있는 이산화 탄소에 대해 '통합과학'의 'Ⅱ. 시스템과 상호 작용' 단원에서 탄소의 순환에 대한 수업, 'Ⅲ. 변화와 다양성' 단원에서 지질 시대 환경의 변화 수업을 통해 이러한 내용에 대한 학습이 이루어지기 때문에, 'Ⅳ. 환경과 에너지' 단원에서 연관된 평가 과제를 수행하도록 한다면 지구 온난화에 대한 단원 간 학습 내용의 유기적인 관계를 이해하는 데 긍정적 영향을 줄 수 있으리라 기대된다.

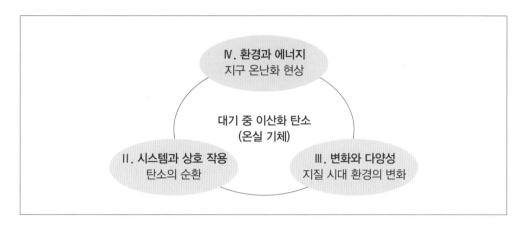

지구 온난화 현상과 관련된 서술형·논술형 문항 제작을 위해 성취 기준 및 평가 기준에서 제시하는 내용을 고려하여

- 대기 중 이산화 탄소량의 변화가 지구 온난화에 미치는 영향을 이해한다.
- 지구 온난화 현상에 따른 지구 환경의 변화를 이해한다.
- 지구 온난화 현상에 대처하는 방안을 모색한다.

와 같이 학습 목표를 설정하고, 평가 목표는 다음과 같이 설정하였다.

- 탄소의 순환 과정을 통해 대기 중 이산화 탄소량이 변화할 수 있음을 설명할 수 있다.
- 온난화 현상에 따른 지구 기후 및 환경의 변화 양상을 설명할 수 있다.
- 지구 온난화 현상에 따른 지구 환경 문제를 해결하기 위한 방안을 구상하여 논리적으로 기술할 수 있다.

이를 정리하여 〈표 8〉과 같이 문항 정보표를 작성하였다. 문항 설계에서 문항 정보표를 작성하는 것은 평가의 형태를 구조화하기 위해 필요한 과정이다. 과정 중심의 수업에서는 학습 활동과 함께 평가가 이루어지므로 과제명과 같이 주제를 설정하면 교수 학습 활동과 평가 활동의 주제를 파악하기에 좋다. 평가 목표 달성을 위해 과제명을 "핫한 지구 – Why hot?"으로 정하였는데, 과제명을 제시하여 학생들이 수업 및 평가 활동에 대한 주제를 명확하게 파악할 수 있도록 한다.

표9 제작 문항의 성취 기준 및 문항 정보표

교과	통합과학	학년/학년군	고등학교 1학년
관련 단원	IV.환경과 에너지 2.생태계와 환경 03.지구 환경 변화와 인간 생활		
과제명	핫한 지구 −Why Hot? (이산화 탄소와 지구 온난화)		

성취 기준 및 평가 기준	[10통과08−03] 엘니뇨, 사막화 등과 같은 현상이 지구 환경과 인간 생활에 미치는 영향을 분석하고, 이와 관련된 문제를 해결하기 위한 다양한 노력을 찾아 토론할 수 있다.	상	엘니뇨, 사막화, 지구 온난화 등의 현상이 지구 환경과 인간 생활에 미치는 영향을 분석하고, 이러한 문제를 해결하기 위한 다양한 노력과 쟁점에 대해 토론할 수 있다.
		중	엘니뇨, 사막화, 지구 온난화 등의 현상이 지구 환경과 인간 생활에 미치는 영향을 분석하고, 이러한 문제를 해결하기 위한 다양한 노력을 제시할 수 있다.
		하	엘니뇨, 사막화, 지구 온난화 등의 현상이 지구 환경과 인간 생활에 미치는 영향을 제시할 수 있다.

출제 의도	대기 중 이산화 탄소의 증가와 지구 온난화 현상과의 관련성을 인지하고, 온난화 현상에 따른 지구 기후 및 환경의 변화 양상을 이해함으로써 지구 환경 보존에 대한 필요성을 인지하고 관련 문제 해결을 위한 방안을 모색하도록 한다.
평가 목표	• 탄소의 순환 과정을 통해 대기 중 이산화 탄소량이 변화할 수 있음을 설명할 수 있다. • 온난화 현상에 따른 지구 기후 및 환경의 변화 양상을 설명할 수 있다. • 지구 온난화 현상에 따른 지구 환경 문제를 해결하기 위한 방안을 구상하여 논리적으로 기술할 수 있다.

3-2. 서술형·논술형 문항 세트 설계하기

서술형·논술형 문항 세트 설계하기에서는 〈표 8〉에서 제시한 평가 목표에 맞는 문항을 제작하기 위한 교수 학습 활동과 평가 계획을 구상한다. '생태계와 환경' 단원은 〈표 7〉에서 보는 바와 같이 발표·토론 학습, 조사 학습, 프로젝트 학습 등의 교수 학습 방법과 관찰 평가, 프로젝트 평가, 보고서 평가, 수행평가 등의 평가 방법을 활용할 수 있으므로, 이를 고려하여 평가 목표에 따른 교수·학습 및 평가 활동을 구상하도록 한다.

교수-학습 활동은 3차시로 구성하여 다음과 같이 학습 목표와 평가 목표를 배치하였다.

1차시	학습 목표	대기 중 이산화 탄소량의 변화가 지구 온난화에 미치는 영향을 이해한다.
	평가 목표	탄소의 순환 과정을 통해 대기 중 이산화 탄소량이 변화할 수 있음을 설명할 수 있다.

⇩

2차시	학습 목표	지구 온난화 현상에 따른 지구 환경의 변화를 이해한다.
	평가 목표	온난화 현상에 따른 지구 기후 및 환경의 변화 양상을 설명할 수 있다.

⇩

3차시	학습 목표	지구 온난화 현상에 대처하는 방안을 모색한다.
	평가 목표	지구 온난화 현상에 따른 지구 환경 문제를 해결하기 위한 방안을 구상하여 논리적으로 기술할 수 있다.

1차시에서는 이산화 탄소량의 변화가 지구 온난화에 미치는 영향을 이해하기 위한 수업으로 대기 중 이산화 탄소량과 지구의 기온 상승과의 관계를 파악하는 활동과 함께 지구 온난화 현상의 증거를 조사하는 모둠 활동 수업을 구상하였다. 이전 단원에서 학습한 '지구 시스템에서 탄소의 순환이 어떻게 이루어지는지'를 상기하여 원시 지구로부터 현재에 이르기까지 지구 대기에서 차지하는 이산화 탄소량의 변화를 분석하는 서술형 문항을 수업 도입부에 제시하도록 한다. 산업 혁명 이후 대기 중 이산화 탄소량이 어떠한 변화 추이를 보여 주는지를 파악하도록 하고, 지구의 기온 변화와의 연관성을 추론하도록 한다. 이러한 추론 과정은 논술형 문항으로 주어지는 지구 온난화 현상의 대처 방안에 대한 실마리를 줄 수 있다. 1차시에서 모둠원들의 토의 및 모둠원 각자의 조사 활동을 통해 지구 온난화 현상의 증거를 탐색하는 과제를 수행할 때 휴대폰이나 태블릿으로 내용을 찾아볼 수 있도록 사용 가능한 검색 기기와 조사 자료를 출력할 수 있는 출력 기기를 사전에 준비하도록 한

다. 또한 검색하는 내용 중 그래프나 표 등의 자료가 있는 경우 바르게 이해하여 해석할 수 있도록 사전 수업이나 보충 수업 등을 통해 학생들이 데이터 분석과 자료 해석에 대한 역량을 미리 갖추도록 한다.

자료 조사 모둠 활동에서는

• 사용 가능한 검색 기기와 조사 자료를 출력할 수 있는 출력 기기를 준비한다.
• 사전 학습을 통해 그래프와 표 등 검색 자료를 해석하는 능력을 갖추도록 한다.

2차시에서는 1차시에서 수행한 모둠 활동의 결과물을 기반으로 하여 토의 및 탐구 보고서 작성 등 활동 내용을 정리하며 지구 온난화 현상에 따른 지구 환경의 변화를 이해하도록 한다. 이를 토대로 온난화 현상에 따른 지구 기후 및 환경의 변화 양상에 관한 서술형 문항을 해결하게 한다.

3차시에서는 지구 온난화 현상에 대처하는 방안을 모색하도록 한다. 1, 2차시 수업에서 학습한 내용과 서술형 문항에서 문제 해결한 내용을 바탕으로 좀 더 발전적인 사고력을 요구하는 논술형 문항을 제시한다. 지구 온난화 현상에 따른 지구 환경 문제를 해결하기 위한 방안을 구상하여, 1~2차시 동안 수행한 내용을 종합적으로 이해하여 단계적 추론의 형태로 답안을 작성하는 논술형 문항을 제시한다.

〈표 9〉는 학습 단계별 교수 학습 활동과 평가 계획을 도식화하여 나타낸 것이다. 모둠 활동과 함께 수행하는 서술형·논술형 평가는 학습 활동에서 고민하고 논의했던 내용과 연관된 문제 해결 과정으로 주어져 학습자들의 평가에 대한 긴장감을 낮추고 좀 더 문항에 집중할 수 있게 할 수 있다.

표 10 학습 단계별 교수 학습 활동 및 평가 계획

학습 단계	학습 목표	교수 학습 활동	평가 문항
1차시	대기 중 이산화 탄소량의 변화가 지구 온난화에 미치는 영향을 이해한다.	**개인** - 지구 대기 중 지구 온난화에 영향을 주는 이산화 탄소량의 변화 파악/분석하기 **개인, 모둠** - 모둠원의 자료 수집 역할 분담하기 - 지구 온난화 현상의 증거 자료 수집하기, 탐구 보고서 작성하기 - 신문 기사, 인터넷, 도서 자료 검색	[서술형 문항 1] **개인** 지구 온난화에 영향력이 큰 대기 중 이산화 탄소량의 변화 유추 **≫ 피드백**

학습 단계	학습 목표	교수 학습 활동	평가 문항
2차시	지구 온난화 현상에 따른 지구 환경의 변화를 이해한다.	**개인, 모둠** - 모둠원이 수집한 지구 온난화 증거 자료 분석하기, 토의하기, 발표하기 - 탐구 보고서 작성하기	[서술형 문항 2] **개인** 지구 온난화 현상에 따른 기후 지표들의 변화를 통해 지구 온난화 현상의 영향 이해 **≫ 피드백**

학습 단계	학습 목표	교수 학습 활동	평가 문항
3차시	지구 온난화 현상에 대처하는 방안을 모색한다.	**개인** - 모둠 활동의 전체적인 내용을 구조적으로 이해하기 - 제시된 자료의 내용 이해하기 - 지구 온난화에 대처하는 방안 모색하여 논리적으로 기술하기	[논술형 문항 3] **개인** 지구 온난화 현상의 원인과 영향 및 대처 방안 모색 **≫ 피드백**

3-3. 평가 자료 선정하기

평가 자료는 교육과정의 성취 기준과 평가 기준에 맞게 교사가 의도하는 평가 목표를 반영하고, 기대되는 수행의 기준에 도달하였는지를 타당하게 평가할 수 있는 자료를 선정해야 한다. 앞서 언급했듯 학생들의 조사 자료에서 선정할 수도 있고, 교사가 수집한 자료를 선정할 수도 있다. 선정 자료 수집은 평가의 주요 키워드로부터 시작한다. '지구 온난화', '이산화 탄소', '온실 효과', '기후 변화', '탄소의 순환' 등의 핵심 용어에 대한 검색을 통해 도서와 기사, 학술 논문 등에서 발췌할 수 있는 관련 글, 그림, 그래프 및 표 등을 수집하고 문항 자료로 적합한지 검토하도록 한다. 대학수학 능력이나 수능모의평가, 교육청 주관의 연합고사에 출제된 문항에서도 모식화되거나 도식화된 자료들을 접할 수 있다. 특히 논문에 실린 그림과 그래프 등 최신 자료들이 문항에 맞게 간략하게 재도식화된 경우가 많아 과학과에서 유용하게 사용할 수 있으므로 이러한 기출 문항들의 자료 역시 수집 대상의 후보가 된다. 평소 용어별 폴더를 만들어 수집한 자료를 해당 폴더에 분류하고 정리해 놓으면 평가 문항 뿐 아니라 모둠 활동이나 수업 자료에서 유용하게 사용할 수 있다.

자료 수집을 위한 Tip
- 평가 문제의 핵심 키워드로 검색한다.
- 학습, 평가 자료의 용어별 폴더를 만들고, 평소 자료를 수집하여 분류, 정리, 축적해 놓는다.

과제명 "핫한 지구 − Why Hot?"의 교수 학습 활동을 통해 설계한 차시별 서술형·논술형 평가 문항은 모두 자료가 제공되며, 선정한 자료는 그래프와 그림, 제시문이다.

| 평가 목표 | 탄소의 순환 과정을 통해 대기 중 이산화 탄소량이 변화할 수 있음을 설명할 수 있다. |

[그래프(도서)]

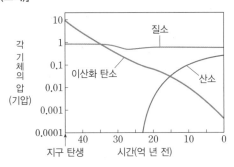

– 출처: EBS 수능특강 지구과학1, 2016.

[표, 제시문(도서)]

〈표 1-2〉는 지구 대기 중의 화학 성분을 나타낸 것이고, 〈표 1-3〉은 지구 표층에 있어서 산업 혁명 이전의 탄소의 분포를 나타낸 것이다. 표 1-2.에 나타난 지구의 대기 조성을 보면, 질소와 산소가 주체이고 이산화 탄소는 0.03%밖에 되지 않는 것을 알 수 있다. 금성 및 화성의 대기와 비교하면 이산화 탄소가 아주 적은 것이다. 금성과 지구는 그 크기와 밀도 그리고 화학 조성 등이 아주 유사한 형제별이라고 하기 때문에 같은 원시 성운으로부터 탄생하여 그 형성 과정도 비슷한 것이었다고 생각된다.

[표 1-2: 대기 중의 화학 성분]

성분	화학식	용량 존재도	성분	화학식	용량 존재도
질소	N_2	78.084%	크립톤	Kr	1.14ppm
산소	O_2	20.984%	수소	H_2	0.5ppm
아르곤	Ar	0.934%	키세논	Xe	0.089ppm
이산화 탄소	CO_2	345ppm	메탄	CH_4	1.7ppm
네온	Ne	18.18ppm	일산화질소	N_2O	0.3ppm
헬륨	He	5.24ppm			

금성과 같은 온도와 압력 조건(430℃, 100기압)에서 탄산염은 산화칼슘과 이산화 탄소로 분해된다. 또한 무생물의 상태에서는 유기물로 합성되지 않는다.

지구 표층에 분포하는 탄산염과 유기물이 모두 이산화 탄소로 되었을 경우 약 100기압으로 계산이 된다.

1 차시 서술형 평가 문항 자료

[표 1-3: 지구 표층에 있어서 탄소의 분포]

물질	존재량(10^6Gt)	물질	존재량(10^6Gt)
석회암+돌로마이트 (dolomite)	290,000	천연가스	1.6
		해양(전탄산)	380
켈로젠 (kerogen)*	72,000	대기(이산화 탄소)	5.4
석탄+리그닌(lignin)	37	토양유기물	2.4
석유	2.8	생물	0.6

〈산업 혁명 전의 값〉

* 켈로젠: 퇴적암의 유기 물질의 일부를 구성하는 유기 화합물의 혼합물로서, 고온으로 가열하면 기름과 다른 부산물로 분리된다.

– 출처: 노자키유시유키, 지구 온난화와 바다. 2000.

평가 목표 | 온난화 현상에 따른 지구 기후 및 환경의 변화 양상을 설명할 수 있다.

[그림 (학술 보고서)]

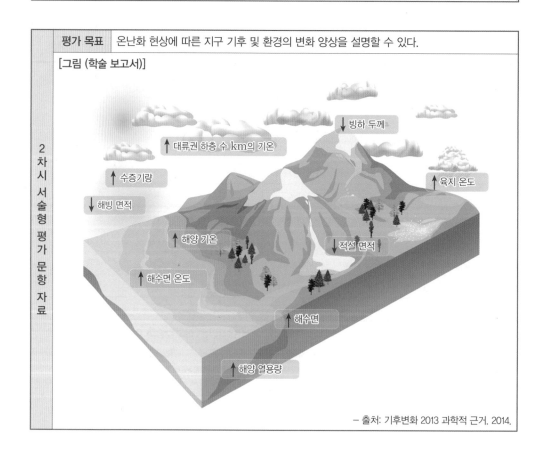

– 출처: 기후변화 2013 과학적 근거. 2014.

2차시 서술형 평가 문항 자료

평가 목표	지구 온난화 현상에 따른 지구 환경 문제를 해결하기 위한 방안을 구상하여 논리적으로 기술할 수 있다.

3차시 논술형 평가 문항 자료

[제시문 (기사)]

"현 수준의 온실 가스 배출량을 유지한다면, 지구의 연평균 기온이 산업화 이전보다 1.5도를 넘는 시점이 올해가 될 수도 있다."

기후 변화에 관한 정부 간 협의체, IPCC는 이같은 내용을 담은 실무 그룹 보고서를 승인했습니다. IPCC는 3년 전 제출한 특별 보고서에서는 1.5도 도달 시점을 2030년에서 2052년이라고 예측했는데, 10년 가까이 빨라졌습니다. IPCC는 그러면서, 지구의 기후 변화가 여러 측면에서 전례가 없는 일이라고 지적했습니다.

IPCC의 기후 변화 분석 결과를 보면, 2011년부터 지난해까지 전 지구의 평균 지표면 기온이 산업화 이전보다 1.09도 높아졌고, 해수면 상승 속도도 약 2.85배 증가했습니다. 특히 2019년 대기 중 이산화 탄소 농도는 200만 년 만에 최대값을 기록했습니다. IPCC는 지금과 같은 지구 온난화가 계속될 경우 산업화 이전 50년에 한 번 발생했던 극한 고온의 빈도는 8.6배 증가하고, 그 강도도 2도 이상 강해질 것으로 전망했습니다.

이에 따라 IPCC는 탄소 중립을 통한 이산화 탄소 배출량 제한과 메탄 등 다른 온실가스를 강력하게 감축해야 지구 온난화를 막을 수 있다고 조언했습니다.

– 출처: 2021. 08. 09. KBS 뉴스.

1차시 평가 활동을 통해 제시될 문항의 평가 목표는 대기 중 이산화 탄소의 증가와 지구 온난화 현상과의 관련성을 설명하는 것이다. 이 서술형 평가 문항에서 사용할 자료는 그래프와 표, 발췌 글이다. 지구 온난화의 주범으로 알려져 있는 이산화 탄소는 'Ⅱ. 시스템과 상호 작용' 단원과 'Ⅲ. 변화와 다양성' 단원에서 탄소의 순환과 지질 시대 환경의 변화를 통해 학습한다. 1차시에 이산화 탄소가 지구 온난화에 영향을 주는가를 알아보기 위한 모둠활동을 수행하기 전에 대기 중 이산화 탄소량이 어떻게 변화해 왔는가를 질문하는 문항에 제시될 자료로 대기의 조성 변화를 나타내는 그래프, 지구 표층의 탄소 분포표, 금성과 지구의 환경비교 글을 선정하였다.

2차시 평가 활동을 통해 제시될 문항의 평가 목표는 온난화 현상에 따른 지구 기후 및 환경의 변화 양상을 설명하는 것이다. 모둠 활동을 통해 지구 온난화 현상에 따른 지구상의 다양한 환경 변화를 인지한 학생들이 대기권, 수권, 지권의 지구 시스템에서의 변화 양상을 올바르게 파악하고 있는가를 질문하기 위해 지구 시스템의 형태를 모식적으로 나타낸 그림을 IPCC 평가 보고서에서 발췌하여 선정하였다. 기후 변화에 관한 정부 간 패널로 지구 환경에 대한 종합적인 대책을 검토하고자 1988년 공동 설립한 국제 협의체 IPCC의 평가 보고서는 기후 변화와 관련된 다양한 자료를 참고할 수 있다.

3차시 평가 활동을 통해 제시될 문항의 평가 목표는 지구 온난화 현상에 따른 지구 환경 문제를 해결하기 위한 방안을 구상하여 논리적으로 기술하는 것이다. 이를 위해 매체에서 다뤄진 지구 온난화에 대한 기사들 중 KBS 뉴스 기사문을 발췌하였다. 기사에서는 현재 지구 온난화의 심각 정도와 이에 따라 탄소 중립에 대한 필요성을 이야기하고 있다. 지구 온난화에 따른 문제에 대처할 수 있는 방안을 다양하게 모색해 볼 수 있는 문항의 제시문이 되도록 매체 글의 일부를 재구성할 수 있다.

선정된 자료는 제시할 문항에 맞게 평가자 의도를 반영하여 재가공하도록 한다. 표와 그래프는 간략하게 재배열하거나 재도식화할 수 있고, 제시문 역시 응답자의 지문 이해 수준과 응답 시간 등을 고려해 축약할 수 있다. 제시문의 일부를 변형하여 의도에 맞게 재작성할 수도 있다. 〈서술형 2〉에 제시할 그림처럼 부호와 용어가 포함된 경우 출제 의도대로 필요에 맞게 삭제 또는 추가할 수 있다. 재가공된 자료는 다음과 같다.

1차시 서술형 평가 문항 자료	**[그래프(기출 문항)]** 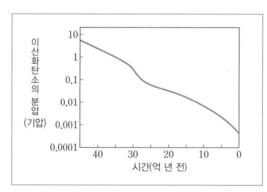 **[표, 제시문(도서)]** [표 1-3: 지구 표층에 있어서 탄소의 분포]

물질	존재량(10^6Gt)	물질	존재량(10^6Gt)
석회암+돌로마이트 (dolomite)	290,000	천연가스	1.6
		해양(전탄산)	380
켈로젠 (kerogen)*	72,000	대기(이산화 탄소)	5.4
석탄+리그닌(lignin)	37	토양유기물	2.4
석유	2.8	생물	0.6

〈산업 혁명 전의 값〉

* 켈로젠: 퇴적암의 유기 물질의 일부를 구성하는 유기 화합물의 혼합물로서, 고온으로 가열하면 기름과 다른 부산물로 분리된다.

지구 대기의 조성 성분은 질소와 산소가 주체이고 이산화 탄소는 0.03%밖에 되지 않는다. 금성 및 화성의 대기와 비교하면 이산화 탄소가 아주 적은 것이다. 금성과 지구는 그 크기와 밀도 그리고 화학 조성 등이 아주 유사한 형제별이라고 하기 때문에 같은 원시 성운으로부터 탄생하여 그 형성과 정도 비슷한 것이었다고 생각된다.

금성과 같은 온도와 압력 조건(430℃, 100기압)에서 탄산염은 산화칼슘과 이산화 탄소로 분해된다. 또한 무생물의 상태에서는 유기물로 합성되지 않는다. 지구 표층에 분포하는 탄산염과 유기물이 모두 이산화 탄소로 되었을 경우 약 100기압으로 계산이 된다.

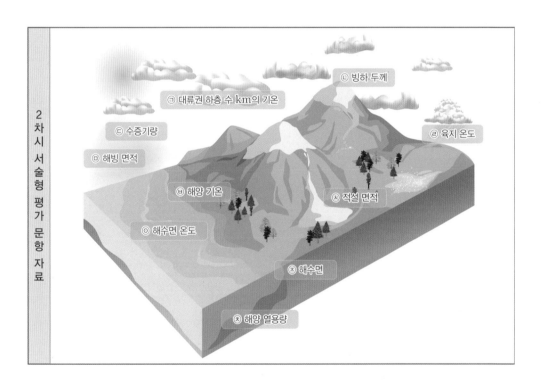

3
차
시

논
술
형

평
가

문
항

자
료

"현 수준의 온실가스 배출량을 유지한다면, 지구의 연평균 기온이 산업화 이전보다 1.5도를 넘는 시점이 올해가 될 수도 있다."

기후 변화에 관한 정부 간 협의체, IPCC는 이같은 내용을 담은 실무그룹 보고서를 승인했습니다. IPCC는 3년 전 제출한 특별 보고서에서는 1.5도 도달 시점을 2030년에서 2052년이라고 예측했는데, 10년 가까이 빨라졌습니다. IPCC는 그러면서, 지구의 기후 변화가 여러 측면에서 전례가 없는 일이라고 지적했습니다.

IPCC의 기후 변화 분석 결과를 보면, 2011년부터 지난해까지 전 지구의 평균 지표면 기온이 산업화 이전보다 1.09도 높아졌고, 해수면 상승 속도도 약 2.85배 증가했습니다. 특히 2019년 대기 중 이산화 탄소 농도는 200만 년 만에 최대값을 기록했습니다. IPCC는 지금과 같은 지구 온난화가 계속될 경우 산업화 이전 50년에 한 번 발생했던 극한 고온의 빈도는 8.6배 증가하고, 그 강도도 2도 이상 강해질 것으로 전망했습니다.

이에 따라 IPCC는 (   )해야 지구 온난화를 막을 수 있다고 조언했습니다.

3-4. 문두 작성하기

문항은 평가 내용을 포함한 형식을 갖추어야 한다. 학생이 학습해야 할 학습 목표는 평가자에게는 평가 목표가 될 것이다. 이것은 문항에서 '평가 요소'에 해당되며 발문의 서술어는 '기능 요소'가 된다. 서술형·논술형 문항의 경우, 주어지는 자료나 서술의 방식과 제한을 요구하는 '조건'으로 문장을 구성하면 형식을 갖춘 문항이 될 수 있다. 문두는 제시된 자료나 문항의 방향을 설정해 주는 '도입'으로 출발한다. 형식을 갖춰 명확하게 작성된 문두는 학생의 응답 방향을 정확하게 지정해주며 문항의 타당도와 채점의 신뢰도를 높일 수 있다. 또한 배점을 기재하여 응답자가 응답에 대한 집중도를 가늠할 수 있도록 한다.

1차시	학습 목표	이산화 탄소량의 변화가 지구 온난화에 미치는 영향을 이해한다.	
	평가 목표	탄소의 순환 과정을 통해 대기 중 이산화 탄소량이 변화할 수 있음을 설명할 수 있다.	
	서술형 문항 1	(가)는 지구 탄생 이후 시간에 따른 대기 중 이산화 탄소 양의 변화를 나타낸 그래프이고, (나)는 산업혁명 이전의 지구 표층의 탄소의 분포를 나타낸 표와 설명이다.	도입
		지구 탄생 초기에 대기 중의 이산화 탄소가 급격히 감소한 이유를	평가 요소
		지구 대기의 이산화 탄소가 금성에 비해 적은 이유와 관련지어	조건
		서술하시오.	기능
		(3점)	배점

1차시의 서술형 문항은 지구 탄생 초기에 대기에 가장 많은 양을 차지하고 있었던 이산화 탄소가 현재와 같은 분포를 가지게 된 이유에 대해 주어진 자료를 토대로 추론하는 문항이다. 수업 도입에 주어지는 이 문항은 탄소의 순환을 통해 이산화 탄소가 지구 시스템의 다양한 영역에 저장되고 이동될 수 있어 산업 혁명 이후 대기 중에 이산화 탄소량이 증가할 수 있다는 사실을 자연스럽게 받아들이게 함으로써 모둠 활동 학습을 시작하는 데 유용하다. 이렇게 수업 도입에서 실시하는 평가는 이전 단원에서 학습한 내용을 상기하게 하고 현 단원에서 진행할 학습 내용에 좀 더 집중하게 할 수 있다.

2차시	학습 목표	지구 온난화 현상에 따른 지구 환경의 변화를 이해한다.	
	평가 목표	온난화 현상에 따른 지구 기후 및 환경의 변화 양상을 설명할 수 있다.	
	서술형 문항 2	지구가 온난화되고 있다는 증거는 상층대기로부터 심해에 이르기까지 다양한 곳에서 확인되는 여러 가지 기후 지표에서 나오고 있다.	도입

		그림에서 제시하는 요소들은	조건
		지구 온난화에 의해 어떻게 변화되고 있는지	평가 요소
		증가/감소의 단어를 사용하여	조건
		서술하시오.	기능
		(3점)	배점

2차시의 서술형 문항은 온난화 현상에 따른 지구 기후 및 환경의 변화 양상을 설명할 수 있는가를 평가하는 문항으로, 제시된 그림 자료를 설명하는 것으로 도입하였다. 자료의 그림에서 표현된 각 기후 요소의 지구 온난화에 의한 변화를 '평가 요소'로 하여, 그림에 나타낸 기후 요소 항목만으로 '증가'와 '감소'로 응답하도록 응답의 범위를 제한하는 '조건'을 주는 문항으로 작성하였다. 답안에 작성할 응답 범위를 정해주면 채점 기준을 좀 더 명확하게 설정할 수 있어 해당 내용에 대한 올바른 언급 정도에 따라 점수 배점을 배정하기 용이하다. 이러한 제한형 문항은 채점자 입장에서는 응답 수대로 점수를 배정하여 채점하기는 좋지만, 학생들의 다양한 사고를 확장시키거나 파악하는 측면이 축소될 수 있으므로, 주로 올바른 개념을 인지하고 있는지를 확인하는 문항을 제작할 때 활용하는 것이 좋다.

3차시	학습 목표	지구 온난화 현상에 대처하는 방안을 모색한다.	
	평가 목표	지구 온난화 현상에 따른 지구 환경 문제를 해결하기 위한 방안을 구상하여 논리적으로 기술할 수 있다.	
	논술형 문항 3	다음 매체 자료를 읽고, 질문에 답하시오.	도입
		제시문 중 ( )안에 들어갈	조건
		지구 온난화 억제 방법을 구상하여, 그렇게 생각한 이유를	평가 요소
		지구 온난화 현상의 원인과 영향을 기반으로 논리적으로	조건
		서술하시오.	기능
		(4점)	배점

3차시의 논술형 문항은 지구 온난화 현상에 따른 지구 환경 문제를 해결하기 위한 방안을 구상하여 논리적으로 기술할 수 있는가를 평가하는 문항으로, 제시문 자료를 소개하는 것으로 도입하였다. 제시문의 일부를 삭제하여 삭제한 부분에 대해 응답자가 사고의 결과를 작성하도록 하였다. 앞서 수행한 서술형 문항 평가와 모둠활동의 내용인 '지구 온난화 현상의 원인과 영향'을 기반으로 하여 '논리적으로' 기술하는 것을 응답 제한 조건으로 제작하였다.

과학과 서술형·논술형 실전 문제

1차시 | **'핫한 지구 – Why Hot? 평가 활동의 서술형 문항 1**

※ (가)는 지구 탄생 이후 시간에 따른 대기 중 이산화 탄소 양의 변화를 나타낸 그래프이고, (나)는
산업혁명 이전의 지구 표층의 탄소의 분포를 나타낸 표와 설명이다.

(가)

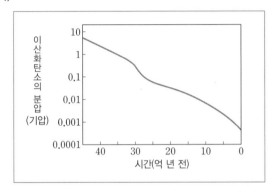

(나) 지구 표층의 탄소의 분포

물질	존재량(10^6Gt)	물질	존재량(10^6Gt)
석회암+돌로마이트 (dolomite)	290,000	천연가스	1.6
		해양(전탄산)	380
켈로젠 (kerogen)*	72,000	대기(이산화 탄소)	5.4
석탄+리그닌(lignin)	37	토양유기물	2.4
석유	2.8	생물	0.6

〈산업 혁명 전의 값〉

* 켈로젠: 퇴적암의 유기 물질의 일부를 구성하는 유기 화합물의 혼합물로서, 고온으로 가열하면 기름과 다른
부산물로 분리된다.

　지구 대기의 조성 성분은 질소와 산소가 주체이고 이산화 탄소는 0.03%밖에 되지 않는다.
금성 및 화성의 대기와 비교하면 이산화 탄소가 아주 적은 것이다. 금성과 지구는 그 크기와
밀도 그리고 화학 조성 등이 아주 유사한 형제별이라고 하기 때문에 같은 원시 성운으로부터
탄생하여 그 형성과정도 비슷한 것이었다고 생각된다.

금성과 같은 온도와 압력 조건(430℃, 100기압)에서 탄산염은 산화칼슘과 이산화 탄소로 분해된다. 또한 무생물의 상태에서는 유기물로 합성되지 않는다. 지구 표층에 분포하는 탄산염과 유기물이 모두 이산화 탄소로 되었을 경우 약 100기압으로 계산이 된다.

[서술형 1] 지구 탄생 초기에 대기 중의 이산화 탄소가 급격히 감소한 이유를 지구 대기의 이산화 탄소가 금성에 비해 적은 이유와 관련지어 서술하시오. (3점)

1차시의 '서술형 문항 1'은 지구 시스템의 구성 요소 간 탄소의 순환에 대해 명확하게 이해하고 있는가를 지구의 지질학적 사건의 측면에서 해석해 보고 이전 단원에서 학습한 지구 시스템의 구성 요소 간 탄소의 이동을 토대로 서술하도록 하는 문항이다. 이는 각각의 단원에서 학습하는 내용들의 과학 개념들이 유기적으로 연계되어 있음을 인지하게 할 수 있다. 지구 시스템 내에서의 탄소의 순환에 대해 학습했던 내용과 연관 지어 대기 중 이산화 탄소량이 어떻게 변화되어 왔는지를 유추하여 서술하도록 함으로써, 대기 중 이산화 탄소량의 변화가 지구 온난화 현상에 영향을 줄 수 있다는 것을 인지하게 해 줄 수 있어 출제 의도를 잘 반영하고 있다.

'서술형 문항 1'에서는 대기 중 이산화 탄소의 양이 지구의 역사와 더불어 어떻게 변해 왔는지를 추론하게 하여 다른 단원에서 다뤄진 탄소의 순환 과정을 상기함으로써 이산화 탄소량의 분포와 변화에 대한 유연한 사고를 하도록 하였다.

※ 지구가 온난화되고 있다는 증거는 상층 대기로부터 심해에 이르기까지 다양한 곳에서 확인되는 여러 가지 기후 지표에서 나오고 있다.

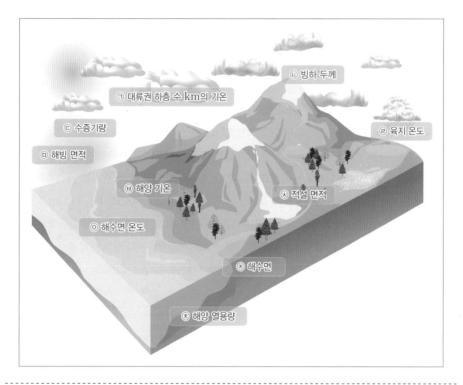

[서술형 2] 지구 온난화에 따라 그림에서 제시하는 요소들은 어떻게 변화되고 있는지 증가/감소의 단어를 사용하여 서술하시오. (3점)

모둠 활동이 끝난 후 개인 평가 과제에 대한 2차시 〈서술형 문항 2〉는 모둠 활동을 통해 분석하고 이해한 지구 온난화 현상에 대한 증거를 기후 지표를 통해 표현하도록 한 서술형 문항이다.

〈서술형 문항 2〉는 지구상 곳곳에서 확인되는 기후 지표들의 요소를 분석하여 지구 온난화 현상에 따른 지구 기후 및 환경의 변화를 이해하는지를 파악하기 위한 출제 의도를 반영하고 있다.

＊ 다음 매체 자료를 읽고, 질문에 답하시오.

> "현 수준의 온실 가스 배출량을 유지한다면, 지구의 연평균 기온이 산업화 이전보다 1.5
> 도를 넘는 시점이 올해가 될 수도 있다."
>
> 기후 변화에 관한 정부 간 협의체, IPCC는 이같은 내용을 담은 실무 그룹 보고서를 승인
> 했습니다. IPCC는 3년 전 제출한 특별 보고서에서는 1.5도 도달 시점을 2030년에서 2052
> 년이라고 예측했는데, 10년 가까이 빨라졌습니다. IPCC는 그러면서, 지구의 기후 변화가
> 여러 측면에서 전례가 없는 일이라고 지적했습니다.
>
> IPCC의 기후 변화 분석 결과를 보면, 2011년부터 지난해까지 전 지구의 평균 지표면 기
> 온이 산업화 이전보다 1.09도 높아졌고, 해수면 상승 속도도 약 2.85배 증가했습니다. 특히
> 2019년 대기 중 이산화 탄소 농도는 200만 년 만에 최대값을 기록했습니다. IPCC는 지금
> 과 같은 지구 온난화가 계속될 경우 산업화 이전 50년에 한 번 발생했던 극한 고온의 빈도
> 는 8.6배 증가하고, 그 강도도 2도 이상 강해질 것으로 전망했습니다.
>
> 이에 따라 IPCC는 (   )해야 지구 온난화를 막을 수 있다고 조언했습니다.
>
> — 출처: 2021. 08. 09. KBS 뉴스 중

[논술형 3] 제시문 중 (   ) 안에 들어갈 지구 온난화 억제 방법을 구상하여, 그렇게 생각한 이유를
지구 온난화 현상의 원인과 영향을 기반으로 논리적으로 기술하시오. (4점)

'논술형 문항 3'은 모둠 활동과 평가 활동을 통해 앞으로 지구 온난화에 어떻게 대처해야 할지 고
민하고 지구 온난화 현상의 원인 및 영향과 함께 그 해결방안에 대해 과학적인 관점에서 기술하도
록 한 문항이다. '논술형 문항 3'은 매체 자료로부터 지구 온난화 현상에 대한 위기감을 인지하여 그
대처 방안을 모색함으로써 지구 미래 환경 보전에 대한 필요성과 관련 문제 해결을 위한 노력의 내
용으로 응답하고 있는지를 파악하고자 하는 출제 의도가 반영되어 있다.

한편 논술형 문항을 해결하기 위해서는 교수 학습 활동에서 모둠 활동을 통해 자료를 조사하고
논의한 내용이 바탕이 될 수 있음을 숙지시키도록 한다.

이처럼 '모둠 활동'과 '서술형 문항 1, 2'를 해결하며 최종적으로 논술형 문항에 응답하여 평가 목

표에 부합하는 성취 기준에 도달하였는지를 파악할 수 있도록 단계적 문항을 제작하는 것이 좋다('모둠 평가'는 이어지는 '과학과 모둠 활동 실전 사례'에 제시됨.). 또한 출제 의도가 잘 반영되었는지를 점검하는 점검표를 작성하고, 평가자 간 모의 평가를 실시하고 협의하며 문항을 수정하고 개선하는 활동이 필요하다.

과학과 모둠 활동 실전 사례

앞서 언급했듯 과정 중심의 평가는 수업과 동시에 이루어지며 학생의 문제 해결 과정과 모둠원들과의 의사소통 과정을 통한 창의적 해결 등을 평가할 수 있어 서술형·논술형 평가의 교육적 효과를 높일 수 있다. 교실 현장에서 학생은 개인별 과제를 수행할 수도 있지만, 모둠원과 함께하는 탐구와 토론 활동을 통해 다양한 교육 효과를 얻을 수 있다. 이에 따라 〈표 9〉에서 나타낸 바와 같이 모둠 활동으로 교수학습 활동을 구상하였다.

다음 '모둠 활동 예시'와 같이 모둠 활동에서 각자 개인이 수행할 과제를 설정하고, 이를 수행한 뒤 다음 차시에서 발표 및 내용 공유의 모둠 활동을 수행한 후, 마지막 3차시에서 평가 문항에 답하는 평가 과제를 수행하도록 한다.

1~2차시   '핫한 지구 – Why Hot? (이산화 탄소와 지구 온난화)'의 모둠 활동 예시

인구의 증가와 더불어 지구상에서 인간의 활동이 폭발적으로 증가함에 따라 지구의 환경이 급속히 변화되고 있다고 한다. 이에 따라 대기 중 이산화 탄소량의 변화 역시 인간 생활에 크게 영향을 주고 있다. 특히 화석 연료 등의 사용에 의한 대기 중 이산화 탄소량의 증가와 그에 따른 지구 온난화는 인류가 의도치 않았던 최대 위기로 여겨지고 있으며, 사회·경제 분야를 포함하여 지구에 존재하는 사람들의 일상에 크게 영향을 주고 있다.

그림은 IPCC[1] 제 5차 평가 보고서에 제시된 1958년 이후 대기중 이산화 탄소 농도의 변화 (빨강은 마우나로아[2]에서, 검정은 남극에서 측정한 값)를 나타낸 그래프이다.

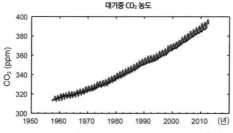

대기중 CO₂ 농도

― 출처: 기후변화 2013 과학적 근거. 2014

그래프에서 보이는 것과 같이 지구 탄생이 후 급격하게 줄어들었던 대기 중 이산화 탄소량은 산업 혁명 이후 꾸준히 증가하고 있다. 이러한 이산화 탄소 증가에 의한 지구 온난화로 지구의 평균 기온이 높아지고 있어 이상 기후를 포함하여 지구 환경의 변화 등 다양한 문제가 발생한다고 한다. 정말 지구는 뜨거워지고 있을까? 지구가 뜨거워지고 있다면 지구에서는 어떤 일들이 일어나고 있는 걸까?

(1) 산업 혁명 이후 대기 중 이산화 탄소의 변화 경향과 이유를 분석하고 토의한다.

(2) 지구 온난화 현상의 증거 자료는 어떤 것이 있는지 모둠별로 토의한다.

(3) 지구 온난화 현상의 증거에 해당하는 요소들에 대해 모둠원별로 분담하여 조사한다.
  ※ 보고서 조사 방법 칸에 자료 출처 기재
  ※ 조사한 자료(그림, 그래프)는 항목별로 A4 용지에 작성

---

1) IPCC(Intergovernmental Panel on Climate Change): 기후 변화에 관한 정부간 패널로 국제 연합의 전문 기관인 세계 기상 기구(WMO)와 국제 연합 환경 계획(UNEP)에 의해 1988년 설립된 조직

2) 마우나로아(Mauna Loa): 해발 3397m의 하와이 마우나로아 섬의 관측소는 도시와 공장 지대를 피하고, 잘 혼합된 공기를 채취하기 위한 장소로 선택되었으며, 1958년 3월부터 관측을 시작하였는데 초기에는 무인으로 운영되었지만, 보수와 점검을 위해 매주 1~2회 사람이 방문하여 운영하고 있음.

(4) 모둠원 각자 개인별로 조사한 내용을 모둠에서 발표하고 내용을 공유한다.

(5) 칠판에 항목별로 구분하여 조사 자료를 붙이고 모둠별로 발표한다.

(6) 탐구 보고서의 '토의' 활동 후, '모둠 활동 소감'란에 평가 활동에서 파악하고 알게 된 내용과 소
감을 작성한다.

[탐구 보고서의 예시]

주제	'핫한 지구 - Why Hot?'
모둠원 이름	○○모둠 (김○○)
조사 항목	
조사 방법	
조사 결과	
결론	
토의	1. 모둠 활동을 통해 조사한 항목들이 대기 중 이산화 탄소량의 변화와 관계가 있다고 생각되는가? 2. 모둠 활동에서 알아낸 내용을 토대로 지구 온난화 현상이 환경에 어떠한 영향을 미치는지 토의해 보자.
모둠 활동 소감	

위의 '모둠 활동 예시'에서 제시된 이산화 탄소량의 변화 그래프는 교사가 미리 자료를 찾아 준비해도 되고, 학생들에게 검색 도구를 사용하여 직접 찾아보게 할 수도 있다. 자료를 토대로 학생들이 '(1) 산업 혁명 이후 대기 중 이산화 탄소의 변화 경향과 이유를 분석하고 토의한다.'를 수행하도록 한다. 토의 시 특히 그래프의 두 지역이 나타내는 경향의 차이점까지 도출할 수 있도록 안내한다. 학생들이 토의를 통해 도달해야 할 예시 답안은 다음과 같다.

---

(1) 산업 혁명 이후 대기 중 이산화 탄소의 변화 경향과 이유를 분석하고 토의한다.

예시 답안 1950년 대 이후 대기 중 이산화 탄소의 양은 끊임없이 지속적으로 증가하여 왔다. 기권으로 탄소가 이동하는 방식은 생물의 호흡, 해수 온도의 상승에 따른 해표면에서 대기로의 방출, 화산 활동 및 인간 활동에 의한 화석 연료 사용에 따른 배출 등이 있는데, 이 중 산업 혁명과 관련하여 대기 중 이산화 탄소 배출량이 증가하는 경우는 인간 활동에 의한 화석연료 사용이 증가한 것으로 볼 수 있다. 또한, 지구의 기온 상승이 생물들의 생명 활동을 증진시켜 호흡량을 증가 때문에 이산화 탄소량이 증가되거나, 수온 상승으로 인한 해표면에서의 대기로의 이산화탄 소 방출량이 늘어나는 것도 포함할 수 있다.

빨간 선으로 표시한 마우나로아와 검은 선으로 나타낸 남극의 그래프 형태가 다른 이유는 여름엔 식물의 광합성으로 대기중 이산화 탄소를 소모해 양이 줄기 때문에 계절마다 증감하는 모습이 반복되기 때문이다. 사람이 거주하는 북반부는 여름엔 식물의 광합성 활동으로 겨울엔 난방으로 대기 중 이산화 탄소량이 달라지지만, 남극은 계절 변화가 거의 없다.

모둠 활동의 (1)~(3) 과정을 1차시 동안 진행하여 학생들이 지구 온난화의 증거에 해당하는 항목을 정하고 항목을 개인별로 분담하여 조사하도록 한다. 개인별 역량이 차이가 나므로 조사 방법을 모둠원과의 토의를 통해 의논할 수 있도록 한다. 모둠원 각자는 자신에게 부여된 항목을 조사하고 '탐구 보고서 예시'를 작성하여, 2차시에서 조사한 내용을 발표하고 다른 모둠 조에서 발표한 내용과 비교하며 탐구 보고서의 토의와 정리를 수행하도록 한다. 1,2차시의 수업이 연계되어 진행될 수 있도록 되도록 수업 교환 등을 통해 2차시를 연달아 수업하는 것을 권한다. 교사는 학생들이 조사한 자료를 보고서에 정리하고 출력할 수 있도록 검색 기기와 출력 기구 등 기반 교구를 준비하도록 한다.

'탐구 보고서(예시)'의 조사 항목에는 토의를 거쳐 조원 각자가 조사해야 할 항목을 적으면 된다. 조사 항목의 예시는 다음과 같다.

조사 항목	ⓔ 예시 답: 기온, 수온, 해수면 높이, 빙하 면적, 적설량, 대기 중 수증기량, 사막화 분포, 열대 야 일수, 겨울의 길이, 여름의 길이, 식생 분포, 어류(한수성, 난수성 어종) 분포 등

　코로나19 사태를 겪으며 수업 장소가 교실에서 온라인으로 옮겨지는 경험을 했다. 이렇게 감염병 상황 외 다양한 사유로 온라인상에서 수업을 진행해야 하는 경우나, 학교 교실 수업에서도 온라인 활용 도구를 학생들 각자 사용할 수 있는 환경이라면 (2)~(3) 과정을 진행할 때 설문 어플 등을 이용해 보는 것도 좋다. 실시간으로 의견을 모으거나 퀴즈 풀이 등에 유용한 멘티미터(Mentimeter)와 같은 웹사이트를 활용할 수 있는데, 교사가 설문(주제문)을 만들고 학생들에게 접속코드를 알려줘서 학생들이 웹사이트에 접속해서 코드번호를 입력하고 답을 작성하면 응답 내용을 실시간으로 볼 수 있다(그림 1.). 또한 도구의 사용 가능 여부 및 수업 장소에 따라 적절한 방법을 활용하여 모둠수업이 진행될 수 있도록 한다. 온라인 환경으로 수업을 진행할 때 학교에서 실행하는 온라인 프로그램인 '줌(ZOOM)' 또는 'EBS 온라인 클래스' 등에서 모둠 기능을 활용하여 모둠별 토의를 진행할 수 있다(〈그림 2〉).

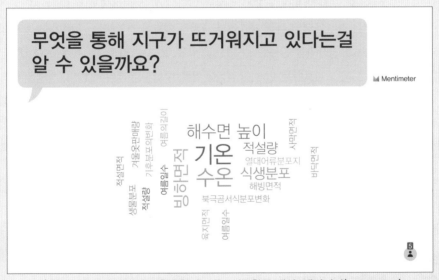

〈그림 1〉 온라인 수업에서 활용할 수 있는 설문활동 예시; 멘티미터(Mentimeter)

〈그림 2〉 온라인 수업에서 활용할 수 있는 모둠활동 예시; EBS 온라인 클래스의 모둠 구성

　'탐구 보고서(예시)'의 조사 방법에는 조사 항목에 대한 자료를 어디에서 수집했는지 그 경로를 기재하도록 한다. 이는 학생들로 하여금 자료들의 출처를 명확히 파악하고, 공유가 가능한 정보인지를 인지시켜 자료들의 저작권을 존중할 수 있는 소양을 갖출 수 있게 해 줄 수 있다. 최신의 과학과의 자료를 얻기 위해 도서보다는 인터넷 검색을 통해 수집하는 경우가 많다. 학생들에게 자료를 수집한 사이트와 url을 기재하도록 안내하고, 몇 개 항목에 대해 교사가 직접 검색 과정을 보여 주면 학생들이 자료 검색을 좀 더 수월하게 할 수 있을 것이다. 각 모둠들의 모둠원 개인이 조사해야 할 내용을 의논할 때, 다음과 같이 교사가 조사 방법의 몇 가지 경로를 정리해서 알려 주는 것도 좋다.

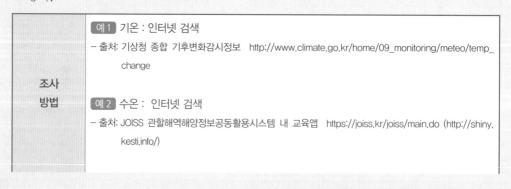

조사 방법	예1 기온 : 인터넷 검색 – 출처: 기상청 종합 기후변화감시정보 http://www.climate.go.kr/home/09_monitoring/meteo/temp_change 예2 수온 : 인터넷 검색 – 출처: JOISS 관할해역해양정보공동활용시스템 내 교육앱 https://joiss.kr/joiss/main.do (http://shiny.kesti.info/)

조사 방법	예3 적설면적의 변화 : 서적 검색 – 출처: 기후변화 2013 과학적근거, IPCC 제5차 평가보고서 제1실무그룹, 기상청, 2014년5월, 8쪽) 예4 빙하면적의 변화 : 서적 검색 – 출처: 기후변화 2013 과학적근거, IPCC 제5차 평가보고서 제1실무그룹, 기상청, 2014년5월, 8쪽) 예5 해양 열용량 변화 – 출처: 기후변화 2013 과학적근거, IPCC 제5차 평가보고서 제1실무그룹, 기상청, 2014년5월, 8쪽) 예6 해수면 변화 – 출처: 기후변화 2013 과학적근거, IPCC 제5차 평가보고서 제1실무그룹, 기상청, 2014년5월, 8쪽)

모둠원들이 선택한 항목에 대해 조사하고 수집한 자료를 '탐구 보고서 (예시)'의 조사 결과에 기재하도록 한다. 보고서를 작성할 때 '조사 방법' 칸에 자료의 출처를 반드시 적도록 지도하고, 자료는 객관적인 판단이 가능한 내용으로 조사할 수 있도록 안내한다. 조사한 그림/그래프 자료를 보고서의 '조사 결과'에 작성하고, 칠판에 항목별로 구분하여 붙일 수 있도록 그림/그래프만 A4 용지에 출력하도록 한다. 제시된 이산화 탄소 변화량 그래프와 비교할 수 있도록 자료는 되도록 변화 경향을 보여 주는 그래프로 조사하도록 안내한다. 조사 방법에서 언급한 예1 ~ 예6 에 해당되는 항목별 수집 자료의 조사 결과의 예시는 다음과 같다.

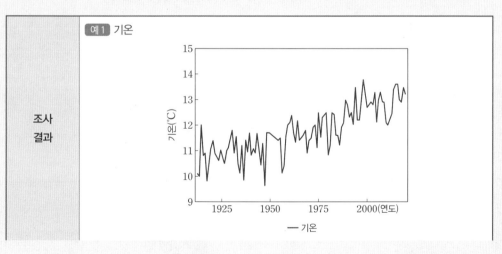

조사 결과	예1 기온

조사
결과

예2 수온

COBE 연평균 표층수온

year :
1852 — 2019

1850 1867 1884 1901 1918 1935 1952 1969 1986 2003 2019

show [10 v] entnes

Search [   ]

year ⇕	SST ⇕
1	1852	16,72

예3 적설 면적의 변화

예4 빙하 면적의 변화

예5 해양 열용량 변화

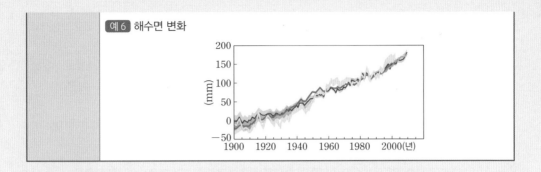

예6 해수면 변화

'탐구 보고서(예시)'의 결론에는 다음의 ⑩와 같이 조사한 내용을 토대로 자신이 분석한 내용을 적도록 한다.

결론	⑩ 1900년대 이후 우리나라의 지역별 기온변화 그래프를 찾아보니 기온이 계속 상승하는 경향을 보이고 있었다.

2차시에는 이렇게 모둠별 모둠원들이 각자 조사한 내용을 (4) ~ (6)과 같이 공유하고 토의하도록 한다.

모둠별로 조사한 자료를 칠판에 부착할 때, 항목별로 자료를 붙일 수 있도록 교사는 칠판에 학생들의 조사 자료의 항목대로 항목 제목을 적고 구역을 분할해 주도록 한다. 항목별로 조사한 자료를 토대로 모둠별로 토의를 진행하게 한 후 '탐구 보고서(예시)'의 토의 내용을 모둠원 각자 정리하여 적도록 한다. 다음은 토의할 주제에 대한 예시 답안이다. 토의에서는 교사가 평가에서 좀 더 중점을 두고 싶은 학습 내용의 주제를 적되 2~3개 주제로 한정하고, 그 이상으로 너무 많이 주어지지 않도록 한다. 토의할 내용이 너무 많아질 경우 학습 주제를 벗어나게 되는 경우도 있고, 토의 분위기가 산만해질 수도 있다.

토의	1. 모둠 활동을 통해 조사한 항목들이 대기 중 이산화 탄소량의 변화와 관계가 있다고 생각되는가? **예시 답안** 이산화 탄소량의 변화 그래프(또는 검색한 내용)를 보면 이산화 탄소량이 꾸준이 증가한 것을 알 수 있다. 각 모둠 조에서 조사한 여러 항목들(기온, 수온, 적설 면적, 해빙 면적, 해수면……)의 변화 경향이 모두 이산화 탄소량의 증가 경향과 대체로 일치하는 것으로 나타나 모둠 활동을 통해 조사한 요소들이 대기 중 이산화 탄소량의 변화와 관련이 있다고 생각한다. 2. 모둠 활동에서 알아낸 내용을 토대로 지구 온난화 현상이 환경에 어떠한 영향을 미치는지 토의해 보자. **예시 답안** 지구 온난화 현상은 해수의 온도를 상승시켜 한수성 어종이 감소하고 멸종 생물이 증가하는 등 생태계의 변화를 가져올 수 있다. 또한 지구 온난화에 따라 해수의 온도가 상승하면 해수의 열팽창에 의해 해수의 부피가 증가할 뿐 아니라 기온 상승에 따른 빙하의 해빙으로 해수의 양이 늘어나 해수면이 상승하게 된다. 해수면 상승은 육지 면적을 감소시켜 육상 생물의 멸종을 가져올 수 있다. 또한 해양과 대륙의 비율 변화는 대기와 해수의 흐름에 영향을 미쳐 기후 변동이 일어날 수 있다. 이에 따라 집중 호우 및 홍수, 가뭄과 사막화 현상 등 이상 기후 현상이 나타날 수 있다.

마지막으로 이러한 조사와 토의 등의 모둠 활동 과정을 통해 알게 된 내용과 느낀 점을 '탐구 보고서(예시)'의 '모둠 활동 소감란'에 기재하도록 하고 필요한 경우 발표를 하게 하여 서로의 의견을 공유하게 하는 것도 좋다. 모둠 활동 소감란에는 참여도 평가나 동료 평가 및 자기 평가를 할 수 있는 내용을 포함시켜 활동 평가에 활용할 수도 있다.

모둠 활동 소감	**예** 각 모둠별 조사 내용을 보니 기온 및 수온 상승, 적설 면적 감소, 해빙 면적 감소, 해수면 상승 등이 지속적으로 일어났으며, 최근 경향이 증가하고 있음을 알 수 있었다. 이산화 탄소량의 변화 경향과 일치해 온실 기체인 이산화 탄소가 지구의 기온을 높이고 이에 따른 기후와 환경 변화를 가져온다는 것을 알 수 있었다. ☞ 참여도 평가, 동료 평가 활용 가능

모둠 활동과 평가에 할당하는 시간 배정은 전체 수업 시수와 학교별 운영 상황을 고려하여 계획하도록 한다. 학생들이 충분히 검색하고 발표와 토의 활동을 여유 있게 할 수 있도록 3차시 학습 안

을 구상하였으나 학교 상황과 교육 활동 일정을 고려하여 2차시로 축소하여 진행해도 좋다. 모둠 활동과 평가 활동을 통해 학생들은 지구 시스템의 각 구성 요소에서 탄소의 순환 과정의 이해를 바탕으로 지구 온난화 현상과 관련된 지구 기후의 변화 양상을 이해하고, 지구 미래 환경 보존에 대한 필요성 인지 및 관련 문제 해결을 위한 활동을 고민하도록 하여 평가 활동을 통해 달성하고자 하는 목표가 성취되도록 한다.

3-5. 채점 기준 작성하기 및 채점하기

평가 활동에서 서술형·논술형 문항 제작만큼 어려운 것은 객관적인 채점 기준안 작성이다. 무한한 상상력을 갖고 있는 학생들은 단답형 문항에서조차 기상천외한 응답으로 답안을 작성하며, 특히 서술형·논술형 문항의 경우 내용을 서술한다는 문항의 특성상 학생들은 더욱더 다양한 내용으로 응답할 것이다. 따라서 객관적이고 타당한 성취수준별 채점 기준표를 작성하는 일은 다양한 응답 내용에 대한 채점 방향을 결정하고 공정하게 채점할 수 있도록 해 줄 수 있어 매우 중요하다. 채점 기준과 예시 답안을 작성하는 과정에서 평가 문항의 문두를 좀 더 명확하게 수정할 수도 있다.

가능한 채점 기준과 문항 점수를 미리 제시하여 학생이 문항에 응답하는 전략을 세우도록 하는 게 좋다. 이는 학생들이 응답을 설계하는데 지침이 될 뿐 아니라 학생들의 성취 욕구를 북돋아 평가 활동에 보다 적극적인 자세로 임할 수 있게 하여 학습 역량을 높이고 평가 활동의 효과를 높일 수 있다. 또한 학생들의 응답이 출제자의 의도에 맞게 수렴되어 채점을 보다 수월하고 객관적으로 할 수 있다.

채점 기준은 가급적 표로 작성하고, 기대 수행에 따른 배점을 달리하여 각각에 해당하는 채점 기준과 예시답안을 작성하도록 한다.

응답 자유형 문항일수록 학생들의 답안은 더 풍부한 사고의 내용을 담아 다양하게 표현될 것이다. 과학과의 특성상 답안의 내용이 과학적 사고를 기반으로 하고 있는지, 오개념을 표현하고 있지는 않은지를 잘 살펴보고, 미리 작성한 예시 답안을 기반으로 학생들이 답안에 적은 응답도 유형별로 추가 작성하여 실제 채점에 채점 기준을 어떻게 적용할지 고민해야 한다.

평가 목표	탄소의 순환 과정을 통해 대기 중 이산화 탄소량이 변화할 수 있음을 설명할 수 있다.
문항	■ 지구 탄생 초기에 대기 중의 이산화 탄소가 급격히 감소한 이유를 지구 대기의 이산화 탄소가 금성에 비해 적은 이유와 관련지어 서술하시오. (3점)

이 문항의 답안은 지구 탄생 이후 대기 중 이산화 탄소가 급격히 감소한 이유를 추론하는 과정에서 '조건'으로 주어진 제시 자료를 토대로 작성해야 한다. '지구 탄생' 이후 이산화 탄소가 어떤 과정을 거쳐 현재와 같은 분포를 가지게 되었는지 금성과 지구의 이산화 탄소 분압을 비교할 때 지구 시스템 내에서 탄소의 순환에 대해 언급해야 한다. 따라서

(1) 금성과 달리 지구 표층 탄소의 대부분은 탄산염 및 켈로젠 등의 유기물로서 암석권에 존재한다.

(2) 원시대기에 존재하던 탄소가 지각과 바다의 생성 과정에서 기권에서 수권을 거쳐 지권에 이동/저장되었다.

는 내용을 모두 포함한 경우 3점을 부여하며, 두 항목 중 누락이 있거나 설명이 상세하지 않아 논리적이지 않을 때 감점한다.

평가 요소	배점	기대 수행
지구의 역사에서 대기 중 이산화 탄소량의 변화 이해하기	3점	• 표에서 제시된 바와 같이 지구 표층 탄소의 대부분이 탄산염 및 켈로젠 등의 유기물로서 암석권에 존재한다는 내용으로부터 원시대기에 존재하던 탄소가 지각과 바다의 생성이라는 지구의 역사 속에서 기권에서 수권을 거쳐 지권에 이동/저장됨으로써 현재 대기에서의 이산화 탄소 분압이 낮아졌다는 사실을 서술한 경우 예시 답안 – 같은 성운으로부터 탄생하여 비슷한 조건을 가지는 원시 지구 대기는 금성과 같이 이산화 탄소 분압이 높았을 것이다. 지구에 존재하는 탄산염과 유기물이 모두 이산화 탄소로 되었을 경우 금성의 대기와 거의 같은 약 100기압으로 계산이 된다는 내용으로 유추했을 때 원시 지구 대기는 금성과 같이 이산화 탄소 분압이 높았지만 지구에 지각과 바다가 생성된 이후 수권인 바다에 녹아 들어갔고, 다량의 탄산염이 석회암 형태로 지권에 저장되어 현재와 같은 대기 조성을 갖게 되었다. 지구 표층 탄소의 대부분이 탄산염 및 켈로젠 등의 유기물로서 암석권에 존재하고 있으므로 원시 대기에 존재하던 탄소가 수권을 거쳐 지권에 저장됨으로써 현재 대기에서의 이산화 탄소 분압이 낮아졌다고 추론할 수 있다.

	2점	• 대기권의 이산화 탄소의 이동이 지각과 바다의 생성이라는 지구의 역사와 연관지어 서술되지 않았거나 이동 과정 중 수권과 지권 중 하나를 누락하여 표현한 경우 예시 답안 – 지구에 존재하는 탄산염과 유기물이 모두 이산화 탄소로 되었을 경우 금성의 대기와 거의 같은 약 100기압으로 계산이 된다는 걸로 봐서 원시 지구 대기의 이산화 탄소 분압은 높았으나 지구에 바다가 생성되며 바다에 녹아 현재 대기의 이산화 탄소 분압은 낮다.
	1점	• 지구의 역사를 기반으로 한 설명이 미흡하고, 지구 시스템에서의 이동에 대한 설명이 미흡한 경우 예시 답안 원시 지구 대기의 이산화 탄소 분압은 높았으나 탄소가 지권에 저장되어 현재 대기의 이산화 탄소 분압은 낮아졌다.
	0점	• 미작성 또는 잘못된 내용으로 작성한 경우 예시 답안 지구는 생성 초기부터 대기 중 이산화 탄소 분압이 낮았다. 이산화 탄소량은 변하지 않았다.

평가 목표	온난화 현상에 따른 지구 기후 및 환경의 변화 양상을 설명할 수 있다.
문항	■ 다음 그림에서 제시하는 요소들은 지구 온난화에 의해 어떻게 변화되고 있는지 증가/감소의 단어를 사용하여 서술하시오. (3점)

이 문항의 답안은 지구 온난화에 의한 기후 요소들의 수치의 증감으로 작성해야 한다. 항목별로 단순하게 작성할 수 있어 명료한 채점이 가능하여 채점자 입장에서 선호하는 문항이다. 몇 개 항목을 기술하였는지로 기대 수행의 성취 정도를 정해 배점을 정하도록 한다. 7개 이상의 항목을 정확하게 기술한 경우 3점을, 4개와 2개 범위에서 정답을 작성한 경우 각각 2점 1점을 배정하였다.

평가 요소	배점	기대 수행
지구 온난화 현상의 영향 파악하기	3점	• 예시 답안 ㉠~㉣의 10개 항목 중 7개 이상 정확히 서술한 경우 **예시 답안** 지구 온난화에 따라 ㉠ 대류권 하층 수 km의 기온은 상승하고, ㉡ 빙하두께는 감소하며 ㉢ 증발이 활발해져 대기중 수증기량은 증가하고 ㉣ 육지 온도와 ㉤ 해양 기온 ㉥ 해수면 온도는 높아진다. 빙하가 녹아 ㉦ 해빙 면적은 감소하고 강설량이 줄어 ㉧ 적설 면적도 감소하며 해수의 온도 상승에 따라 해양의 부피 팽창으로 ㉨ 해수면은 높아지고 ㉩ 해양 열용량은 증가한다.
	2점	• 예시 답안 ㉠~㉩의 10개 항목 중 4개 이상 정확히 서술한 경우 **예시 답안** 3점 예시 답안 참고
	1점	• 예시 답안 ㉠~㉩의 10개 항목 중 2개 이하만 바르게 서술한 경우 **예시 답안** 3점 예시 답안 참고
	0점	• 미작성 또는 잘못된 내용으로 작성한 경우 **예시 답안** 3점 예시 답안 참고

평가 목표	지구 온난화 현상에 따른 지구 환경 문제를 해결하기 위한 방안을 구상하여 논리적으로 기술할 수 있다.
문항	■제시문 중 ( ) 안에 들어갈 지구 온난화 억제 방법을 구상하여, 그렇게 생각한 이유를 지구 온난화 현상의 원인과 영향을 기반으로 논리적으로 서술하시오.

이 문항의 답안은 앞선 교수 학습 활동에서 수행한 모둠 활동과 서술형 평가를 통해 인지한 지구 온난화의 발생 원인과 영향을 바탕으로 대처 방안을 모색하여 논리적으로 작성해야 한다.

(1) 지구 온난화의 발생 원인

(2) 지구 온난화의 영향으로 나타나는 현상들

(3) 과학적 근거를 바탕으로 한 지구 온난화의 대처 방안

의 내용으로 체계적이고 논리적으로 서술한 경우 4점을 부여한다. 이 같은 내용을 모두 언급하지 않거나 기술한 내용이 논리적으로 전개되지 않은 경우 감점한다. 논술형의 특성상 예시답안에서 제시하지 않은 창의적인 답변이 작성될 수도 있고 채점자 간 부여 점수가 차이가 생길 수 있다. 따라서 채점의 신뢰성을 높이기 위해 채점자간 교차 채점을 실시하여 채점 기준을 갱신할 수 있도록 한다.

평가 요소	배점	기대 수행
지구 온난화 현상의 원인과 영향 및 대처 방안 모색하기	4점	• 지구 온난화가 발생되는 원인을 언급하고, 그에 의해 나타나는 현상들에 대한 다양한 예시를 통해 지구 온난화 저지의 근거를 제안하고 대처 방안을 논리적이고 체계적으로 서술한 경우 **예시 답안** (원인) 인간 활동의 증가에 따라 이산화 탄소 등 대기 중 온실 기체의 양이 증가하였고, 이에 따라 지구의 기온이 지속적으로 상승하고 있다. (영향) 이러한 지구 온난화 현상은 해수의 온도를 상승시켜 한수성 어종이 감소하고 멸종 생물이 증가하는 등 생태계의 변화를 가져올 수 있다. 또한 지구 온난화에 따라 해수의 온도가 상승하면 해수의 열 팽창에 의해 해수의 부피가 증가할 뿐 아니라 기온 상승에 따른 빙하의 해빙으로 해수의 양이 늘어나 해수면이 상승하게 된다. 해수면 상승은 육지 면적을 감소시켜 육상 생물의 멸종을 가져올 수 있다. 또한 해양과 대륙의 비율 변화는 대기와 해수의 흐름에 영향을 미쳐 기후 변동이 일어날 수 있다. 집중 호우 및 홍수, 가뭄과 사막화 현상 등 이상 기후 현상이 나타날 수 있다.

		(대처 방안) 식물의 광합성 활동이 활발한 봄과 여름철에는 식물의 이산화 탄소 사용량이 증가하여 대기중 이산화 탄소량이 줄어들고, 유기물이 분해되거나 광합성 활동이 저하되고 난방 등으로 화석연료의 사용량이 많은 가을과 겨울철에는 이산화 탄소 배출량이 많아질 수 있으므로, 화석 연료의 사용을 줄이거나 광합성을 할 수 있는 식물들의 식생지를 넓히는 활동들은 대기중 이산화 탄소를 감소시켜 지구 온난화를 억제하는 데 도움이 될 것으로 기대된다. 지구 온난화 현상의 주범인 온실 기체 중 특히 대기 중 이산화 탄소의 영향이 크므로 지구 온난화 현상의 대처 방안으로 탄소 중립을 통한 이산화 탄소 배출량 제한과 메탄 등 다른 온실 가스 배출량을 강력하게 감축하는 것이 중요하다.
	3점	• 지구 온난화 현상이 발생되는 원인을 언급하고, 그에 의해 나타나는 현상들과 대처 방안을 기술하였으나 내용이 단촐하고, 체계적이며 논리적인 기술력이 부족한 경우 예시 답안 　인간 활동의 증가에 따라 이산화 탄소 등 대기 중 온실 기체의 양이 증가하였고, 이에 따라 지구의 기온이 지속적으로 상승하고 있다. 이러한 지구 온난화 현상으로 인해 기온과 해수의 온도 상승 및 빙하의 해빙으로 인해 해수면이 상승하고 사막화 등 이상 기후 현상이 발생한다. 이러한 지구 온난화 현상을 억제하기 위해 온난화 현상의 주범인 대기 중 이산화 탄소량을 줄이기 위해 전 세계적으로 이산화 탄소 배출량 체한 등의 조치를 취해야 한다.
	2점	• 지구 온난화가 발생되는 원인과 그에 의해 나타나는 현상들 및 대처 방안에 대한 모든 내용을 충분하게 서술하지 못한 경우 예시 답안 　인간 활동의 증가에 따라 이산화 탄소 등 대기 중 온실기체의 양이 증가하였고, 이에 따라 지구의 기온이 지속적으로 상승하고 있다. 이러한 지구 온난화 현상으로 인해 해수의 온도 상승, 해수면 상승, 해빙 및 이상 기후 현상이 발생한다. 이러한 지구 온난화 현상을 억제하기 위해 온난화 현상의 주범인 대기 중 이산화 탄소량을 줄이기 위해 노력해야 한다.
	1점	• 지구 온난화가 발생되는 원인과 그에 의해 나타나는 현상들 및 대처 방안에 대한 내용 중 일부의 내용만 단편적으로 기술한 경우 예시 답안 　지구 온난화 현상은 대기 중 온실 기체의 양의 증가 때문에 나타나므로 지구 대기 중 온실 기체의 양이 줄어들 수 있도록 노력한다.
	0점	• 미작성 또는 잘못된 내용으로 작성한 경우 예시 답안 　지구 온난화 현상은 지구 대기 조성의 변화로 나타나는 현상이므로, 지구 대기의 비율이 변하지 않도록 노력해야 한다.

모둠 활동에 대한 평가는 정량화하여 실제 평가로 반영할 수도 있고, 학교 생활 기록부의 '교과 세부 능력' 사항의 작성 근거로 활용할 수도 있다. 모둠 활동 평가는 〈표 10〉에서 보여 주는 예시와 같이 모둠 활동 평가지를 사용하여 다른 모둠 조의 활동에 대한 평가와 본인이 속한 모둠 조의 모둠원 활동을 평가하도록 하고, 더불어 자신의 역할을 되돌아보게 하여 자기평가도 함께 하도록 구상한다. 이러한 활동 평가지는 필자가 학교 현장에서 자주 사용하는데, 활용 초기에는 학생들이 친구들과의 관계에 연연해 주관적이거나 감정에 치우친 평가 결과가 나오지 않을까 염려되는 부분이 있었으나 의외로 학생들은 객관적이며 냉철하게 평가하고, 이러한 평가가 이루어지고 반영되는 것에 대해 매우 긍정적으로 받아들였다. 본인 모둠 조에서 무임승차하여 점수를 잘 받는 학생이 있는 경우 이를 부당하다고 생각하기 때문에 모둠별 활동을 진행해도 함께 참여한 모둠원들이 모두 같은 점수를 받는 게 아니라 모둠원들마다 다른 점수를 받을 수 있다는 점을 더 공정하게 여긴다는 것을 경험하였다. 따라서 모둠활동을 한 경우 활동 평가지에는 모둠원들의 평가 항목을 넣도록 하고, 모둠활동 평가 결과도 평가 점수에 반영하는 것을 권하고 싶다.

표 10 모둠 활동 평가지 예시

'핫한 지구— Why Hot?' 활동 평가지

※ 모든 평가는 <u>우리 모둠 조를 제외</u>한 나머지 모둠 조만 평가합니다.
　자신이 속한 모둠 조를 기재한 경우 <u>평가 무효 처리</u> 됩니다.

학번		이름		모둠명	
1. 지구 온난화 현상의 증거로 수집한 자료가 가장 다양하고 유용한 조는 어느 조라고 생각하나요?					
2. 토의에 가장 활발하게 참여한 조는 어느 조라고 생각하나요?					
3. 조원들 각자의 역할이 가장 잘 수행된 조는 어느 조라고 생각하나요?					

1~3번에 대해 그렇게 같이 답한 이유는 무엇인가요?

6. 우리 모둠원들의 기여도를 점수로 표현해보세요. (모둠원 총점 10점)

예

이름	점수
홍길동	5점
홍길순	4점
홍길남	1점
홍만수	0점

이름	점수(점)

6번에 대해 그렇게 답한 이유는 무엇인가요?

7. 우리 모둠 조에서 나는 어떤 역할을 수행하였나요?

3-6. 평가 결과 해석 및 피드백하기

평가 역시 학습의 한 과정이다. 평가를 통해 학생의 부진한 학습 부분과 향상이 필요한 요소를 찾아내어 제언을 해 주는 과정을 통해 역량을 키우고 단점을 극복해 발전해 나갈 수 있도록 유의미한 교육적 처치를 제공해 주어야 한다. 따라서 평가 활동은 단순히 답안을 채점하는 활동에서 나아가 학생의 답안을 분석하고 이에 따라 각각에 맞는 발전적인 학습 내용이나 학습 방향을 제시하는 피드백 과정이 반드시 필요하다. 피드백을 제공할 때는 학생이 놓친 부분을 지적해 학습자 자신의 약점을 보완할 수 있도록 해 주는 것도 좋으나 평가 과정에서 학생이 보여 준 역량이 있다면 그 부분을 부각시켜 강점을 키워나갈 수 있도록 언급해 주는 것도 좋다.

평가 결과 분석	활용
학생 개인의 학습 정보	• 개인별 피드백 제공
학생 집단의 학습 정보	• 교사의 자기 점검
평가 문항의 적절성	• 다음 학습과 평가 계획에 반영

서술형 평가 1

상	• 지구 대기에 존재하는 이산화 탄소의 양이 금성과 다른 이유와 지구 탄생 이후 대기에 존재하는 이산화 탄소량이 어떻게 변화 되어 왔는지 명확하게 이해하고 있습니다. 이전 단원에서 학습한 지구 시스템의 각 구성 요소인 지권, 기권, 수권, 생물권에서 탄소의 흐름에 대해서도 매우 잘 이해하여 대기 중 이산화 탄소량의 변화와의 관련성에 대해서도 논리적으로 잘 추론하였습니다.
중	• 지구 대기에 존재하는 이산화 탄소의 양이 금성과 다른 이유와 지구 탄생 이후 대기에 존재하는 이산화 탄소량이 어떻게 변화되어 왔는지 조금 더 명확하게 이해해 봅시다. 이전 단원에서 학습한 지구 시스템의 각 구성요소인 지권, 기권, 수권, 생물권에서의 전체적인 탄소의 흐름에 대해 다시 한번 학습하면 이해에 도움이 될 것입니다.
하	• 행성마다 대기 조성이 다를 수 있고, 지구 대기와 금성의 대기에 존재하는 이산화 탄소의 양이 다르다는 사실을 이해해 봅시다. 또한 지구 탄생 이후 지구 대기에 존재하는 대기 조성은 계속 변화해 왔음을 이해해 봅시다. 이전 단원에서 학습한 지구 시스템의 각 구성 요소인 지권, 기권, 수권, 생물권에서 탄소가 어떤 형태로 존재하고 있는지 다시 한번 파악해보면 이해에 도움이 될 것입니다.

서술형 평가 2

상	• 지구 온난화 현상으로 인해 유기적으로 나타나는 여러 현상들을 정확하게 이해하여 기후 지표들의 변화 양상을 올바르게 표현하였습니다.
중	• 지구 온난화 현상으로 인해 나타나는 여러 현상들을 좀 더 정확하게 이해해 봅시다. 모둠 활동을 통해 조사한 여러 기후 요소들이 유기적으로 연관되어 있다는 내용을 찾아보면 이해에 도움이 될 것입니다.
하	• 지구 온난화 현상이 여러 기후 요소에 영향을 미칠 수 있다는 상황을 인지할 필요가 있습니다. 지구 온난화 현상으로 나타나는 여러 현상들에 대해 관심을 갖고 관련 내용을 찾아봅시다.

상	• 대기 중 이산화 탄소 및 온실 기체가 지구 온난화에 미치는 영향을 명확하게 파악하고 있으며, 지구 온난화로 인해 나타나는 여러 현상들의 문제점을 날카롭게 지적하였습니다. 지구 온난화 현상이 환경에 미치는 영향에 대해 정확히 알고 있습니다. 이에 대처하는 방안에 대한 본인의 의견을 다방면에서 구체적이고 논리적으로 잘 서술하였습니다. 계절별 이산화 탄소양의 변화를 파악하여 그 원인을 추론하고 그에 따른 지구 온난화에 대한 대처 방안을 논리적으로 기술하였습니다.
중	• 지구상에서 지구 온난화 현상으로 나타나는 여러 현상들을 좀 더 정확하게 이해해 봅시다. 지구 온난화 현상이 환경에 미치는 영향에 대해 좀 더 명확하게 이해할 필요가 있습니다. 계절별 이산화 탄소양이 어떻게 달라지는지 그래프를 좀 더 정확하게 파악하고 지구 온난화에 대처하기 위한 방안을 관련지어 추론해 보세요.
하	• 지구상에서 지구 온난화 현상으로 나타나는 여러 현상들에 대해 관심을 가져 봅시다. 지구 온난화 현상이 환경에 영향을 미칠 수 있다는 상황에 관심을 갖고 관련 내용을 찾아봅시다. 계절별 이산화 탄소양의 변화를 파악하기 위해 그래프 분석능력을 키워 보세요.

모둠 활동 역시 탐구 보고서와 평가지의 결과물을 분석하여 교수 학습 활동 설계에 참고하고, 학생들 개인별로 피드백을 제공하도록 한다. 다음은 모둠 활동 결과 학생들에게 제공되는 피드백 예시이다.

모둠 활동	상	• 모둠에서 정한 개인 조사 항목을 깊이 있게 탐구하여 구체적으로 잘 정리하였습니다. 다른 모둠 조에서 조사한 내용을 보고 지구 온난화에 따른 현상을 바르게 이해하여 보고서(모둠 활동 소감)에 구체적으로 작성하였습니다. 이산화 탄소량의 변화 추이와 그 이유를 정확하게 이해하여 구체적으로 잘 기술하였습니다. 모둠 조에서 조사한 항목의 변화 추이를 이산화 탄소량의 변화 추이와 연관 지어 논리적으로 비교하였습니다. 지구상에서 지구 온난화 현상으로 인해 유기적으로 나타나는 여러 현상들을 정확하게 이해하고 있습니다.
	중	• 모둠에서 정한 개인 조사 항목에 대해 탐구할 때 자신감을 갖고 좀 더 적극적으로 임하는 자세가 필요합니다. 다른 모둠 조에서 조사한 내용을 보고 정확히 이해하여 지구 온난화에 따른 현상을 바르게 이해하고 논리적으로 기술하는 자세가 필요합니다. 이산화 탄소량의 변화 추이를 파악하기 위해 그래프 분석 능력을 높이기 위한 노력이 필요합니다. 모둠 조에서 조사한 항목의 변화 추이를 이산화 탄소량의 변화 추이와 관련 있음을 이해해 봅시다. 지구상에서 지구 온난화 현상으로 나타나는 여러 현상들을 좀 더 정확하게 이해해 봅시다.
	하	• 모둠 활동에 집중하여 자신의 역할이 모둠 활동의 결과에 미치는 영향에 대해 생각하고 활동 참여 시 보다 진지한 자세가 필요합니다. 다른 모둠 조에서 조사한 내용에 대해 집중하고 전달하고자 하는 내용을 파악하는 노력이 필요합니다. 지구 환경 변화에 대한 글을 찾아서 읽어 본다면 이산화 탄소량의 변화에 대해 이해하는 데 도움이 될 겁니다. 그래프들의 연관성을 이해하기 위한 노력이 필요합니다. 지구상에서 지구 온난화 현상으로 나타나는 여러 현상들에 대해 관심을 가져 봅시다.

모든 만남이 그러하듯 학생이 어떤 교사를 만나 어떤 수업을 받게 되느냐에 따라 사고 방식과 미래에 대한 비전이 바뀔 가능성이 크다. 평가 활동은 그 결과에 따라 학생들에게 자신감과 좌절감을 안겨줄 수도 있고, 성장과 포기의 선택을 할 수도 있다. 적절한 피드백은 학생들이 자신감을 갖고 자신의 약점을 성장의 디딤돌로 삼을 수 있게 할 수 있다.

교사가 학생에게 어떠한 수업을 준비하고 어떤 학습 활동을 하며 어떻게 평가하느냐에 따라 학생의 잠재력과 역량의 성장 정도가 차이가 날 수 있음을 상기하며, 교수학습 활동과 평가 문항 제작에 각별한 애정과 책임감을 가져야 할 것이다.

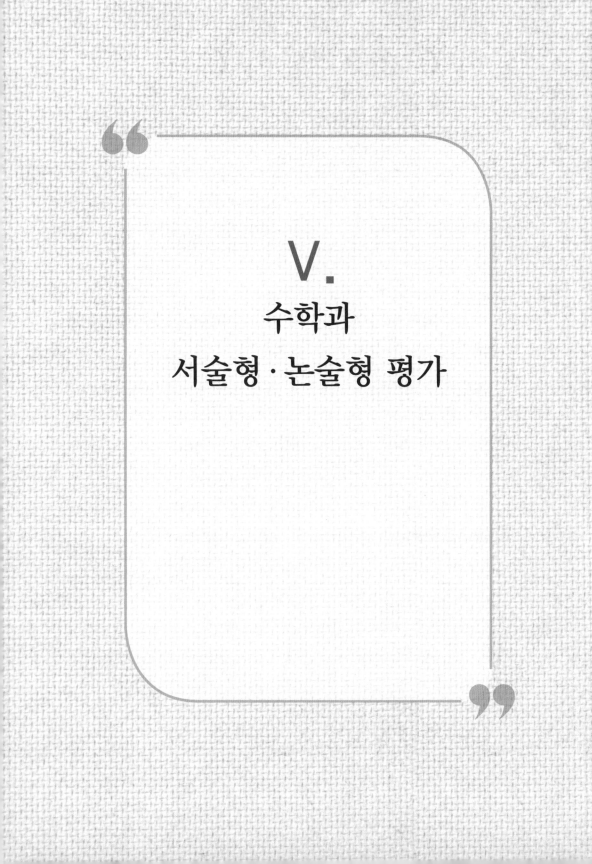

V.
수학과
서술형 · 논술형 평가

1. 수학과 서술형·논술형 문항의 특징

 I 장에서 제시한 바와 같이 서술형 문항과 논술형 문항은 평가의 내용과 응답 양식에 따라 구분이 가능하지만, 학교 수학에서 다루는 수학적 개념과 역량에 비추어 볼 때, 수학 교과에서는 서술형 문항과 논술형 문항을 구분 짓기가 어렵다. 수학과의 서술형·논술형 평가는 학교 수학에서 다루는 핵심 개념을 이해하고 이에 관련된 문제에 대해 논리적으로 오류 없이 풀이 과정을 제시할 수 있도록 하는 것을 우선 목표로 삼고 있기 때문에 서술형 문항과 논술형 문항의 경계나 구분이 없다고 볼 수 있다. 수학적 문제 해결의 과정을 수식으로 제시하는 것 자체가 논리적 구조와 개념, 원리, 법칙에 따르는 것으로, 일반 언어의 문장과는 달리 그 자체에 논리가 포함되어 있기 때문이다.

 학교 수학에서는 개방형 문제를 통해 엄밀하고 형식적인 논증을 요구하는 평가 문항을 사용하지 않는다. 그보다는 일반적으로 정답이 정해져 있는 폐쇄형 문제를 활용하여 학생들로 하여금 오류 없는 풀이 과정과 그에 따른 정답을 서술하게 함으로써 그들의 수학적 개념, 원리, 법칙의 이해와 문제 해결 능력을 신장시키고 이를 평가하는 것에 목표를 둔다. 해결 과정을 쓰게 하고 그 과정이 논리적 오류가 없이 답을 도출하고 있는지를 평가하면 되는 것이다. 그런데 서술형 문항에 대한 학생 답안에는 수학적 개념, 원리, 법칙에 대한 이해뿐만 아니라 수식의 논리적인 전개, 풀이 과정의 오류 점검, 타당한 과정과 결과 도출 등 논술형 문항의 답안에서 요구하는 요소가 모두 포함된다고 할 수 있다. 따라서 학생들의 수학적 사고 능력과 문제 해결 능력을 바탕으로 수학적 의사소통을 수행할 수 있는 능력을 신장시키기 위해 서술형 문항을 활용한다. 이에 본 장에서는 수학과 서술형·논술형 문항을 서술형 문항으로 통칭하여 다룬다.

 일반적으로 수학과에서 다루는 문항은 수학적 개념을 이해하고 이를 바탕으로 문제를 해결할 수 있는지를 평가하는 것이기 때문에, 수학적 문제 해결 능력을 평가하는 측면에 있어서는 문항의 유형에 따른 차이는 크지 않다. 평가 문항의 유형은 문항 내에 주어진 답지 중 하나를 고르게 하는 선택형과 답이 문항 내에서 주어진 것이 아니라 응답자가 직접 써 넣게 하는 서답형 문항으로 구분할 수 있는데 대표적인 문항의 구분은 Mehrens와 Lehmann(1975)가 제시한 것으로, 선택형 문항에는 진위형, 선다형, 연결형 문항, 서답형 문항에는 논술형, 단답형, 괄호형, 완성형 문항이 포함[1]된

---

1) 선택형 문항과 서답형 문항의 구분은 학자에 따라 다르게 제시될 수 있다. 예로 Gronlund(1989)는 선택형 문항에 진위형, 선다형, 연결형 문항을, 서답형 문항에 단답형, 제한된 논술형, 논술형 문항을 포함하여 분류하였다(성태제, 2010).

다(성태제, 2010). 수학적 문제 해결 능력을 기반으로 인지적 역량을 평가하는 데에는 선택형 문항이나 서답형 문항 모두 활용도가 높다. 수학적 문제 해결의 관점에서는 선택형 문항이나 서답형 문항 모두 다 학생들이 문제를 이해하고 그에 포함되어 있는 수학적 개념을 발견, 이해, 해석하여 답을 도출하는 과정을 거쳐야만 답을 구할 수 있기 때문이다. 즉, 선다형이나 단답형 문항으로도 학생들의 이해나 문제해결 능력을 평가할 수 있다. 그런 관점에서 본다면 선택형과 서술형 문항 유형의 차이는 문제 해결의 결과만으로 평가하느냐, 과정을 함께 평가하느냐에 따른 것이라고 해도 과언이 아니다.

두 가지 유형의 문항이 모두 학생들의 수학적 문제 해결 능력을 평가할 수 있음에도 불구하고 서술형 문항의 활용을 강조하는 것은 현재 교육과정을 기반으로 학교 수학을 통해 기르고자 하는 핵심 역량이 수학적 문제 해결이나 이해력과 같은 인지적 영역에만 한정되어 있지 않기 때문이다. 수학과 교육과정에서 제시하는 핵심 역량은 수학적 능력을 바탕으로 깊이 사고하고 추론하며 창의적으로 발전할 수 있는 능력, 자신이 알고 있는 것과 알게 된 것을 적극적으로 표현하고 상호 작용함으로써 지식과 정보를 활용하고 확장시켜 나갈 수 있는 능력, 그리고 정의적으로 수학의 가치에 대해 인식하고 태도를 형성할 뿐만 아니라 이를 바탕으로 세상을 바라보는 안목과 시민 의식을 함양하는 영역까지 다양한 역량을 신장하는 것을 목표로 한다. 그 중 자신이 이해하고 생각하는 것을 타인에게 전달하고 의사소통할 수 있는 능력은 이러한 역량을 신장시키는 데에 있어 기본적인 도구의 역할을 하게 된다. 따라서 결과 중심의 평가에서 한 발 더 나아가 과정 중심의 평가가 강조되고 있으며 이에 서술형 평가의 가치와 중요성이 더욱 강조되고 있다.

2. 수학과 서술형 평가 문항 제작 과정의 이해

앞서 언급한 바와 같이 수학과에서는 서술형과 논술형 문항을 구분하지 않고 서술형 문항이라 칭한다. 평가 도구를 서술형 문항으로 한정하였으므로 평가 도구 선정을 제외한 문항 제작 과정은 '목표 설정-평가틀과 문항카드 선정-문항 제작 및 채점 기준 수립-평가 실시'와 결과 활용으로 제시할 수 있다.

2-1. 평가 목표 설정

(1) 교육과정 분석

평가 문항 제작은 합당한 목표를 설정하는 것에서 시작된다. 이때 가장 중요한 것이 교육과정에 대한 이해와 분석이므로 교육과정의 구성 요소와 의미를 이해하고 분석한 후에 평가 목표를 설정하여야 한다.

평가 목표는 평가는 물론이고 학습 지도의 방향과 과정, 방법 등에 대한 안내 지침의 역할을 하는 것이기 때문에 타당하게 설정하고 구체적으로 기술하는 것이 필요하다. 학교 수학의 모든 평가는 교육과정을 기반으로 하고 선행 학습을 방지하기 위해 다루는 내용과 범위 또한 교육과정으로 제한되므로 평가 목표 설정도 교육과정의 범위 안에서 이루어져야 한다.

평가 문항의 제작에서 하나의 문항이 하나의 성취 기준의 도달 여부를 제대로 측정해 낼 수 있는지를 고려해야 하므로 성취 기준의 의미를 파악하고 평가 문항의 종류와 특성에 맞게 적용할 수 있어야 한다. 또한 교육과정 분석을 통해 다루어도 되는 내용과 용어, 기호 및 평가의 범위를 반드시 확인하여 선행 학습 요소가 없는지 확인하고, 수업을 통해 학생들이 학습한 수학적 개념, 원리, 법칙 및 문제 해결을 적절하게 평가할 수 있도록 해야 한다.

교육과정에서 제시하는 영역별 성취 기준은 소단원 또는 중단원 별로 적용할 수 있는 정도로 포괄적으로 기술되어 있기 때문에 이로부터 수업 목표와 내용, 평가 요소 등을 선정하기 위해서는 교육과정과 교과서를 함께 대응시켜 내용 요소별로 성취 기준을 어떻게 해석하고 적용해야 할 지를 결정해야 한다.

고등학교 1학년 과정에서 배우게 되는 '수학' 교과목의 'Ⅲ 도형의 방정식-3. 원의 방정식' 단원을 예로 들어 살펴보자.

교육과정에서 제시하고 있는 이 단원의 성취 기준은 다음의 두 가지이다. 그 중 해당 소단원에서 도달해야 하는 성취 기준은 '좌표평면에서 원과 직선의 위치 관계를 이해한다.'이므로 이 성취 기준에의 도달 여부를 확인하기 위해 학생들이 평가 문항 답안(반응)에서 어떤 수학적 과정을 보여 주어야 하는지를 먼저 결정한다.

> **3** 원의 방정식
> [10수학02–06] 원의 방정식을 구할 수 있다.
> [10수학02–07] 좌표평면에서 원과 직선의 위치 관계를 이해한다.

우선, 학생들은 원과 직선의 위치 관계를 기하적인 관점에서 직관적으로 관찰하고, 그 특징이나 성질을 찾아낼 수 있어야 한다. 또한 고등학교 수학에서 다루는 도형의 방정식은 도형의 기하적인 성질을 대수식으로 표현하고 이를 좌표평면에서 결합하는 것이므로 좌표 평면 위의 두 점 사이의 거리, 원과 직선의 방정식, 연립방정식의 기하학적 의의 등에 대한 이해가 선행되어야 한다. 따라서 학생들은 좌표평면 위의 주어진 원과 직선을 방정식으로 표현할 수 있어야 하고, 이들의 연립방정식의 해가 어떤 의미를 가지는지 해석할 수 있어야 한다. 또한 이 해의 유무를 이용하여 원과 직선의 위치 관계를 설명할 수 있는지를 평가하는 문항을 제작해야 한다.

평가 내용의 범위를 정하기 위해서는 교육과정에서 제시하고 있는 교수·학습 방법 및 평가와 관련된 유의 사항도 확인해야 하는데, 이 장에서 사례로 제시하는 원의 방정식 단원에서는 다음과 같은 유의 사항이 있다.

> * 좌표축의 평행이동은 다루지 않는다.
> * 도형의 방정식은 도형을 좌표평면에서 다룰 수 있음을 이해하는 수준에서 다루고, 계산이 복잡한 문제는 다루지 않는다.

도형의 방정식 단원에서는 도형의 형태를 익히고 학습하던 중학교 수학의 기하에서 나아가 도형의 정의와 성질을 대수적인 식으로 나타내고 이를 그래프로 확인하는 것을 학습해야 하므로 복잡한 계산식을 다루느라 기하와 대수의 연결성, 그래프의 의미 등의 핵심 개념을 탐색하는 것을 놓치지 않도록 유의해야 한다. 따라서 평가 문항을 제작할 때에도 계산이 복잡한 것을 다루지 않는다.

> * 기하 영역의 주요 개념에 대한 이해를 평가할 때에는 과정 중심 평가를 할 수 있다.

서술형 문항은 학생들의 학습 활동뿐만 아니라 사고 과정과 결과를 함께 확인할 수 있는 좋은 도구가 된다. 따라서 학생들이 자신이 이해하고 있는 개념을 다루거나 문제 해결 과정을 보여 줄 수 있는 문항을 제작하도록 해야 한다.

(2) 평가 목표 설정 및 기술

　하나의 성취 기준은 한 소단원에서 다루게 되는 내용과 연결되기 때문에 평가 목표를 선정하고 구체화하기 위해서는 교과서에서 다루고 있는 내용에 비추어 이 성취 기준을 어떻게 해석하고 적용할 것인지를 판단해야 한다.

표1 학습 내용에 대한 성취 기준의 해석 및 적용을 통한 평가 목표 및 요소 구체화

성취 기준	[10수학02-07] 좌표평면에서 원과 직선의 위치 관계를 이해한다.

교과서 소단원 내용 구성	성취 기준의 해석 및 적용 : 평가 목표 및 요소 구체화
● 원과 직선의 위치 관계 파악 　• 판별식을 이용한 위치 관계 파악 　• 점과 직선의 거리를 이용한 위치 관계 파악 ● 원의 접선의 방정식 구하기 　• 기울기가 주어진 접선의 방정식 구하기 　• 원 위의 한 접점의 좌표를 알 때 접선의 방정식 구하기	• 대수적 방법을 이용하여 원과 직선의 위치 관계를 판단할 수 있다. • 위치 관계 중 접하는 경우를 만족시키는 조건을 활용하여 접선의 방정식을 구할 수 있다.

　〈표 1〉과 같이 성취 기준과 해당 성취 기준이 적용되는 소단원의 내용 구성을 살펴보면 교과서의 내용은 이차방정식의 판별식이나 점과 직선 사이의 거리를 구하는 대수적인 방법을 이용하여 원과 직선 사이의 거리를 판단하는 내용과 그 중 두 도형이 접하는 경우에 접선의 방정식을 구하는 내용으로 구성되어 있다. 즉, 성취 기준은 원과 직선의 위치 관계를 이해한다는 포괄적인 진술로 제시되어 있지만 실제 다루는 내용은 원과 직선의 위치 관계의 개념을 이해하고 이를 대수적으로 판별하는 과정, 이미 판별된 경우 역으로 두 도형 중 하나의 도형(직선)의 방정식을 구하는 과정을 다루고 있다. 이때 성취 기준은 이해와 적용의 두 가지 측면으로 해석되고 평가 목표도 다음의 〈표 2〉와 같이 내용 요소를 기반으로 선정하여 기술할 수 있다.

표2 내용 요소별 평가 목표 기술

내용 요소	평가 목표 기술
원과 직선의 위치 관계	• 두 도형의 방정식을 연립하여 이차방정식으로 만들고 근의 판별식을 활용하여 원과 직선의 위치 관계를 설명할 수 있다. • 점과 직선 사이의 거리를 구하는 공식을 활용하여 원과 직선의 위치 관계를 설명할 수 있다.
원의 접선의 방정식	• 기울기가 주어진 접선의 방정식을 구할 수 있다. • 원 위의 접점의 좌표가 주어진 경우, 이를 활용하여 접선의 방정식을 구할 수 있다.

〈표 2〉와 같이 내용을 기반으로 한 평가 목표 기술은 실제 문항을 제작할 때에는 평가 시기, 방법 등의 요소를 함께 고려하여 문항별로 더욱 구체화하여 기술할 수 있다. 문항별 평가 목표 기술은 다음 절의 평가 문항 제작 사례에서 다룬다.

2-2. 평가틀 제작

평가 문항을 작성할 때에는 우선 평가틀을 활용한다. 평가틀의 구성 요소를 이해하고 평가틀을 활용함으로써 평가 문항의 질을 관리할 수 있고, 평가 내용에 따른 성취 기준 추출, 문항별로 평가할 기준을 확인할 수 있다. 일반적으로 평가틀에는 내용축과 행동축을 포함하며 평가의 목적과 방법, 대상 등에 따라 다른 요소를 추가할 수 있다. 수학과의 평가틀에서는 평가하고자 하는 내용 영역을 내용축에, 성취 기준을 행동 축에 놓을 수 있으며 학생들의 학업 성취에 관한 정보를 활용하기 위해 문항의 곤란도[2]와 배점 등의 항목을 추가하여 사용할 수 있다.

(1) 문항 정보표

학교 현장에서는 NEIS(국가교육정보시스템, National Education Information System)에서의 성적 처리를 위해 문항 정보표(구:이원목적분류표)를 공통의 평가틀로 사용하고 있다. 다음의 〈그림 1〉은 학교 현장에서 사용하는 NEIS의 평가틀인 문항 정보표의 예시인데, 성적 산출을 위한 대규모의 평가나 일제 고사의 평가에 유용하게 활용된다. 이는 같은 교과목을 이수하는 학생들을 일제 고사로 평가하고 성적을 산출하기 위한 근거로 활용되는 틀이기 때문에, 평가 시기, 목적, 방법, 내용 등에 따라 다른 틀을 제작하여 사용할 수 있다.

---

2) 문항 정보표에서는 곤란도를 난이도라는 용어로 표시한다.

(기하) 과목
문항 정보표 (과목코드:00)

계	부장	교감	교장

20**년도 2학기 중간고사								
고사 일시 20**년 0 월 0일 1교시				공동 출제자:김00(인), 이△△(인)				
총점 100.00점				선택형 70.00점, 서답형 30.00점				

선택형 문항

문항 번호	내용 영역	성취 기준	난이도			배점	정답
			어려움	보통	쉬움		
1	3–1. 공간도형	직선과 직선,직선과 평면,평면과 평면의 위치 관계에 대한 간단한 증명을 할 수 있다.			○	3	1
2	3–1. 공간도형	삼수선의 정리를 이해하고, 이를 활용할 수 있다			○	3	2
3	3–1. 공간도형	정사영의 뜻을 알고, 이를 구할 수 있다.			○	3	3
4	3–1. 공간도형	직선과 직선, 직선과 평면, 평면과평면의 위치 관계에 대한 간단한 증명을 할 수 있다.			○	3	4
5	3–1. 공간도형	삼수선의 정리를 이해하고, 이를 활용할 수 있다		○		4	5
6	3–1. 공간도형	정사영의 뜻을 알고, 이를 구할 수있다.		○		4	1
⋮	⋮	⋮	⋮	⋮	⋮	⋮	⋮
17	3–1. 공간도형	직선과 직선, 직선과 평면, 평면과평면의 위치 관계에 대한 간단한 증명을 할 수 있다.	○			6	5

서답형 문항

1	3–1. 공간도형	직선과 직선, 직선과 평면, 평면과 평면의 위치 관계에 대한 간단한 증명을 할 수 있다.			○	8	별지 참조
2	3–1. 공간도형	삼수선의 정리를 이해하고, 이를 활용할 수 있다		○		10	별지 참조
3	3–1. 공간도형	정사영의 뜻을 알고, 이를 구할 수 있다.	○			12	별지 참조
총합계			6	8	6	100.00	–
비율(%)			29	41	29	100	–

〈그림 1〉 NEIS 평가시스템에서 사용하는 평가틀 – 문항 정보표의 예

서술형 문항을 제작하고 이를 평가에 활용할 때에는 문항 정보표의 형식이 아니더라도 서술형 문항을 평가에 활용하는 이유와 목표, 방법, 평가의 종류(진단, 형성, 총합 평가) 등을 고려하여 제작할 필요가 있다. 교사가 실제 문항을 제작하여 평가를 실시하고 채점, 결과의 활용 전과정에서 고려해야 할 요소가 무엇인지 파악하고 수업 수준에서 활용 가능한 평가틀을 제작할 수 있다.

본서에서는 수업 수준에서 활용 가능한 약화된 평가틀[3]을 활용하여 문항을 제작하고 평가에 적용할 것이다.

(2) 문항카드

문항을 제작할 때에는 문항카드를 활용하는데, 문항카드는 문항별로 제작하는 것이 원칙이다. 문항카드는 다음의 〈그림 2〉와 같은 양식으로 구성할 수 있는데, 유일한 양식이 있는 것은 아니며, 문항 일련 번호, 내용, 성취 기준, 평가 영역(행동), 난이도(곤란도), 문항별 배점, 채점 요소 등을 포함하여 만들 수 있다. 평가틀이 평가 활동 전체의 구조와 내용을 파악하는 것이라면 문항카드는 개별 문항의 내용과 특징 등을 파악하는 문항별 평가틀의 역할을 한다.

문항카드 [수학–중간–서술형 1번]

교과목			
교과 단원			
단원 내용			
성취 기준			
측정 내용		행동 요소	
제작자		제작 일시	

• 문제 및 풀이와 답

---

3) 문항카드와 통합한 것으로 평가 문항 제작 사례에서 소개함

• 예상 난이도
• 특이 사항

〈그림 2〉 문항카드 양식의 예

    문항카드를 활용함으로써 각 문항의 질을 점검하고, 공동 출제, 공통 검토의 과정을 거치면서 문항 선제 및 수정을 용이하게 할 수 있다. 형성 평가를 위한 서술형 평가 문항의 제작에서도 채점 기준 수립이나 문항의 질을 점검하는 데 유용하게 활용될 수 있다. 학교 현장에서 수업 시간에 실시하는 형성 평가나 수행 평가를 위한 문항을 제작할 때에도, 위에서 제시한 문항카드와 같은 형식을 매번 사용하지 않는다고 하더라도 문항을 제작할 때에는 문항에 대한 기본 정보를 함께 기록해 두는 것이 필요하다. 예를 들어 하나의 소단원에서 활용할 형성 평가 문항을 제작한다고 할 때, 교과목, 교과 단원, 성취 기준 등의 문항에 대한 공통 정보를 함께 표시하고 각 문항별로 평가 내용과 풀이, 채점 기준만 따로 제작하여 기록해 둘 수도 있다.

    이 장에서의 문항 제작 사례에서는 평가틀과 문항카드를 하나의 양식으로 제작하여 활용하고자 한다. 서술형 평가 문항 제작을 위한 평가틀은 내용과 수행의 두 가지 축으로 구성하는데, 내용 축에 성취 기준, 수행 축에 핵심 역량과 수학적 과정의 행동적 요소들을 배치하고 문항카드와 하나의 양식으로 합하여 다음 〈그림 3〉과 같이 약식으로 활용하고자 한다.

    〈그림 3〉의 문항카드 예시에서 교과 단원은 평가할 학습 단원을 기록하고, 핵심 역량은 교육과정에서 제시하고 있는 수학과 핵심 역량 6가지를 제시해 놓았다. 이 중 해당 문항에 관련된 역량을 선택하여 표시하면 된다. 평가 유형도 수업 단위의 형성 평가부터 정기 고사용 총합 평가까지 활용될 수 있는 유형을 제시해 놓았다. 제시된 예시 항목들은 제작한 문항에 맞게, 본서 3–1절의 〈그림 4〉와 같이 활용하면 된다.

〈수학〉과 서술형 문항 카드

교과 단원	
성취 기준	
핵심 역량	문제 해결, 추론, 창의·융합, 의사소통, 정보 처리, 태도 및 실천
평가 유형	수업 단위 형성 평가, 수행 평가 및 자기 주도학습 평가, 정기 고사용 총합 평가
평가 목표(내용)	
비고	
문제 (배점)	

풀이와 답	채점 기준 및 배점

〈그림 3〉 평가틀로 활용 가능한 문항카드 예시[4]

---

4) 문항카드 활용의 예시이므로 문항의 일련 번호는 생략함.

2-3. 문항 제작 및 채점 기준 수립

제작한 문항에 대한 채점 기준은 미리 수립해야 한다. 문제가 요구하는 필수 개념의 활용이나 풀이 과정의 서술이 무엇인지를 먼저 정하고 모범(예상) 답안에 대한 세부 채점 기준을 수립한다. 이때 수립하는 채점 기준은 학생들의 풀이에 대해 점수를 부여하는 방향성을 제시해 주는 것이지만 실제 채점과정에서 예상치 못한 유사 풀이나 인정 가능한 다른 풀이가 발견되면 계속 수정, 보완의 과정을 거쳐야 한다.

(1) 문항 제작

학교 수학의 평가 문항은 교육과정의 범위 내에서만 출제하도록 엄격하게 규제하고 있다. 따라서 교육과정 분석을 기반으로 교과서 및 수업 시간 중에 학습한 내용을 중심으로 문항을 제작하되, 지나치게 복잡한 계산 위주의 문항 제작은 지양해야 한다.

문항을 제작할 때에는 평가 교육과정을 분석하여 목표를 설정, 진술하고 핵심 개념이나 수행 과제 등 평가 요소를 추출하고 그에 맞는 문항 내용을 구성한다. 이 때, 문항카드 등의 평가 틀을 활용하여 평가 문항 제작에서 꼭 고려해야 할 필수 요소들을 확인하도록 한다.

수업 시간 중에 형성 평가용 문항은 교과서나 주요 학습 교재에서 다루었던 문항과 동형의 문항을 활용하게 되므로 기존의 문항에서 숫자를 바꾸거나 조건을 변형하여 제작할 수 있다.

정기 고사 등을 위한 총합 평가용 문항을 제작할 때에는 문항의 내용, 유형, 역량, 학습 활동 등 다양한 요소를 고려하여야 한다. 〈표 3〉에서 제시한 바와 같이 문항에 사용할 개념, 요소가 무엇인지, 그림, 표, 그래프 등과 같은 도식이 활용되는지 등을 고려하여 계획을 수립하고 문항을 구성할 수 있다. 문항을 구성할 때에는 모범 풀이에 대해 서술형 문항에서 평가하고자 하는 것이 제대로 포함되어 있는지를 고려하고 문항을 진술하여 완성한다. 이 절차에 따른 제작 사례는 다음 장에서 소개한다.

표 3 수학과 문항 제작 과정

> 문항에 사용할 수학적 개념, 풀이 과정에 포함될 요소, 도식 활용 여부 확인하기

> 평가 요소를 고려하여 문항 구성하기

> 형식과 내용을 면밀히 검토하여 문제 진술하기

(2) 채점 기준 수립

수학과 서술형 문항에 대한 채점은 분석적 채점 방법을 주로 사용하게 되므로 본 장에서는 분석적 채점기준 수립의 과정에 대해 소개한다.

표 4 채점 기준 수립 절차

문제에 대한 모범 풀이 작성하기

↓

문항의 내용, 평가 목표 등을 확인하여 모범 풀이에 포함된 평가 요소 확인하기

↓

문항의 난이도, 풀이 과정에 포함된 평가 요소의 양 등을 고려하여 요소별 배점 및 문항 전체의 배점 조정하기

↓

유사 답안이나 인정 답안 예측하여 부분 점수, 인정 점수 등 배점 요소 검토하기

〈표 4〉에서 제시한 바와 같이 채점 기준의 수립은 문항에 대한 모범 풀이를 작성하는 것에서 시작할 수 있다. 문제에 대한 모범 풀이를 작성한 후에 그 풀이 과정에 평가할 핵심 요소가 포함되었는지 확인하고 요소별 배점을 정한다. 문항별 배점은 문항의 난이도나 풀이 과정에 포함되는 평가 요소의 양에 따라 달라질 수 있다. 즉, 풀이 과정이 길지 않아 이에 포함된 평가 요소도 많지 않지만 문항에서 다루는 내용 자체가 어려운 개념을 다루고 있는 경우에는 배점을 높게 정할 수 있고, 문항 자체는 어렵지 않지만 풀이 과정에 반드시 포함되어야 할 평가 요소가 많은 경우에도 배점을 높게 정할 수 있다. 특히 공동 출제를 하는 경우에는 교과 협의회를 통해 문항의 수, 배점, 난이도 등을 결정하면 된다.

서술형 문항의 채점 기준을 수립할 때 답안의 내용과 형식을 어떻게 반영할 것인가에 대한 논의가 필요하다. 학생들의 답안을 채점할 때, 풀이의 내용에 대한 논리적 전개나 오류 여부만을 반영할 것인지, 답안의 작성 형식도 고려할 것인지를 결정해야 한다. 서술형 문항으로 평가하려는 이유가 학생들의 문제 해결 과정을 함께 평가하기 위한 것이라면 전자에 한정하여 채점 기준을 수립할 수도 있지만, 서술형 문항을 통해 학생들의 수학적 의사소통 능력, 논리적 진술 능력 등을 함께 평가하기 위한 것이라면 답안을 작성하는 형식도 함께 확인할 수 있는 채점 기준을 수립해야 한다.

서술형 문항을 활용하는 이유가 학생들의 인지적 능력을 평가하는 것에 제한된 것이 아니고 수학적 의사소통 능력을 신장하기 위한 것이라면 형식적 요소에 대해서도 지도할 필요가 있다. 이 경우에는 답안에 표기 오류가 없는지, 의사소통에 적합한 제시문이 포함되었는지, 풀이의 방향이나 결과를 적합하게 진술하였는지에 대해 배점(가점 또는 감점)할 수 있다.

수학적 문제 해결 과정을 서술하여 제시할 때에는 그 답안이, 작성하는 학생과 채점하는 교사와의 의사소통 과정임을 인식하고 수학적으로 오류가 없는 표현 양식과 논리적인 진술 방식, 그리고 의사소통 가능한 형식으로 써야 한다는 것을 지도해야 한다는 것이다.

아래 〈표 5〉와 같이 채점 기준을 수립할 때 고려해야 할 채점 항목을 내용과 형식 측면으로 구분한다고 할 때, 풀이 과정과 답의 내용만 평가하겠다고 하는 경우와 형식적 요소도 함께 평가하겠다고 하는 경우의 배점 방식이 달라질 수 있다.

본 장에서 소개하는 채점기준 수립의 사례에서는 내용 항목과 형식 항목을 모두 고려하였다.

표 5 채점 기준 수립 시 고려해야 할 채점 항목

	채점 항목	배점의 예
내용	• 풀이에 포함되어야 할 개념, 공식, 계산식, 기호 활용, 그래프, 표 등이 모두 있는가?	각 +1점
	• 풀이 과정에 오류가 있는가?	0점
	• 생략된 핵심 요소가 있는가?	0점
형식	• 문제에서 제시되지 않은 문자를 변수, 미지수, 자리지기 등으로 활용할 때, 해당 문자를 지정하여 진술하였는가? 예 ~를 x라 하자. ⋯⋯ 1점	+1점
	• 수학적 표기 오류가 있는가? 예 $x^2+3x-8=2$ $=x^2+3x-10=0$ ⋯⋯ −1점(등호 표기 오류)	−1점

	• 답을 문제가 요구하는 방식으로 진술하였는가?
	예 [문제] ~일 때 a^2+b^2의 값을 구하여라(4점).
	   [모범 답안] …에 따라 ~~이 된다 ⋯⋯ 2점
	      ~이므로…. $a=-1,\ b=2$ ⋯⋯ 1점
	      따라서 $a^2+b^2=5$ ⋯⋯ 1점
	   [학생 답안] …에 따라 ~~이 된다 ⋯⋯ 2점
	      ~이므로…. $a=-1,\ b=2$ ⋯⋯ 1점
	      → 답을 제시하지 않아 총 3점만 받게 됨
		과정 점수 3점
		답 점수 1점

• 문제 해결의 방향이나 전략 등을 진술하였는가?	+1점 또는 상황에 따라 가감 없음.

2-4. 평가 실시와 결과 활용

수업과 평가 계획을 수립하고 평가 실시 시기, 방법, 도구 등을 결정하였다면 계획된 시기에 맞추어 평가를 실시한다. 수업 시간 중에 학습한 내용을 평가하는 형성 평가, 학생들의 학습 활동의 과정과 결과를 보다 근거리에서 질적으로 평가하는 수행 평가, 일련의 학습 주기별로 실시하는 정기 고사 형태의 총합 평가 등 평가 실시 시기와 유형에 따라 문항의 형식, 내용 등이 달라질 수 있다.

평가 계획에 따라 평가를 실시한 후에는 채점, 평가 내용 기술, 성적 산출 과정을 거쳐 그 결과를 학생, 학부모와 공유하고 필요한 피드백을 제공하여야 한다. 또한 교사의 수업과 평가에 대한 피드백 자료로도 활용한다.

학생들에게 피드백을 제시할 때에는 학생들이 문제를 해결하는 것에 어려움을 겪었는지, 아니면 평가 문항의 형식 때문에 어려움을 겪었는지를 파악하고 그에 따른 처방과 지도를 실시한다. 문제의 내용 이해나 수학 학습 자체에 어려움을 겪고 있는 학생인 경우에는 학습 방법 및 개념 이해 등에 대한 지도가 필요하지만, 서술형 문항을 다루는 경험이 부족하거나 답안을 작성하는 형식을 이해하지 못한 경우라면 수학적 의사소통 능력 신장을 위한 학습이나 답안 작성 형식을 익힐 수 있는 실습이 이루어질 수 있도록 지도해야 한다.

실제 서술형 문항으로 평가를 실시하다 보면 많은 학생들이 수학적 표기 오류, 과도하게 비형식적인 표현 양식으로 공식적 의사소통이 불가능한 답안, 풀이 과정의 지나친 비약으로 인한 감점 사례 등을 이해하거나 받아들이지 못하는 경우가 있다. 따라서 서술형 문항을 통한 평가에 앞서 학생들에게 평가 문항, 방식, 채점 방식 등에 대한 충분한 안내와 경험의 기회가 제공되어야 한다.

평가 결과의 분석으로부터 수학적 표기의 엄밀성이나 형식화 수준의 단계를 조정하고 일상 언어와 수학적 언어 사이의 해석, 수학적 언어 내에서의 다른 표현 양식 사이의 해석 등에 대한 경험과 사례를 어떻게 제시할 것인지, 학생들의 수학적 추론 능력과 의사소통 능력을 신장시키기 위해 무엇이 더 필요한 지에 대한 정보 등을 얻을 수 있으므로 학생들에 대한 피드백뿐만 아니라 교사의 입장에서도 선택형 문항과 달리 서술형 문항을 활용하여 평가를 실시할 때 나타나는 특징 등을 분석하고 이를 수업에 반영해야 한다.

3. 수학과 서술형 평가 문항 제작의 실제

이 장에서는 고등학교 '수학'의 'Ⅲ.도형의 방정식-3. 원의 방정식-02. 원과 직선의 위치 관계' 단원의 내용에 대한 형성 평가용 서술형 평가 문항과 총합 평가용 서술형 평가 문항을 제작하는 사례를 소개한다. 같은 단원에서 평가 문항을 제작하되, 평가의 유형에 따라 형성 평가용으로 활용할 수 있는 간단한 개념 확인용 문항과 총합 평가용으로 활용할 수 있는 복합적 문제 해결형 문항으로 구분한 것이다.

3-1. 형성 평가를 위한 개념 확인용 서술형 문항 제작

(1) 평가 목표 설정

수업 시간 중에 학습한 내용을 확인하기 위한 평가이므로 교육과정을 분석하여 학습 목표와 평가 목표를 설정해야 한다. 교육과정에서 제시한 성취 기준은 다음과 같다.

[10수학02-07] 좌표평면에서 원과 직선의 위치 관계를 이해한다.

이에 따른 학습 목표는 다음과 같이 설정하였다.

- 원의 방정식과 직선의 방정식을 연립하여 만든 이차방정식의 근의 개수가 원과 직선의 위치 관계를 설명할 수 있음을 이해한다.
- 이차방정식의 판별식을 이용하여 원과 직선의 위치 관계를 파악하고 이를 구하는 과정을 서술할 수 있다.

내용 기반의 평가 목표는 앞 절에서 제시한 바와 같이 다음과 같이 기술할 수 있다.

- 두 도형의 방정식을 연립하여 이차방정식으로 만들고 근의 판별식을 활용하여 원과 직선의 위치 관계를 설명할 수 있다.

그런데 실제 문항을 제작할 때에는 평가의 시기와 방법 등에 대한 요소도 함께 고려해야 한다. 따라서 이 사례에서 제작하는 평가 문항에 대한 평가 목표는 다음과 같이 구체화하여 기술할 수 있다.

> • 풀이 과정 및 결과를 통해 수업 내용 이해를 확인한다.
> : 원과 직선의 방정식을 대수적으로 연립하여 이차방정식으로 만들고 근의 판별식을 활용하여 원과 직선의 위치 관계를 설명(진술)할 수 있는지 평가한다.

(2) 평가틀 제작

평가틀은 내용과 수행의 두 가지 측면으로 구성하였고, 문항카드에 함께 기술하여 평가틀로 사용하였다. 일반적인 문항카드의 양식에 수학과 평가 문항이 측정, 평가하고자 하는 내용 영역과 수행 영역을 추가하여 활용하고자 하는 것이다. 평가틀 및 문항카드의 예시는 다음 〈그림 4〉와 같다. 문항카드의 '풀이와 답' 및 '채점 기준 및 배점'은 다음 절에서 다룬다.

〈수학〉과 서술형 문항 카드

교과 단원	Ⅲ. 도형의 방정식 – 3. 원의 방정식 – 02. 원과 직선의 위치 관계
성취 기준	[10수학02–07] 좌표평면에서 원과 직선의 위치 관계를 이해한다.
핵심 역량	**문제 해결**, 추론, **창의·융합**, **의사소통**, 정보 처리, 태도 및 실천
평가 유형	**수업 단위 형성 평가**, 수행 평가 및 자기 주도 학습 평가, 정기 고사용 총합 평가
평가 목표(내용)	풀이 과정 및 결과를 통해 수업 내용 이해를 확인한다. : 원과 직선의 방정식을 대수적으로 연립하여 이차방정식으로 만들고 근의 판별식을 활용하여 원과 직선의 위치 관계를 설명(진술)할 수 있는지 평가한다.
비고	
문제 (배점)	원 $x^2+y^2-6x-7=0$과 직선 $2x+y-3=0$의 위치 관계를 설명하여라. 풀이 과정을 모두 쓰시오(5점).

풀이와 답	채점 기준 및 배점

〈그림 4〉 형성 평가를 위한 문항카드 제작 사례

〈그림 4〉에서 제시한 바와 같이 평가 단원과 성취 기준은 해당 단원의 교과서, 교육과정 등을 토대로 작성하였고, 핵심 역량은 수업 시간에 다룬 내용에 대한 이해와 문제 해결 과정의 서술 능력을 확인하는 평가이므로 문제 해결과 의사소통으로 선정하였다.

평가 유형은 수업 단위 형성 평가, 평가의 목표는 수업 시간에 다루는 핵심 개념을 고려하여 결정한다. 내용 측면에서는 핵심 개념의 이해를, 수행 능력 측면에서는 문제 해결 과정의 서술을 평가하고자 하였다. 1차시 수업에서의 핵심 개념은 도형의 방정식으로부터 근의 개수를 판별하여 원과 직선의 위치 관계를 파악하는 것이고, 2차시 수업에서의 핵심 개념은 점과 직선의 거리를 활용하여 원과 직선의 위치 관계를 파악하는 것이므로 평가 목표(내용)[5]에는 형성 평가의 목표—풀이 과정 및 결과를 통해 수업 내용 이해를 확인하는 것—를 제시하고 세부 내용—원과 직선의 방정식을 대수적으로 연립하여 해를 구하는 것, 이로부터 원과 직선의 위치 관계를 설명(진술)하게 하는 것—을 기술하였다.

---

5) 평가의 내용 자체가 목표가 되는 경우가 많아 평가 목표와 내용을 함께 사용하였다.

(3) 문항 제작 및 채점 기준 수립

수업 단위의 형성 평가는 간단한 형태의 문항을 가지고 그 시간에 학습한 내용을 확인, 평가하는 것이므로 수업의 설계와 내용, 방법에 따라 달라질 수 있다.

수업 설계에 따른 수업 내용 및 진행 방향은 총 2차시 분으로 계획하였으며 그 중 문항 제작과 관련된 차시의 수업에 대한 지도안은 다음의 〈표 6〉의 내용과 같다.

표 6 수업 지도안 예시- 2차시 중 1차시

<table>
<tr><td colspan="2" align="center">수업 지도안 2-1</td></tr>
<tr><td>수업 단원</td><td>Ⅲ. 도형의 방정식 – 3.원의 방정식
　02.원과 직선의 위치 관계(교과서 p. ~ p.)</td></tr>
<tr><td>성취 기준</td><td>[10수학02-07] 좌표평면에서 원과 직선의 위치 관계를 이해한다.</td></tr>
<tr><td>학습 목표</td><td>• 원의 방정식과 직선의 방정식을 연립하여 만든 이차방정식의 근의 개수가 원과 직선의 위치 관계를 설명할 수 있음을 이해한다.
• 이차방정식의 판별식을 이용하여 원과 직선의 위치 관계를 파악하고 이를 <u>구하는 과정을 서술</u>
<u>할 수 있다.</u></td></tr>
<tr><td>대상 학급</td><td>1학년 *반~1학년 *반</td></tr>
<tr><td>선수 학습
내용
(5분)</td><td>▶ 도입부에 선수 학습 내용 확인
※01. 원의 방정식
　• 중심이 (a, b)이고 반지름의 길이가 r인 원의 방정식은
　　$(x-a)^2+(y-b)^2=r^2$
　• 중심이 원점이고 반지름의 길이가 r인 원의 방정식은
　　$x^2+y^2=r^2$
　• $x^2+y^2+Ax+By+C=0$이 나타내는 도형은
　　$A^2+b^2-4C>0$이면 중심이 $\left(-\dfrac{A}{2},\ -\dfrac{B}{2}\right)$
　　반지름 길이가 $\dfrac{\sqrt{A^2+B^2+4C}}{2}$인 원
Ⅱ-3-02. 이차연립방정식 학습 내용 확인</td></tr>
<tr><td></td><td>02.원과 직선의 위치 관계
▶ 두 도형의 방정식을 그래프로 나타내어 "위치 관계"의 용어 의미를 설명
▶ 이차연립방정식에서 해는 두 도형의 교점을 의미하므로 연립하여 만든 이차방정식의 판별식이
　두 도형의 위치 관계를 설명할 수 있음을 지도</td></tr>
</table>

	• 원과 직선의 위치 관계 (1)

• 원과 직선의 위치 관계 (1)

원의 방정식 $x^2+y^2=r^2$과 직선의 방정식 $y=mx+n$에 대하여

방정식 x을 판별식 D라 하면

D의 부호	원과 직선의 위치 관계	방정식의 그래프
$D>0$	① 서로 다른 두 점에서 만난다.	
$D=0$	② 한 점에서 만난다(접한다).	
$D<0$	③ 만나지 않는다.	

본시 학습 내용 (30분)

[문제 풀이]

[예제 1] 원 $x^2+y^2+4x-5=0$과 직선 $x-y-1=0$의 위치 관계를 말하여라.

▶ 문제가 '~위치 관계를 설명하시오, 말하시오'이므로 수학적 풀이로부터 도출한 결론은 언어적 표현을 사용하여 진술할 수 있어야 함을 강조

풀이) ◀부분을 염두에 두고 해설, 지도

두 식을 연립하여 이차방정식의 판별식을 구한다. ◀해결 방향(전략) 진술

$x-y-1=0$을 $x^2+y^2+4x-5=0$에 대입하면 $y=x-1$이므로

$x^2+(x-1)^2+4x-5=0$

이 식을 정리하면 $2x^2+2x-4=0$, $x^2+x-2=0$

이 이차방정식의 판별식을 D라 하면 ◀서술 과정에서 새로운 문자 명명

$D=1^2-4\times1\times(-2)=9>0$

따라서 원과 직선은 서로 다른 두 점에서 만난다. ◀답의 진술

문제1]

▶ 교사의 모범 풀이 제시 후 학생들이 직접 풀어 볼 수 있도록 문제 풀이 시간 제공

한 번 더 풀어 보기(유제[6] 1~2개 제공)

▶ 교과서 문제와 유사한 유형의 문제를 제시하여 해결할 수 있도록 안내

▶ 문제 해결의 핵심 과정은 연립방정식의 판별식 구하기, 판별식으로부터 위치 관계를 설명하기

▶ 풀이 과정을 수학적으로 진술하거나 발표할 수 있도록 시간과 기회 부여

---

6) 앞서 풀이한 문제와 동형인 문제

형성 평가 (10분)	〈학습한 내용 확인하기〉 ▶ 교과서에서 다룬 문제와 유사한 문항으로 학습 이행 정도 확인 원 $x^2+y^2-6x-7=0$과 직선 $2x+y-3=0$의 위치 관계를 말하시오. 풀이 과정을 모두 쓰시오. ▶ 풀이 시간 5분, 풀이 확인 및 검토 5분

마무리
(5분)
	• 원과 직선의 위치 관계를 알아보기 위한 해결 전략
	  두 도형의 방정식을 연립하여 이차방정식 만들기
	  (연립방정식의 해의 의미: 원과 직선이 만나는 교점)
	  ➡ 이차방정식의 판별식을 구하고 그로부터 위치 관계 파악하기
	• 풀이 과정을 제시할 때에는
	  서술형 문제의 해결 과정과 답 쓰는 형식에 맞게 과정과 답을 진술하기
	• 차시 예고

〈표 6〉의 수업 지도안에서 제시한 형성 평가 문항에 대해 살펴보자.

형성 평가 문항은 수업 시간의 학습 상황을 확인하기 위한 것이므로 심화된 개념이나 복합적인 절차, 여러 성취 기준을 포함하지 않고 하나의 문항이 하나의 개념이나 내용을 다루도록 하는 것을 권장한다. 따라서 교과서에서 다룬 문제의 유형에서 크게 벗어나지 않되, 그 안에 수업 시간에 배워야 할 핵심 내용과 과정이 포함되어 있는지를 확인하면 된다. 이 절에서 제시하는 형성 평가 문항은 교과서 [예제]에서 다룬 문제와 같은 유형의 문항이며 그 해결 과정에서 중점을 두어야 할 사항이 무엇인지 함께 살펴보도록 한다.

수업에서 다루는 내용이 접선의 방정식과 원의 방정식을 연립하여 주어진 이차방정식의 판별식으로부터 근의 개수를 파악하고, 이를 원과 직선의 위치 관계로 해석하는 것이므로 문제 해결 과정은 다음과 같은 요소들로 구성되어야 한다.

　㉠ 일차방정식과 이차방정식의 연립
　㉡ 이차방정식의 판별식 구하기
　㉢ 판별식의 부호에 따른 근의 개수 판별
　㉣ 근의 개수를 원과 직선의 위치 관계에 대응하여 설명하기

또한 서술형 문항에 대한 반응이므로 서술형 답안 작성의 형식적인 측면을 고려한다면

ⓜ 문제 해결에 필요한 새로운 문자나 변수 지정하기

ⓗ 결론을 문제가 요구하는 답의 형태로 진술하기

등의 요소도 필요하다. 따라서 이러한 요소들이 채점 기준에 포함되도록 해야 한다. 실제 채점 기준의 예시는 〈표 7〉에서 살펴본다.

또한 학생들이 서술형 문항의 답안을 작성할 때에 어떤 요소가 채점 기준에 포함될 것인지를 알고 있어야 하므로, 서술형 문항의 풀이에 대한 채점 기준은 서술형 답안 양식에 대한 안내가 이루어진 후에 이를 반영하여 수립해야 한다.

특히 서술형 채점 기준 수립에서 제시한 바와 같이, 풀이 과정에서 학습자가 지정하는 새로운 변수나, 미지수 등에 대한 설명, 풀이의 방향(계획)을 간단히 제시하는 문장 기술, 답의 진술 등의 요소가 중요한 채점 기준이 된다는 것을 알 수 있도록 수업 시간을 통해 교사와 학생이 함께 기준을 정하고, 그 기준에 따라 충분히 학습하고 연습해볼 수 있는 기회를 제공해야 한다.

수학과의 서술형 문항에 대한 채점 방식은 총체적 채점보다는 분석적 채점 방식을 활용한다. 학교 수학에서 다루고 평가하는 문항의 대부분이 정답을 요구하는 폐쇄형 문항에 해당하기 때문이다. 정답이 있고 그 답을 도출하는 과정에 오류가 없는지를 평가하게 되므로 과정 상에 반드시 포함되어야 할 개념이나 절차에 배점을 하게 된다. 문제 해결 과정에 대한 서술이 불완전하거나 오류를 포함한 경우, 감점을 하거나 배점된 점수를 주지 않는 방식으로 총 점수를 부여하게 되므로 정답을 도출한 것만으로는 완성된 서술형 답안으로 인정하지 않는다. 서술형 문항임에도 답만 쓴 경우에는 정답이라고 하더라도 미리 정해진 답에 대한 배점만 부여하는 것이 일반적이다. 다시 말해 서술형 평가는 학생들이 주어진 문제를 잘 이해하고 해결할 수 있는지를 묻는 것이기도 하지만, 이는 선택형 문항으로도 평가 가능한 것이기 때문에, 선택형 문항으로 평가할 수 없는 능력을 평가하기 위해 활용된다. 즉, 수학적 추론 능력이나 문제 해결 능력 등 다양한 수학적 능력의 적용 과정을 효과적이고 합당하게 의사소통할 수 있는지를 함께 평가한다는 것이다. 따라서 학생들이 작성한 서술형 답안은 그들의 문제 해결 과정을 그대로 보여줄 뿐만 아니라 채점자에게 왜 그런 풀이를 시도했는지에 대한 근거나 이유를 설명할 수 있어야 한다. 서론, 본론, 결론의 논설문 구조와 마찬가지로 문제 해결의 방향이나 전략을 제시, 문제 해결 과정 제시, 도출된 답을 완성형 문장 또는 수식으로 제시하는 것이 포함되도록 지도하고 이를 반영하여 채점 기준도 수립한다. 또한 문제 해결 과정에서 문제에서 제시되지 않은 새로운 변수나 미지수를 사용하게 되는 경우에는 반드시 그 문자에 대한 명명을 답안에 포함해야 함을 지도하고 이를 채점 기준에 포함하여 배점을 부여할 것을 권장한다. 이는 학생들로 하여금 서술형 답안 작성의 기본 형식과 요소를 인식하게 하는 과정이며 수학적 의사소통의 형식을 지도하는 것에 포함된다.

형성 평가를 위한 서술형 문항제작 과정은 다음의 〈표 7〉과 같다.

채점 기준에는 문제 해결의 필수 요소(㉠~㉢)와 답안 형식의 요소(㉣, ㉤)를 포함하였다.

표7 형성 평가용 서술형 문항 제작하기

	문제	비고
문항 내용	원 $x^2+y^2-6x-7=0$과 직선 $2x+y-3=0$의 위치 관계를 설명하여라. 풀이 과정을 모두 쓰시오(5점).	수업 시간에 다룬 문제와 같은 유형의 문항으로 제작
풀이 과정 및 채점 기준	두 식을 연립하여 이차방정식을 만든다. 직선 $2x+y-3=0$, $y=-2x+3$을 원의 방정식에 대입하면 …… 1점 $x^2+(-2x+3)^2-6x-7=0$ $5x^2-18x+2=0$이다. …… 1점 이 이차방정식의 판별식을 D라 하면 …… 1점 $\dfrac{D}{4}=81-10=71>0$이므로 서로 다른 두 근을 갖는다. …… 1점 따라서 원과 직선은 두 점에서 만난다. …… 1점	[과정 점수 4점+답 점수 1점][7] ◀해결 방향(전략) 제시 ◀풀이 계산식 ㉠ ◀새로운 문자 명명 ㉣ ◀위치 관계 판단의 근거 ㉡, ㉢ ◀서술형에 맞게 답을 진술할 것 ㉢, ㉤

(4) 평가 실시와 결과 활용

수업 지도안에 계획한 바와 같이 형성 평가 시간은 약 10분을 배정하였다. 이미 배운 내용이고 풀어 본 문제와 같은 유형이므로 학습 후 익숙하게 해결할 수 있다는 가정하에 이루어지는 평가이지만 결과에 따라 다른 피드백을 제공하게 된다. 즉, 평가의 내용과 형식의 측면에서 도움이 더 필요한 학생들에게 피드백을 제공하는 것이다. 우선 개념 이해에 도달하지 못한 학생들에게는 이해를 돕기 위한 보충 지도를, 개념은 이해하였으나 서술형 답안 작성에 어려움을 겪는 학생들에게는 서술형 답안의 형식과 필수 요소 등을 다시 안내할 필요가 있다.

---

7) 과정 점수와 답 점수의 배점 비율은 일률적으로 정해져 있지 않다. 과정을 논리적으로 서술하게 하는 것이 서술형 문항을 활용하는 이유이므로 과정 점수의 비율이 답점수의 비율보다 높은 것이 일반적이다. 대개 전체 배점에 따라 1~2점 정도를 부여하고 나머지를 과정 점수로 부여하게 된다. 피험자가 직관이나 암산에 의해 답만 제시한 경우에는 답 점수만 부여한다.

3-2. 총합 평가(정기 고사)를 위한 서술형 평가 문항 제작

정기 고사는 대단원 이상의 내용 범위에 대한 종합적인 문항을 제작하여야 한다. 다른 평가와 마찬가지로 학습 내용과 교육과정 분석을 바탕으로 문항을 제작하되, 형성 평가나 수행 평가보다 더 복합적인 사고 과정이나 문제 해결 과정을 포함하는 문제를 제작할 수 있다. 문항의 난이도를 다양하게 제작해야 하므로 난이도에 따른 배점과 평가 요소를 달리하여야 한다.

(1) 평가 목표 설정

교육과정에 따른 내용 기반의 평가 목표는 앞 절에서 제시한 바와 같이 다음과 같이 기술할 수 있다.

> • 점과 직선 사이의 거리를 구하는 공식을 활용하여 원과 직선의 위치 관계를 설명할 수 있다.

대단원 마무리 학습이 끝난 후의 총합 평가용 문항을 제작하는 것이므로 평가 목표는 내용기반의 목표와 평가의 특성을 반영하여 다음과 같이 기술할 수 있다.

> • Ⅲ. 도형의 방정식 단원의 수학적 내용을 이해하고 복합적 개념을 다루는 문제를 해결할 수 있다.
> : 점과 직선 사이의 거리를 활용하여 원과 직선의 위치 관계를 판단하고, 이를 활용하여 주어진 문제를 해결하고 그 과정과 결과를 서술할 수 있다.

(2) 평가틀 제작

정기 고사에 활용할 문항의 평가틀은 다음과 같다. 정기 고사는 일정 범위의 내용 학습을 총합적으로 평가하는 것이므로 학생들의 학습 상태를 파악하는 것에 중점을 두기 때문에 평가 문항의 유형의 특성이 평가 목표나 내용에 반영되지 않는다. 정기 고사용 문항카드의 예시는 〈그림 5〉와 같고, 문항카드의 '풀이와 답' 및 '채점 기준 및 배점'은 다음 절에서 다룬다.

수학과 서술형 문항카드

교과 단원	Ⅲ. 도형의 방정식 – 3.원의 방정식 – 02.원과 직선의 위치 관계	
성취 기준	[10수학02–07] 좌표평면에서 원과 직선의 위치 관계를 이해한다.	
핵심 역량	**문제 해결**, 추론, 창의·융합, **의사소통**, 정보처리, 태도 및 실천	
평가 유형	수업단위 형성 평가, 수행 평가 및 자기 주도 학습 평가, **정기 고사용 총합 평가**	
평가 목표(내용)	Ⅲ. 도형의 방정식 단원의 수학적 내용을 이해하고 복합적 개념을 다루는 문제를 해결할 수 있다. : 점과 직선 사이의 거리를 활용하여 원과 직선의 위치 관계를 판단하고, 이를 활용하여 주어진 문제를 해결하고 그 과정과 결과를 서술할 수 있다.	
비고		
문제 (배점)	원 $x^3+y^2-6x-2y+k=0$과 직선 $y=-x+2$의 두 교점을 각각 A, B라 하고, 원의 중심을 C라 하자. 삼각형 ABC의 넓이가 4일 때, 상수 k의 값을 구하시오. 풀이 과정과 답을 모두 쓰시오(8점).	
풀이와 답		**채점 기준 및 배점**
		• 풀이 과정과 답에 대해 분석적으로 배점함 • 과정 점수 6점, 답 점수 2점

〈그림 5〉 정기 고사(총합 평가)를 위한 문항카드 제작 사례

　〈그림 5〉에 제시한 바와 같이 평가 단원과 성취 기준은 해당 단원의 교과서와 교육과정 등을 토대로 작성하였고, 핵심 역량은 해당 단원에 대한 종합적인 문제 해결력을 바탕으로 서술형 문항에 대한 답안을 작성해야 하므로 문제 해결과 의사소통으로 선정하였다.

　평가 유형은 정기 고사용 총합 평가, 평가의 목표는 도형의 방정식 전 단원의 수학적 내용을 이

해하여 그에 대한 복합적인 개념을 다루는 문제를 해결할 수 있는지를 평가하는 것으로 선정하였다. 세부 평가 내용으로는 원의 중심과 직선 사이의 거리를 활용하여 원과 직선의 위치 관계를 파악하고 그에 따른 문제를 해결하는 과정과 결과를 서술하도록 하는 것으로 선정하여 문항을 제작하였다. 평가 문항은 수업 단위의 형성 평가보다는 복합적인 문제 해결 과정을 요구하는 것으로 제작하였으며 따라서 배점도 상대적으로 형성 평가용 문항보다는 크게 정할 수 있으므로 풀이 과정에 포함될 핵심 요소 등을 고려하여 8점으로 정하였고 풀이 과정에 6점, 결과(답)에 2점을 배점하였다.

(3) 문항 제작 및 채점 기준 수립

문항 제작을 위해 어떤 내용 요소를 반영할 것인지를 결정한다. 이 사례에서는 점과 직선의 거리를 활용하여 원과 직선의 위치 관계를 파악하는 내용 요소를 포함하는 문항을 제작하였다. 형성 평가 문항을 제작할 때처럼 교과서에서 제시한 문제와 동형인 문항을 제작하기보다는 복합적인 사고와 이해를 보여 주도록 하는 과정을 포함하였다. 문항 제작의 과정은 다음의 〈표 8〉과 같이 정리해 볼 수 있는데, 우선 문항에 사용할 개념이나 용어, 기호 등의 요소를 선정하고 문제나 풀이 과정(사고 실험)에 제시하거나 활용할 수 있는 도식도 확인한다. 선정한 요소들로부터 문항을 구성할 때 제시할 것과 미지수로 남겨 둘 것을 정하고 문항을 구성한다. 서술형 평가 문항임을 고려하여 학생들에게 제시할 문두, 배점, 유의 사항 등도 함께 확인한다.

표 8 문항 제작 과정

문항에 사용할 개념, 요소	활용 도식
• 점과 직선의 거리 d, 원의 반지름 r • 원과 직선의 위치 관계 : d, r의 대소 관계 • 할선 l과 원의 중심에 의해 생기는 삼각형 ABC : 이등변삼각형 • d : 이등변삼각형 ABC의 꼭지각의 이등분선의 길이 • 삼각형 CAH: 직각삼각형, 피타고라스의 정리	

↓

문항 구성	평가 고려 사항
• 원의 방정식, 직선의 방정식, 삼각형에 대한 정보 중 일부를 미지수로 제시 • 점과 직선의 거리 구하기 • 원과 직선의 위치 관계 파악 • 삼각형의 변의 길이에 적용	• 문제 해결하고 풀이 과정과 답 제시 • 서술형 문항 제시문으로 작성, 배점 확인 • 대수식, 또는 도식화하여 문제를 이해하고 해석할 수 있는가?

↓

문제 진술
• 원 $x^3+y^2-6x-2y+k=0$과 직선 $y=-x+2$의 두 교점을 각각 A, B라 하고, 원의 중심을 C라 하자. 삼각형 ABC의 넓이가 6일 때, 상수 k의 값을 구하시오. 풀이 과정과 답을 모두 쓰시오.(10점)

    수학과 문항을 제작할 때 유의할 점은 학생들로 하여금 문제 해결에 필요한 조건을 시각적인 정보로부터 추측하게 하면 안 된다는 것이다. 특히 기하나 도형을 다루는 문제에서 그림을 제시하였다고 해서 그림에 나타난 정보만으로 추측하도록 해서는 안 된다. 문제를 성립시키거나 이해하는 데에 필요한 조건 등은 반드시 문장으로 기술해 주어야 한다. 예를 들면 〈표 8〉의 활용 도식과 같은 그림을 문제에 함께 제시했다고 하더라도 직선 , 원의 중심 , 원과 직선의 교점을 각각 ~이라 함 등의 조건은 그림에서 유추하도록 하는 것이 아니라 반드시 제시문에 기술해 주어야 함을 유의한다.

    문항에 대한 채점 기준은 다음의 〈표 9〉와 같이 모범 풀이를 제시하고 각 과정 중 핵심 요소를 포함하고 있는 부분에 점수를 부여한다. 문항의 내용이 원과 직선의 위치 관계 중 두 점에서 만나는 경우에 대하여 생기는 현의 양 끝점과 원의 중심을 연결한 삼각형의 넓이를 이용하는 것이므로 배점 요소는 원과 직선 사이의 거리, 삼각형의 넓이를 이용한 현의 길이 구하기, 원의 방정식 완성하기 등이다. 이러한 요소들이 풀이 과정에 드러나도록 답안을 작성한 경우에 점수를 주도록 배점을 정한다.

표 9 총합 평가용 문항(복합적인 개념을 다루는 문항)의 채점 기준 수립

	문제	비고
문항 내용	• 원 $x^3+y^2-6x-2y+k=0$과 직선 $y=-x+2$의 두 교점을 각각 A, B라 하고, 원의 중심을 C라 하자. 삼각형 ABC의 넓이가 6일 때, 상수 k의 값을 구하시오. 풀이 과정과 답을 모두 쓰시오.(10점)	풀이는 다양하게 제시될 수 있으므로 그 과정의 타당성에 따라 점수를 인정함.
풀이 과정 및 채점 기준	원과 직선의 식을 각각 변형하면 $(x-3)^2+(y-1)^2=10-k,$ … ㉠ $x+y-2=0$이므로 …… 1점 원의 중심의 C의 좌표는 C(3, 1)이고 원의 중심과 직선 사이의 거리는 $\dfrac{\|3+1-2\|}{\sqrt{1+1}}=\dfrac{2}{\sqrt{2}}=\sqrt{2}$ … ㉡ …… 2점 삼각형 ABC의 넓이가 6이므로 $\dfrac{1}{2}\times\overline{AB}+\sqrt{2}=6,\ \overline{AB}=6\sqrt{2}$ …… 2점 오른쪽 그림과 같이 선분 AB의 중점을 M이라 하면 …… 1점 $\overline{AM}=\dfrac{1}{2}\overline{AB}=3\sqrt{2}$ ㉡으로부터 $\overline{CM}=\sqrt{2}$ $\overline{AC}=\sqrt{\overline{AM}^2+\overline{CM}^2}=\sqrt{18+2}=\sqrt{20}$ …… 2점 따라서 주어진 원의 방정식은 $(x-3)^2+(y-1)^2=20$ ㉠으로부터 $10-k=20$ 따라서 $k=-10$ …… 2점	과정 점수 8점 + 답 점수 2점 ◀풀이를 위한 식의 변형 ◀해결 방향(전략) 제시 ◀풀이 계산식 ◀새로운 문자 명명 ◀풀이 계산식 ◀서술형에 맞게 답을 진술할 것

(4) 평가 실시와 결과 활용

해당 문항별 피드백은 정기 고사 직후 수업 시간을 통해 이루어질 수 있고 정기 고사의 실시와 채점, 성적 부여가 이루어진 후, 학생들에게 종합적인 평가 결과 공유 및 피드백을 제공한다.

서술형 문항을 통해 학생들의 수학적 문제 해결 능력을 평가할 뿐만 아니라 수학적 추론 능력이나 의사소통 능력을 함께 평가하는 것이기 때문에 무엇보다 공식적이고 합의된 방식의 수학적 기술이 필요함을 안내해야 한다. 서술형 평가에 익숙하지 않은 학생들은 문제 해결 과정을 기술하는 것 자체에 많은 부담을 느끼는 경우가 많기 때문에, 학생들이 기술한 답안에 대해 질적 분석을 함께 제공해 주는 것도 필요하다. 서술형 답안에는 문제 해결의 핵심 과정이 반드시 기술되어 있어야 하므로 암기나 암산 등에 의해 생략된 풀이 부분은 정답이 도출되었다 하더라도 점수를 부여하지 않는다거나, 공통의 합의와 약속에 의한 수학적 기호 표현을 사용하지 않고, 개인적 또는 비형식적인 용어와 기호로 표현된 답안은 공식적인 답안으로 인정받기 어렵다는 점 등을 충분히 이해할 수 있도록 안내해야 한다.

4. 서술형 평가 적응을 위한 학습 활동 및 수행 평가를 위한 서술형 문항 제작

평가의 목적, 평가 도구에 대한 이해, 평가 방법 및 채점, 성적 부여 방식에 대한 이해는 교사(평가자)에게만 요구되는 것이 아니다. 평가 목표를 달성하고 그 효과와 가치를 높이기 위해서는 학생(피평가자)도 자신의 학습에 따른 평가가 왜, 무엇을 위해 실시되고, 어떤 방식으로 이루어지며, 어떤 도구를 사용하게 되는지 이해하고 이에 익숙해져야 한다. 따라서 교사는 평가 계획을 수립한 후에 학생에게 평가의 목표, 방법, 도구, 채점 및 성적 부여 방식, 평가 결과 활용 등에 대해 안내하고 학생들이 평가에 익숙해질 수 있는 기회와 환경을 제공해야 한다.

서술형 평가는 주어진 문제에 대한 정답을 구했는지, 결과만 평가하는 선택형 문항과 달리 답을 구하는 과정에 합당한 개념을 적용하고 타당한 과정을 통해 답을 얻었는지를 평가하는 것이기 때문에 공통(커뮤니티)의 이해와 수용이 가능한 해결 과정을 제시하는 방법을 충분히 학습하도록 해야 한다. 즉, 문제 해결 과정을 서술할 때, 풀이 과정과 답에 각각의 배점을 부여하고 그에 따라 채점을 하게 된다는 것이나 풀이 과정에 나타난 선행 학습 요소를 인정하지 않는다거나, 생략된 풀이에 대해서는 배점을 하지 않는다거나, 중복되거나 오답을 포함한 풀이에 대해서는 부분 점수를 부여할 수 있다는 등의 기술적인 규칙에 대해 교사 간의 합의[8], 교사와 학생 간의 합의나 공유[9]가 선행되어야 한다. 따라서 서술형 평가가 제대로 이루어지기 위해서는 채점 기준에 대한 교사간의 합의뿐만 아니라 학생들이 그 기준을 이해하고 수용할 수 있도록 하기 위해, 학생들에게 평가 도구에 대해 적응하고 숙련될 기회가 충분히 주어져야 한다.

특히 수학과 서술형 평가는 다른 교과목에 비해 일상 언어로 답안을 진술함으로써 그 문장 안에 포함된 논리와 서술의 구조 등을 파악하기보다는 주로 수식, 표, 그래프, 기호 등의 수학적 언어를 활용한 독립적 영역의 문장을 사용하고 그 안에 포함된 논리와 오류 등을 파악하기 때문에 수학적 추론과 의사소통 능력이 무엇보다 강조된다고 할 수 있다. 이에 본 장에서는 학생들이 수학적 추

---

8) 교과 협의회가 공식적인 의사 결정 기구이므로 이를 통해 결정할 수 있다. 교과 협의회를 통해 배점 기준, 유사 답안의 내용과 인정 범위, 과정 점수와 답 점수 배점 등을 정할 수 있다.
9) 수업 시간을 통해 충분한 안내와 이해, 적응이 이루어져야 한다.

론과 의사소통 능력을 바탕으로 수학적 문제 해결 과정을 제시할 수 있는 경험을 충분히 제공함으로써 서술형 평가에 적용할 수 있게 하기 위한 방안으로 서술형 평가 적용을 위한 학습 활동과 이를 평가할 수 있는 수행평가 예시를 제안하고자 한다.

4-1. 서술형 평가 적용을 위한 학습 활동

학생들이 서술형 문항 평가에 익숙해지도록 하기 위해서는 수업 시간에 해결하는 문제부터 학습자 수준에서 문제를 이해하고 해결 계획을 수립해보는 경험이 충분히 제공되어야 한다. 이 장에서는 다음의 〈표 10〉과 같은 순서로 학생들의 문제 해결 과정을 지도할 것을 제안한다.

표 10 서술형 문항에 대한 적응력 신장을 위한 학습 활동

① 학습자 수준의 문항분석 : 제시된 문항(제시문)을 읽고, 이해하기
↓
② 풀이 과정 서술에 필요한 핵심 개념, 용어, 기호 등 추출하기 : 키워드 추출하여 채점 기준으로 활용
↓
③ 풀이 과정 서술하기 : 답안 작성
↓
④ 채점 기준(학생이 추출한 키워드)과 풀이 과정 맞추어 검토하기

수업 시간에 문제 해결 과정을 스스로 설계하고 분석하는 활동을 충분히 경험함으로써 학생들이 서술형 문항을 통해 평가받는 것에 익숙해질 수 있고, 메타인지적 관점에서 자신의 문제 해결 과정을 모니터링하고 평가할 수 있는 능력도 신장시킬 수 있다. 즉, 문제 해결(problem-solving) 능력뿐만 아니라 문제 제기(problem-posing) 능력도 함께 신장시킬 기회로 활용할 수 있다. 교사는 학생들의 학습 활동을 바탕으로 수행 평가 등을 통해 서술형 문항을 제공하고 이를 해결하는 과정뿐만 아니라 직접 자신의 해결 과정을 모니터링하고 평가하는 능력도 함께 평가할 수 있다.

다음은 서술형 문항에 대한 풀이 과정 작성하기 수업 자료의 사례이다.

(1) 학습자 수준의 문항 분석: 제시된 문항(제시문)을 읽고, 이해하기

학습자 수준에서 주어진 문제를 이해하고 해석하는 단계이다.

학생들은 문제에서 주어진 제시문과 도식 등을 분석하면서 문제를 이해하고 해석하게 된다. 따라서 교사는 문항을 제작할 때에 보조 수단으로 그림이나 그래프 등을 함께 제시한다고 하더라도 반드시 문제에서 이를 명시하여 기술해 주어야 함을 유의해야 한다. 즉, 아래 〈그림 6〉과 같은 문제의 경우, 시각적으로 점 A가 포물선 $y^2=4x$ 위의 접점으로 보인다고 해서 이를 기술하지 않고 생략하면 안 된다. 시각적 보조 수단에 의해 문제의 조건을 유추하거나 추정하지 않도록, 모든 문제의 조건은 수학적 용어나 기호를 사용하거나 문장으로 기술해 주어야 한다. 학생들이 제시된 문제를 읽고, 주어진 것과 구해야 할 것을 구분하고 이를 수학적으로 번역하고 모델링할 수 있도록 해야 한다.

학생들은 이와 같이 문제가 주어지면 우선 제시문을 잘 읽고, 문제에 주어진 조건과 구해야 할 것을 구분하여 본다. 문제에서 주어진 조건과 제시문에 기술된 조건이 있는지 찾아보고, 구해야 할 것을 수학적 표기로 바꾸어 조건과 연결할 수 있는지를 탐색한다.

> 포물선 $y^2=4x$ 위의 점 A(4, 4)에서의 접선을 l이라 하자. 직선 l과 포물선의 준선이 만나는 점을 B, 직선 l과 x축이 만나는 점을 C, 포물선의 준선과 x축이 만나는 점을 D라 하자. 삼각형 BCD의 넓이는? [8점]

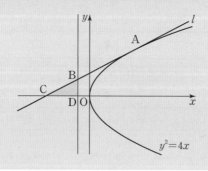

〈그림 6〉 학습자 수준의 문항 분석 문제 예시

– 출처: 2016학년도 대학수학능력시험/2022 수능특강[기하] p.14

(2) 풀이 과정 서술에 필요한 핵심 개념, 용어, 기호 등 추출하기: 키워드 추출

풀이 과정을 서술하기 위한 계획을 수립하는 단계로, 문제 이해를 바탕으로 세부적으로 문제를 해결하기 위한 전략을 탐색하도록 한다. 이때 교사는 적절한 발문을 통해 학생들이 이러한 전략을 탐색해 나가도록 조력한다. 문제 이해 단계에서 파악한 조건들의 위계가 있는지, 수학적 표현 방법과 용어, 기호는 어떤 것이 있는지 분석해 보고, 최종 목표(답)에 도달하기 위해 반드시 거쳐야 할 길(풀이의 핵심 요소)이 무엇인지를 구상해 보는 단계이다.

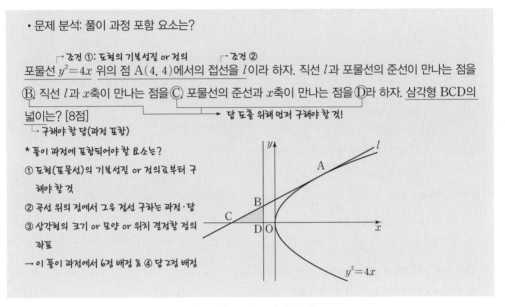

〈그림 7〉 문제 분석의 실제

〈그림 7〉과 같이 문제에서 주어진 조건을 살피면서 풀이 과정 서술에 적용할 순서를 고민해 보고, 풀이 과정에 필수적으로 포함되어야 할 요소가 무엇인지를 탐색해 봄으로써 서술 과정의 배점에 대해서도 함께 이해할 수 있는 기반이 마련된다.

위의 그림에서 문제를 분석하는 과정을 보면 문제에 기술된 부분으로부터 도형의 기본 성질, 접점의 좌표, 구해야 할 요소(점 B, C, D)가 무엇인지를 결정하고 이를 구하는 과정을 통해 최종적으로 구하고자 하는 것(삼각형 BCD의 넓이)을 도출해야 한다는 것을 파악하게 된다.

(3), (4) 풀이 과정 서술하기 및 채점 기준(학생이 추출한 키워드)과 풀이 과정 검토하기: 배점 부여해 보기, 풀이 과정 검토 및 토의

학생들이 먼저 문제를 풀이하고 그 과정을 서술하게 한다. 그 후 자신의 풀이를 다시 검토하고 분석하면서 문제 해결 과정에 반드시 포함되어야 할 개념, 용어, 계산식 등이 누락 없이 논리적으로 잘 배치되었는지를 평가하도록 한다. 이는 개별 활동으로도 가능하지만 학급 단위 또는 모둠 단위로 각자의 풀이를 공유하고 함께 검토하고 토의하는 과정을 거치도록 하는 것도 좋다. 풀이 과정과 답의 배점을 어떻게 정할 것인지, 각각의 풀이 과정에 대해 얼마나 가중치를 둘 것인지를 토의하는 과정에서 핵심 요소와 과정을 다시 한 번 확인해 보도록 할 수 있다. 다음의 〈그림 8〉은 주어진 문제에 대한 서술형 답안을 작성한 후에, 채점 요소를 찾아 표시하고 배점해 보는 활동을 한 사례이다.

[풀이]

포물선 $y^2=4x$의 초점을 F라 하면 … 1점

F$(1,0)$이고 준선의 방정식은 $x=-1$이므로 … 1점

D$(-1,0)$ … ① … 1점

포물선 $y^2=4x$ 위의 점 A$(4,4)$에서의 접선의 방정식은

$4y=2(x+4)$ … ㉠

$l:y=\dfrac{1}{2}x+2$ … 1점

접선 l과 준선의 교점 B의 좌표를 구하면

$y=\dfrac{1}{2}\times(-1)+2=\dfrac{3}{2}$, B$\left(-1,\dfrac{3}{2}\right)$ … ② … 1점

㉠에서 접선 l의 x절편의 좌표를 구하면 C$(-4,0)$ … ③ … 1점

①, ②, ③으로부터 삼각형 BCD의 넓이를 구하면

$\triangle BCD=\dfrac{1}{2}\times\overline{CD}\times\overline{BD}=\dfrac{1}{2}\times3\times\dfrac{3}{2}=\dfrac{9}{4}$ … 2점

[답] $\dfrac{9}{4}$ (… 2점)

〈그림 8〉 풀이 과정 서술 및 배점 요소 찾아 보기

서술형 평가에 적응하기 위한 수업에 대한 수업 지도안은 다음의 〈표 11〉과 같다. 이 수업에서는 서술형 문항과 그 해결 과정에 대한 서술 및 평가가 학습 내용이 되고 수업 단위의 형성 평가는 질적 평가나 자기 평가 등 인지적 측면이나 내용 영역을 구체적으로 평가하기보다는 수행 능력과 스스로에 대한 반성과 평가를 다루는 것으로 설계하였다.

표 11 수업 지도안 예시 – 서술형 평가에 적응하기 위한 학습 활동

	수업 지도안
수업 단원	Ⅲ. 도형의 방정식 – 3.원의 방정식 　　02.원과 직선의 위치 관계(교과서 p. ～ p.)
성취 기준	[10수학02–07] 좌표평면에서 원과 직선의 위치 관계를 이해한다.
학습 목표	• 원과 직선의 위치 관계 단원의 학습 내용을 스스로 점검 평가한다. • 서술형 답안을 작성하고 이를 분석, 평가하여 채점 기준을 수립할 수 있다.
대상 학급	1학년 1반～1학년 4반
선수 학습 내용 (5분)	▶ 도입부에 선수 학습 내용 확인 02. 원과 직선의 위치 관계 　• 원과 직선의 위치 관계 (1) 　　원의 방정식 $x^2+y^2=r^2$과 직선의 방정식 $y=mx+n$에 대하여 　　방정식 $x^2+(mx+n)^2=r^2$의 판별식으로 위치 관계 파악하기 　• 원과 직선의 위치 관계 (2) 　　원의 중심과 직선 사이의 거리 d와 반지름 길이 r를 비교하여 위치 관계 파악하기 　• 기울기를 알 때, 원의 접선의 방정식 구하기 　• 원 위의 한 점을 지나는 접선의 방정식 구하기
본시 학습 내용 (40분)	• 서술형 답안 작성의 방법 　– 답안의 구조: 다음의 3단계가 보이도록 작성할 것을 권장 　– 1단계: 도입(풀이 방향이나 전략 제시), 　– 2단계: 풀이 과정 　– 3단계: 문제가 요구한 형식으로 답 제시의 세 부분이 드러나도록 구성하기 • 답안 작성시 유의점 　– 새로 제시하는 미지수, 변수 등은 반드시 명명하기 　– 핵심 과정이나 요소를 파악하고, 생략하지 말고 서술하기 • [활동 1] 서술형 답안 분석해 보기 　– 이미 풀이가 제시되어 있는 문제의 답안을 분석해 보기 • [활동 2] 문제 분석, 풀이계획 수립, 답안 작성 및 채점 기준 수립하기 　– 교과서에 제시되어 있는 단원 평가 문제를 활용하여 서술형 답안 작성 및 채점 기준 수립해 　　보기 (◀ 앞 절에서 제시한 ㉠～㉣의 과정)

마무리
(5분)
	• 학습 활동에 대한 자기 평가
	  – 오늘 수업에 대한 나의 참여도는? 10점 중 ＿＿점
	  – 나는 서술형 문제의 답안 작성 방법과 주의할 점에 대해
	    (잘 이해했다 / 어느 정도 이해했다 / 잘 이해하지 못했다.)
	  – 나는 서술형 문제에 대한 답안을 작성하는 것에 대해
	    (자신감을 갖게 되었다 / 조금 더 노력하면 할 수 있을 것이다 / 아직 어렵고 부담스럽다.)
	  – 오늘 수업에 대한 나의 생각은?(배운 점, 느낀 점 등을 50자 이내로 적어 보세요.)
	• 차시 예고

4-2. 수행 평가를 위한 세트형 문항 제작

어떤 평가든 학교 현장에서 이루어지는 평가는 수업 시간의 학습 활동을 기반으로 이루어져야 한다. 수행 평가도 마찬가지로 일련의 학습 활동 이후에 그와 관련된 인지, 수행, 정의적 영역에 대한 종합적인 평가를 하게 되는 것으로 이때 서술형 평가 문항은 학생들의 학습 과정과 결과를 함께 평가할 수 있는 좋은 도구가 된다. 이에 이 절에서는 서술형 평가 문항을 수행 평가의 도구로 활용하는 방안을 제시한다.

이 절에서 제시하는 수행 평가 사례는 고등학교 '수학'의 한 소단원[10]학습이 끝난 후에 서술형 문항을 활용한 평가 활동이다.

일반적으로 수학과에서는 하나의 문항에 대한 문제 해결 과정과 답을 제시하는 것을 평가 문항으로 제작하기 때문에 정기 고사 등에 세트형 문항을 활용하지는 않는다. 그러나 문제 해결 능력뿐만 아니라 서술형 문항에 대학 적응력과 자신의 해결 과정에 대한 평가 능력을 평가하기 위한 수행 평가에서는 세트형 문항을 구성할 수 있다.

---

10) Ⅲ. 도형의 방정식-3. 원의 방정식-02. 원과 직선의 위치 관계 소단원을 다룬다.

(1) 평가 목표 설정

교육과정에 따른 내용 기반의 평가 목표는 앞 절에서 제시한 바와 같이 다음과 같이 기술할 수 있다.

> • 점과 직선 사이의 거리를 구하는 공식을 활용하여 원과 직선의 위치 관계를 설명할 수 있다.

수업과 평가의 특성을 고려하면 학생들이 서술형 평가 문항에 대한 이해도를 높이고 적응할 수 있는 경험을 제공하기 위한 수업이고 이를 수행 평가로 활용하기 위한 것이므로 다음과 같이 설정하였다. 이 사례에서는 내용 기반의 평가 목표와 함께 평가 형식에 대한 적응력을 높이기 위한 수행 기반의 평가 목표를 함께 제시한다.

(2) 평가틀

수행 평가 및 자기 주도적 학습을 위한 평가에서는 서술형 평가 문항뿐만 아니라 학습자가 이 문항에 대한 분석과 평가를 하게 하는 문항도 함께 제작한다. 이를 통해 학생들이 서술형 답안을 작성하는 능력뿐만 아니라 스스로의 문제 해결 과정을 모니터링하고 분석, 평가하는 고차원적 인지 활동을 함께 평가하는 것이다.

이에 평가 목표는 문제 해결뿐만 아니라 전반적인 문제 해결 과정에 대한 학습자의 메타 인지적 활동에까지 확장된다. 이 절에서 제시하는 수행 평가의 평가틀과 문항카드는 아래 〈그림 9〉와 같다. 문항카드의 '풀이와 답' 및 '채점 기준 및 배점'은 다음 절에서 다룬다.

수학과 서술형 문항 카드

교과 단원	Ⅲ. 도형의 방정식 −3.원의 방정식−02.원과 직선의 위치 관계
성취 기준	[10수학02−07] 좌표평면에서 원과 직선의 위치 관계를 이해한다.
핵심 역량	**문제 해결**, 추론, 창의·융합, **의사소통**, 정보 처리, 태도 및 실천
평가 유형	수업단위 형성 평가, **수행 평가 및 자기 주도 학습 평가**, 정기 고사용 총합 평가
평가 목표(내용)	서술형 평가에 대한 적응, 풀이 평가 능력, 문제 제기 능력을 신장한다. : 서술형 답안을 작성하고 이에 대한 채점 기준을 수립할 수 있다.
비고	
문제 (배점)	• 점 $(0, 6)$에서 원 $x^2+y^2=9$에 그은 접선의 방정식을 구하시오. 1. 위의 문제에서 주어진 조건(또는 활용가능한 조건), 구해야 할 것, 풀이에 반드시 포함되어야 할 사항이 무엇인지 분석하시오. 2. 위의 문제에 대해 풀이 과정과 답을 함께 쓰시오. (10점) 3. 자신의 풀이에 대해 과정 점수 8점, 답 점수 2점으로 배점하고 배점의 이유를 각각 밝히시오.

풀이와 답	채점 기준 및 배점
1.	문제에서 요구하는 요소를 모두 포함하였느냐에 따라 A, B, C로 평가 (평가 내용은 질적 기술)
2.	풀이 과정과 답에 대해 분석적으로 배점함 과정 점수 8점, 답 점수 2점
3.	학생이 제시한 배점과 그 사유의 타당성에 따라 A, B, C로 평가 (평가 내용은 질적 기술)

〈그림 9〉 수행 평가를 위한 문항카드 제작 사례

(3) 문항 제작 및 채점 기준 기준 수립

수행 평가는 수학 문제를 제시문으로 주고 그에 대한 세 가지 문항으로 제작한다.

〈그림 9〉의 문항카드에 제시한 바와 같이 각 문항의 특성에 따라 채점 방식이 정해지며 1, 3번 문항은 3 수준으로 평가하고 그에 따른 내용은 질적으로 기술한다.

각 문항별 채점 기준은 아래 〈표 12〉, 〈표 13〉, 〈표 14〉와 같다.

표 12 수행 평가용 문항 제작하기 세트 1번 문항

	문제	비고
제시문	• 점 $(0, 6)$에서 원 $x^2+y^2=9$에 그은 접선의 방정식을 구하시오.	
문항 내용	1. 위의 문제에서 주어진 조건, 구해야 할 것, 풀이에 반드시 포함되어야 할 사항이 무엇인지 분석하시오.	수업 시간에 한 활동을 기반으로 답안을 작성하도록 안내
채점 기준	〈주어진 조건/활용가능한 조건〉 • 원 밖의 한 점과 원의 방정식이 주어짐. • 원 위의 점을 가정하였을 때, 그 접선의 방정식을 활용할 수 있음. 〈풀이에 포함되어야 할 사항〉 • 원 밖의 한 점에서 2개의 접선을 그을 수 있음. • 원의 반지름의 길이와 원의 중심으로부터 접선까지의 거리가 같음(점과 직선의 거리). • 접선과 원의 방정식을 연립했을 때 중근을 가져야 함(이차방정식의 판별식). 〈구해야 할 것〉 • 접선의 방정식 2개	주어진 조건, 풀이에 포함되어야 할 사상, 구해야 할 것에 대해 A: 3가지 범주에 해당하는 사항을 모두 타당하게 제시함. B: 3가지 범주에 해당하는 사항 중 일부를 누락하거나, 2가지 범주의 사항만 제시함. C: 1~2가지 범주에 해당하는 사항을 불완전하게 제시하거나 제시하지 못함. → 세부 내용은 질적 기술함.
결과 기술 사례	A: 문제에서 주어진 조건, 구해야 할 것, 풀이에 반드시 포함되어 야 할 사항을 구체적으로 제시하고 분석하였음. 원 밖의 한 점과 원의 방정식으로부터 2개의 접선을 그을 수 있음을 알고, 원의 중심으로부터 접선까지의 거리를 구하는 이차방정식을 수립하여 중근을 가진다는 것을 제시하였으며 이를 활용하여 타당하게 결론을 도출해 냄.	

	B: 문제에서 주어진 조건과 구해야 할 것은 타당하게 제시하였으나 반드시 포함되어야 할 사항을 제시하지 못하였음. 원의 중심과 접선 사이의의 거리가 반지름의 길이와 같다는 것을 파악하지 못하였으므로 점과 직선의 거리를 원의 중심과 접선 사이의 관계로 해석하는 보강 학습이 필요함	
	C: 문제에서 구해야 할 것은 제시하였으나 주어진 조건을 분석하지 못하였고, 풀이에 반드시 포함되어야 할 사항을 제시하지 못하였음. 원 밖의 한 점으로부터 그을 수 있는 접선의 의미, 이차방정식이 수립되는 과정, 점과 직선의 거리를 원의 중심과 접선 사이의 관계로 해석하는 보강 학습이 필요함	

수행 평가 문항 세트의 하위 문항 1번은 문제를 이해하고 분석할 수 있는 능력을 평가하는 것으로 수학적 풀이 과정을 서술하는 것이 아니라 문제 분석의 결과를 서술하는 것이다. 문장의 문법적 완성도 등에 대한 평가는 하지 않으며 문제를 타당하게 분석하고 그 결과 항목을 제대로 제시하였는지를 평가한다. 평가 수준은 A, B, C의 세 수준으로 구분하되 학생들의 답안에 대한 세부 평가 내용은 질적으로 기술하여 제공하거나 구두로 제공해 줄 수 있다.

표 13 수행 평가용 문항 제작하기 세트 2번 문항

	문제	비고
제시문	• 점 $(0, 6)$에서 원 $x^2+y^2=9$에 그은 접선의 방정식을 구하시오.	
문항 내용	2. 위의 문제에 대해 풀이 과정과 답을 함께 쓰시오(10점).	풀이는 다양하게 제시될 수 있으므로 그 과정의 타당성에 따라 점수를 인정함.
풀이 과정 및 채점 기준	구하려는 직선이 $(0, 5)$를 지나므로 접선의 기울기를 m이라고 하면 ⋯⋯ 1점 접선의 방정식은 $y=mx+5$ ⋯⋯ 1점 이 식을 원의 방정식에 대입하여 정리하면 $x^2+(mx+5)^2=9,$ $(m^2+1)x^2+10mx+16=0$ ⋯⋯ 2점 이 이차방정식의 판별식을 D라 하면 ⋯⋯ 1점 $\dfrac{D}{4}=25m^2-16(m^2+1)=9m^2-16=0$ ⋯⋯ 1점	과정 점수 8점 + 답 점수 2점 ◀새로운 문자 명명 ◀해결 방향(전략) 제시 ◀풀이 계산식 ◀새로운 문자 명명 ◀위치 관계 판단의 근거

$m=\pm\dfrac{4}{3}$	······ 2점	◀풀이 계산식
따라서 구하는 접선의 방정식은 $4x+3y-15=0$ 또는 $4x-3y+15=0$	······ 2점	◀서술형에 맞게 답을 진술할 것

수행 평가 문항 세트의 하위 문항 2번은 수학적으로 문제를 해결하도록 하는 것이고 원과 직선의 위치 관계를 파악하는 것을 기반으로 접선을 구하는 것이기 때문에 다양한 접근이 가능하다. 따라서 학생들이 제시한 분석 결과에 맞게 풀이하였는지를 보고, 풀이 과정에 내용적 오류나 표기상의 오류가 없는지 평가하여 제시된 배점을 부여할 수 있다. 사례로 제시한 모범답안 이외의 다른 풀이도 타당하게 제시되었다면 인정한다.

표 14 수행 평가용 문항 제작하기 세트 3번 문항

	문제	비고
제시문	• 점 $(0, 6)$에서 원 $x^2+y^2=9$에 그은 접선의 방정식을 구하시오.	
문항 내용	3. 자신의 풀이에 대해 과정 점수 8점, 답 점수 2점으로 배점하고 배점의 이유를 각각 밝히시오.	수업 시간에 한 활동을 기반으로 답안을 작성하도록 안내
채점 기준	• 2의 모범 답안 배점에 비추어 다른 풀이의 배점도 평가함. • 풀이 과정의 핵심 (계산)과정이나 조건을 활용하는 부분은 2점, 새로운 문자의 명명이나 풀이 계획 서술, 상황 해설 등의 부가적 요소에는 1점을 부여할 수 있고, 오류의 경우 감점 요인을 제시할 수도 있음.	과정 점수 8점, 답 점수 2점을 적절하게 부여하였는지를 판단함. A: 과정 점수와 답 점수 모두 타당하게 부여함. B: 일부 누락되거나 중복하여 부여함. C: 불완전하게 제시하거나 제시하지 못함. → 세부 내용은 질적 기술함.

수행 평가 문항 세트의 하위 문항 3번은 자신의 풀이를 점검하고 분석, 평가하도록 하는 문제로 역시 A, B, C의 세 수준으로 평가한다. 서술형 풀이에 스스로 배점을 해 보는 것이 익숙하지 않을 때에는 1점, 2점의 구분 없이 배점할 만한 풀이 요소를 찾도록 안내할 수도 있다. 중요한 것은 점수가 아니라 어떤 과정에 핵심적으로 포함되어야 할 것인지를 생각해 보게 하는 것이다.

(4) 평가 실시와 결과 활용

문제 분석과 채점 기준 수립에 대한 평가 결과는 질적으로 기술하고 각자의 배점에 대해 공유하여 토론해 봄으로써 어떤 해결 과정이 있는지 비교하고, 서로 평가해 보게 할 수도 있다. 위와 같이 제시한 예시 문항처럼 문제를 분석하고, 서술형 답안을 작성하고 다시 이를 스스로 평가해 보게 하는 일련의 과정을 경험함으로써 학생들은 서술형 문항에 대해 적응하고 답안 작성에 대해 자신감을 가질 수 있다.

지금까지 수학과 서술형 평가 문항 제작과 학습–지도의 과정에 적용하는 방안에 대해 살펴보았다. 앞서 언급한 바와 같이 서술형 평가 문항을 활용하는 이유는 선택형이나 단답형 문항으로는 평가할 수 없는 문제 해결의 과정을 살펴볼 수 있기 때문이다. 따라서 수업과 평가 계획 단계에서부터 평가 도구와 방법을 구상하고, 서술형 평가 문항을 도구로 활용하는 경우, 서술형 평가 문항의 특성과 장점을 충분히 활용할 수 있도록 해야 할 것이다. 또한 학생들이 서술형 평가 문항에 충분히 익숙해질 수 있는 기회를 제공해야 한다는 점을 유의해야 한다. 서술형 평가 문항의 가장 큰 장점은 학생들이 자신의 풀이 과정을 논리적으로 제시함으로써 스스로 자신의 문제 해결 활동을 모니터링하고 평가할 수 있는 기회로 활용할 수 있다는 것과 평가자와 피평가자, 또래 그룹 사이에서의 수학적 내용을 다루는 과정과 결과에 대한 의사소통 능력을 신장시킬 수 있다는 것이다. 이를 위해서는 수학적 의사소통 능력이 기반이 되어야 하므로 수업 과정에서 학생들의 수학적 의사소통 능력에 대한 지도와 수학적 표기법, 표현 방식 등에 대한 합의를 도출하는 것이 필요하다. 학생들이 답을 도출하는 과정을 채점자에게 잘 설명하고 있는지를 확인하고 평가할 수 있어야 하기 때문에 사전에 학생들에게 풀이 과정을 생략하거나 비형식적인 표기 방법을 사용하지 않도록 지도해야 한다.

참고문헌

- 교육부(2015). 2015 개정 수학과 교육과정. 교육부 고시 제2015-74호[별책 8].

- 교육부(2015). 2015 개정 사회과 교육과정. 교육부 고시 제2015-74호[별책 7].

- 교육부(2015). 2015 개정 국어과 교육과정. 교육부 고시 제2015-74호[별첨].

- 교육부(2015a). 2015 개정 과학과 교육과정. 교육부 고시 제2015-74호[별첨].

- 교육부(2015b). 2015 개정 교육과정 총론. 교육부 고시 제2015-80호[별첨].

- 교육부(2018). 2015 개정 교육과정 평가기준. 교육부.

- 교육부(2019). 초등학교 교과서 사회 6-1. 서울: 지학사

- 교육부, 한국교육과정평가원(2017). 과정을 중시하는 수행평가 어떻게 할까요?- 중등(연구 자료 ORM 2017-19-2). 한국교육과정평가원.

- 기후 변화 2013 과학적 근거 IPCC 제5차 평가보고서 제1실무그룹(2014). 기상청.

- 김소현(2013). 국어과 서술형 평가 문항의 실태 분석_인문계 고등학교 서술형 문항을 중심으로, 국어교육, 140, 479-504.

- 김원경 외.(2016). 고등학교 수학. 서울:비상

- 노자키 유시유키(2000). 지구온난화와 바다. 양한섭, 김영일 역. 東京大學出版會. 도서출판 東和技術.

- 대전광역시교육청 · 충남대학교 응용교육측정평가연구소(2019). 서 · 논술형 평가자료, 1-20.

- 박영민(2021). IPCC "지구 연평균 기온 1.5도 상승 시기 앞당겨져" 경고. KBS. 〈https://news.v.daum.net/v/20210809193246898?f=o〉

- 박혜영, 김성숙, 김경희, 이명진, 김광규, 김지영(2019). 수업-평가 연계 강화를 통한 서·논술형 평가 내실화 방안. 한국교육과정평가원 연구보고 RRE 2019-6.

- 박혜영, 김진자, 이혜인, 김미정, 김증민, 이슬기(2020). 서 · 논술형 평가도구 자료집. 한국교육과정평가원 연구자료 ORM 2020-106-1

- 박혜영, 이상하, 이명진, 이미영, 주현우, 백은진(2021). 평가를 활용한 초·중등학생의 글쓰기 능력 신장 방안 연구(Ⅱ). 한국교육과정평가원 연구보고 RRE 2021-7.

- 박혜영, 이상하, 이명진, 이미영, 최인봉, 주현우(2020). 평가를 활용한 초·중등학생의 글쓰기 능력 신장 방안 연구(Ⅰ): 평가틀과 예시문항 개발. 한국교육과정평가원 연구보고 RRE 2020-9.

- 서수현(2008). 쓰기 과제 구성 요소의 설정에 대한 연구. 국어교육학연구, 33, 449-472.

- 여성가족부(2012, 2015, 2018). 국민 다문화 수용성 조사 연구.

- 성태제(2010). 문항제작 및 분석의 이론과 실제. 서울: 학지사.

- 유상희, 서수현(2017). 지식 탐구의 도구로서 논증적 글쓰기에 대한 고찰 – CCSS 범교과 문식성 영역을 중심으로. 작문연구, (32), 83-116.

- 이미경, 정영근, 권점례, 이근호, 김희경, 이주연, 이명애, 가은아, 김현수, 박은아, 박진동, 김현경, 진의남, 김기철, 이경언, 양윤정, 주형미, 백경선, 김경훈, 장호성, 이근님, 한혜정, 서민철, 정윤미, 이상수(2016).『2015 개정 교육과정에 따른 초·중학교 교과 평가기준 개발 연구(총론)』. 한국교육과정평가원 연구보고 CRC 2016-2-1.

- 이순영 · 최숙기 · 김주환 · 서혁 · 박영민(2015). 독서교육론. 사회평론. 388-433.

- 전라남도 원격 교육연수원. 과정 중심 평가 연수 자료집. 교사별 과정 중심 평가.

- 정창우, 최원희, 김진영, 문일호, 박홍인, 박정윤, 박용우, 전정재, 신종섭, 한경화, 박재현, 이주은, 김윤정(2019). 고등학교 통합사회. 서울: 미래엔.

- 한국교육과정평가원(2019). 수업-평가 연계 강화를 통한 서 · 논술형 평가 내실화 방안. 한국교육과정평가원.

- 한국교육과정평가원(2020). 서 · 논술형 평가도구 자료집. 연구자료 ORM 2020-106-1

- EBS(2022). EBS 수능특강 기하.

- EBS(2021). EBS 고등예비과정 통합과학.

- Afflerbach, P.(2007). Understanding and Using Reading Assessment: K-12. IRA.

- Brookhart, S. M.(2015). Performance Assessment: Showing what students know and can do. Learning Science International.

- Brookhart, S. M., Walsh, J. M., & Zientarski, W. A.(2006). The dynamics of motivation and effort for classroom assessments in middle school science and social studies. Applied Measurement in Education, 19(2), 151-184.

- Brown, W., Ko, M., Emig, J., George, M., Wallace, P., Blum, D., Britt, M.A. & Project READI.(2016). Explanatory Modeling in Science through Text-based Investigation: Testing the Efficacy of the READI Intervention Approach. Project READI Technical Report #27. Retrieved from URL: projectREADI.org

- McMillan, J. H.(2014). Classroom Assessment: Principles and Practice for Effective Standards-Based

Instruction(7th Ed.). Boston, MA: PEARSON.

- Wiggins, G. & McTighe, J.(1998). Understanding by design. Alexandria, VA: ASCD.

- Wiggins, G., & McTighe, J. (2011). The Understanding by Design Guide to Creating High-Quality Units. ASCD. 1703 North Beauregard Street, Alexandria.

〈과학과 그림 출처〉

- 기온 : 기상청 종합 기후변화감시정보 http://www.climate.go.kr/home/09_monitoring/meteo/temp_change

- 수온 : JOISS 관할해역해양정보공동활용시스템 내 교육앱 https://joiss.kr/joiss/main.do (http://shiny.kesti.info/)

- 적설 면적의 변화 : 기후변화 2013 과학적근거 IPCC 제5차 평가보고서 제1실무그룹(2014). 기상청.

- 빙하 면적의 변화 : 기후변화 2013 과학적근거 IPCC 제5차 평가보고서 제1실무그룹(2014). 기상청.

- 해양열 용량 변화 : 기후변화 2013 과학적근거 IPCC 제5차 평가보고서 제1실무그룹(2014). 기상청.

- 해수면 변화 : 기후변화 2013 과학적근거 IPCC 제5차 평가보고서 제1실무그룹(2014). 기상청.

- 173쪽 '예시문항 3': EBS 수능특강 지구과학 I. 2020.

- 174쪽 '예시문항 4': 2019학년도 대학수학능력시험 지구과학 II. 2018.

- 191쪽 '1차시 서술형 평가 문항 자료': EBS 수능특강 지구과학 I. 2016.

- 192쪽 '2차시 서술형 평가 문항 자료': 기후변화 2013 과학적근거 IPCC 제5차 평가보고서 제1실무그룹(2014). 기상청.

평가 문항 출제의 정석

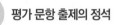

서술형·논술형
평가 문항 어떻게 만들어지나?

초판 1쇄 발행 2021년 12월 31일
초판 2쇄 발행 2022년 8월 25일

지은이 박혜영·서수현·김소현·박정서·박유미·김기연

펴낸이 김유열

지식콘텐츠센터장 이주희 | **지식출판부장** 박혜숙

지식출판부 · 기획 장효순·최재진 | **마케팅** 이정호·최은영 | **북매니저** 박성근

책임진행 (주)글사랑 | **편집** 김희중 | **표지디자인** 가인 | **제작** 명진씨앤피

펴낸곳 한국교육방송공사(EBS)

출판신고 2001년 1월 8일 제2017-000193호

주소 경기도 고양시 일산동구 한류월드로 281

대표전화 1588-1580

홈페이지 www.ebs.co.kr

전자우편 ebsbook@ebs.co.kr

ISBN 978-89-547-6284-7

　　　978-89-547-6045-4 (세트)